一百个人的十年

谨以此书纪念那个无法忘却的年代

冯骥才 著

文化艺术出版社
Culture and Art Publishing House

"文革"时期,本书作者冯骥才秘密写作时藏在墙缝中的残稿

冯骥才撰写《一百个人的十年》时留影

历史是由人的命运记录的、人的命运无法改变，历史也就无法改变。

冯骥才

历史永远是活着的

——《一百个人的十年》新版再记

冯骥才

一

这部写作于20世纪八九十年代的"文革"经历者的心灵实录，至今在海内外已出版十余版。我曾几次撰写序语，表达当时的心绪，其中一句话不断地说，便是"'文革'作为中国当代史上最沉重的一页，切莫轻易地翻过！"

我这么说是因为直到今天我们还没有读懂"文革"。没读懂的并非什么"内幕"，而是内涵。这个内涵不单在书里，而且在我们身上。所以我曾经写过一篇文章，题目叫做《"文革"进入了我们的血液》。

没有清除的毒素最后一定会进入血液。

我一直在思考着两个问题：

一、为什么人性的弱点，如人的自私、贪欲、怯弱、妒嫉、虚荣等被"文革"利用；人性的优点，如忠诚、勇敢、纯朴、无私、诚实也成为"文革"推波助澜的动力？在人性的两极都被"文革"利用的同时，那些真正属于人性的人道、人权、人的尊严、人的价值等所有人的最高贵的成分，都受到"文革"公开的践踏？

二、为什么"文革"中所有被伤害的人和伤害他人的人都是"文革"的牺牲品？谁也逃不出"文革"？

我们必须反省的不只是政治的、体制的，还有历史的、文化的、人性和国民性的。

历史在没有清晰和透彻的答案之前，能说真正掀开全新的一页吗？

我的历史观首先是历史是活着的。历史不仅存在于文献或史书中，在博物馆内，在一天天远去而逐渐模糊的岁月里，也存在于我们的观念、话语、行为、习惯和下意识中，不被我们察觉。比如"文革"的否定一切、怀疑一切、斗争哲学、破坏欲、非理性的盲从、躁狂症、反文化及反文明，在当今充满利益博弈和网络化的时代，不是依然在被表现、演绎和"传承"着吗？不是叫我们忽然感觉似曾相识，甚至还会被我们自己不经意地表现出来吗？

不管什么样的历史，只要正面和诚实地去面对，本质地去追求，科学地去认识，负面的历史就会成为未来有益的告诫，成为我们自信的根基中不可或缺的一部分。反过来，如果我们没有捉住历史的幽灵，它便会无形地潜在我们的血液里，在现实中时不时变相地发作。

不能叫它再加害我们，这便是本书再版时的祈望。

二

我最初设定的口述对象确定为一百个人,是具体的数字,并不是一种概数。

当时,我通过报纸表示,我要为普通的"文革"经历者记录他们的心灵史,并表示要在发表时隐去这些人的姓名以及相关的人名、地名。当时"文革"崩溃不到十年,种种恩怨犹在,人们心有余悸,我要保护这些向我倾吐心声的普通百姓。

开头几个月里,我收到响应者的信件四千余封,电话无数,我感觉我像掘开一个堤坝那样,一种来自社会的心灵之潮凶猛澎湃;我感受到"文革"劫难的深切与巨大,以及一代人压抑之强烈与沉重。口述时,我倾听到那么多陌生人 —— 形形色色、匪夷所思的命运悲剧主人公的心灵述说,促使我的思考不断地触到这个悲剧时代的本质,因此我要用这部书记录那个时代的真实,人的真实才是时代的真实。

我忠实地记录下一个个亲历者心灵的声音,并依照我的承诺在发表和出版时隐去他们的姓名与相关的地名,以及会使他们"暴露"出来的细节。尽管我做得已经够严密了,却没料到 —— 由于书中体现的环境氛围和口述者的语气太逼真，最终还是被一些与口述者相关的人觉察出来。口述者的苦难常常是一种绝对的隐私，一旦变成公开化，就使他们身陷纠结、困扰与次生的悲剧中，这使我深深愧疚，甚至有负罪感。

这种事接二连三地出现，迫使我中断了写作，并在再版时删去这类篇章，于是本书的"一百"的词义也由具体数字变为概数。

三

忏悔是我在口述过程中一直期待的，因为我在长长一段时间的口述过程中遇到的全是受难者，没有一名忏悔者，这使我心怀忧虑。"文革"中无以数计的悲剧，怎么没有一个忏悔者出现？那些在"文革"中作恶的人真能活得那么若无其事，没有复苏的良知折磨他们？忏悔不只是觉悟，更是觉醒，良心和良知的觉醒。我说过没有忏悔的民族是没有希望的。因为一个真正健康和文明的社会需要广泛的良知。

我一直等待一位勇敢的忏悔者的出现。

去年春寒时候，我在巴黎圣母院内，面对侧面一排古老的忏悔室伫立良久，默然反思着这件事。回来后，我在《西欧思想游记》中写道："我们的'文革'要从这里走出来就好了，整个社会就会干净多了。'有幸的是，回国不久，我便从媒体中看到几个"文革"忏悔者的赫然出现。也许这几个人曾是威震一时的"文革"名人，也许它又触动了那个至今未有结痂的历史伤口，从而激起了来自当事的"文革"受难者最直接的谴责。这谴责穿过近四十年的时光隧道，听来仍觉心灵震颤。

在"文革"已成为历史的今天，有人能站出来忏悔应不是虚伪的。人近晚年，负罪在身，于心难安，公开道歉，表明了良知依存。当然，忏悔不能洗清一切。对于受难者来说，更无法构成安慰。这件事再一次证明了"文革"是什么？"文革"给人留下了什么？

黑暗本身是变不成光明的。我们从悲剧的历史中能获取的只有真正的认知，警戒今天，告诫未来。

历史永远是活着的。有些历史顽疾只有不断吃药才不会发作。

二〇一四年四月十九日

前记

  二十世纪历史将以最沉重的笔墨记载人类的两大悲剧：法西斯暴行和"文革"浩劫。凡是这两大劫难的亲身经历者，都在努力忘却它，又无法忘却它。文学家与史学家有各自不同的记载方式：史学家偏重于灾难的史实，文学家偏重于受难者的心灵。本书作者试图以一百个普通中国人在"文革"中心灵历程的真实记录，显现那场旷古未闻的劫难的真相。

  在延绵不绝的历史长河里，十年不过是眨眼的一瞬，但对于一代中国人有如熬度整整一个世纪。如今三十岁以上的人几乎没有一个人的命运不受其恶性的支配。在这十年中，雄厚的古老文明奇迹般地消失，人间演出原始蒙昧时代的互相残杀；善与美转入地下，丑与恶肆意宣泄；千千万万家庭被轰毁，千千万万生命被吞噬。无论压在这狂浪下边的还是掀动这狂浪的，都是它的牺牲品。哪怕最成熟的性格也要接受它强制性的重新塑造，坚强的化为怯弱，诚实的化为诡诈，恬静的化为疯狂，豁朗的化为阴沉。人性、人道、人权、人的尊严、人的价值，所有含有人的最高贵的成分，都是它公开践踏的内容。虽然这不是大动干戈的战争，再惨烈的战争也难以达到如此残酷——灵魂的虐杀。如果说法西斯暴行留下的是难以数计的血淋淋的尸体，那么"文革"浩劫留下的则是难以数计的看不见的创伤累累的灵魂。

尽管灾难已经过去，但谁对这些无辜的受难者负责？无论活人还是死者，对他们最好的偿还方式莫过于深究这场灾难根由，铲除培植灾难的土壤。一代人付出如此惨重的代价，理应换取不再重蹈覆辙的真正保证，这保证首先来自透彻的认识。不管时代曾经陷入怎样的荒唐狂乱，一旦清醒就是向前跨了一大步。每一代人都为下一代活着，也为下一代死去。如果后世之人因此警醒，永远再不重复我们这一代人的苦难，我们虽然大不幸，但也是活得最有价值的一代。

我常常悲哀地感到，我们的民族过于健忘。"文革"不过十年，已经很少再见提及。那些曾经笼罩人人脸上的阴影如今在哪里？也许由于上千年封建政治的高压，小百姓习惯用抹掉记忆的方式来对付苦难。但如此乐观未必是一个民族的优点，或许是种可爱的愚昧。历史的过错原本是一宗难得的财富，丢掉这财富便会陷入新的盲目。

在本书写作中，我却获得了新的发现。

这些向我诉说"文革"经历者，都与我素不相识。他们听说我要为他们记载"文革"经历，急渴渴设法找到我。这急迫感不断给我以猛烈的撞击。我记载的要求只有一条，是肯于向我袒露心中的秘密。我想要实现这想法并非易事，以我的人生经验，每个人的心中都有一块天地绝对属于他自己的，永不示人；更深的痛苦只能埋藏得更深。可是当这些人淌着泪水向我吐露压在心底的隐私时，我才知道世上最沉重的还是人的心。但他们守不住痛苦，渴望拆掉心的围栏，他们无法永远沉默，也不会永远沉默。这是为了寻求一种摆脱，一种慰藉，一种发泄，一种报复，更是寻求真正的理解。在那场人间相互戕害而失去了相互信任之后，我为得到这样无戒备无保留的信赖而深感欣慰。

  为了保护这些人的隐私，也为了使他们不再为可能的麻烦所纠缠，本书不得不隐去一切有关的地名和人名，但对他们的口述照实记录，不做任何渲染和虚构。我只想使读者知道如今世上一些人曾经这样或那样度过"文革"走到今天；也想使后人知道地球上曾经有一些人这样难以置信地活过。他们不是小说家创造的人物，而是"文革"生活创造的一个个活生生真实的人。

  我时时想过，那场灾难过后，曾经作恶的人躲到哪里去了？在法西斯祸乱中的不少作恶者，德国人或日本人，事过之后，由于抵抗不住发自心底的内疚去寻短见。难道"文革"中的作恶者却能活得若无其事，没有复苏的良知折磨他们？我们民族的神经竟然这样强硬，以致使我感到阵阵冰冷。但这一次我有幸听到一些良心的不安，听到我期待已久的沉重的忏悔，这是恶的坚冰化为善的春水流潺的清音。我从中获知，推动"文革"悲剧的不仅是遥远的历史文化和直接的社会政治的原因，人性的弱点——妒忌、怯弱、自私、虚荣，乃至人性的优点——勇敢、忠实、虔诚，全部被调动出来，成为可怕的动力。它使我更加确认，政治一旦离开人道精神，社会悲剧的重演则不可避免。"文革"是我们政治、文化、民族痼疾的总爆发，要理清它绝非一朝一夕之事；而时代不因某一事件的结束而割断，昨天与今天是非利害的经纬横竖纠缠，究明这一切依然需要勇气，更需要时间，也许只有后人才能完成。因此本书不奢望给读者任何聪明的结论，只想让这些实实在在的事实说话，在重新回顾"文革"经历者心灵的画面时引起更深的思索。没有一层深于一层的不浅尝辄止的思索，就无法接近真理性的答案。没有答案的历史是永无平静的。

尽管我元图以一百个人各不相同的经历，尽可能反映这一历经十年、全社会大劫难异常复杂的全貌，实际上难以如愿；若要对这数亿人经历过的生活做出宏观的概括，任何个人都力不能及。我努力做的只能在我所能接触到的人口间进行心灵体验上所具独特性的选择。至于经历本身的独特，无需我去寻找。在无比强大的社会破坏力面前，各种命运的奇迹都会呈现，再大胆的想象也会相形见绌。但我不想收集各种苦难的奇观，只想寻求受难者心灵的真实。我有意记录普通人的经历，因为只有底层小百姓的真实才是生活本质的真实。只有爱惜每一棵无名小草，每一棵碧绿的生命，才能紧紧拥抱住整个草原，才能深深感受到它的精神气质，它惊人的忍受力，它求生的渴望，它对美好的不懈追求，它深沉的忧虑，以及它对大地永无猜疑、近似于愚者的赤诚。

我相信"文革"的受难者们都能从本书中感受到这种东西以使内心获得宁静；那些"文革"的制造者们将从中受到人类良知的提醒而引起终生的不安。我永远感谢为这本书向我倾诉衷肠而再一次感受心灵苦痛的陌生朋友们，是他们和我一同完成了这项神圣的工作：纪念过去和启示未来。

作于一九九六年

目 录

1 **终结"文革"**

1 拾纸救夫
10 崇拜的代价
29 我们，陷阱中的千军万马
40 死脸
46 唯一没有贴封条的嘴巴
54 我到底有没有罪？
64 鬼剃头
70 搞原子弹的科学家
79 一个八岁的死刑陪绑者
86 我这三十年呀
96 绝顶聪明的人
103 一对夫妻的三千六百五十天
122 笑的故事
132 我不是右派，是左派
140 失踪的少女
148 我变了一个人
162 牛司令
168 一个老红卫兵的自白
199 硬汉子

204　三个人的苦中作乐
213　复仇主义者
218　说不清楚
230　苦难意识流
241　"文革"进行了两千年
252　六十三号两女人
267　没有情节的人
273　我不愿意承认是牺牲品
292　走出疯狂
300　忏悔录

附录一
308　非"文革"经历者的"文革"概念

附录二
314　关于冯骥才先生谈《一百个人的十年》文学工程的采访录
327　关于本书写作的缘起
332　决不放弃使命
336　关于"文革"博物馆

339　附言

终结"文革"

今年，我们面对着两个纪念日：一个是"文革"发端的三十周年，一个是"文革"崩溃的二十周年。这两个纪念日给我们的感受迥然不同。前一个纪念日有如死亡，沉重、压抑、苦涩，充满着哀悼的气息；后一个纪念日如同再生，然而它并不轻松。前一个纪念日是理性的、警觉的、反省的和追究的；后一个纪念日则是情感的，但这又是一种百感交集。在这两个纪念日之间，中国人走过了一条比蜀道还要艰难百倍的心灵历程。

在这个日子里，我将"文革"受难者的心灵史——《一百个人的十年》最后的篇章完成，画上了终结的句号。这是一束带血的花，我把它放在曾经埋葬了一代人理想与幸福的'文革'坟墓上，并站在冷冰冰的墓前沉默不语，耳朵里却响着我采访过的那些人如泣如诉的述说，这声音愈来愈响，顷刻变成那时代如潮一般巨大而悲凉的轰鸣。

大约八年前，我说我要为普通中国人记载他们的"文革"经历，直到今日，大约有四千人通过写信和电话方式要求我成为他们的代言人。一个为人民代言的作家常常享受不到自我宣泄的快乐，却能感受到引天下为己任的高尚与庄严。在写作中，我一直遵循真实至高无上的原则，如今我深信自己完成了"记录'文革'"的使命。

无情的岁月表明，"文革"已是一个历史概念。但灾、难性的历史从来就有两个含义，即死去的历史和活着的历史。死去的历史徒具残骸而不能复生，活着的历史则贻害犹存。活着的历史属于现实，死去的历史才是一种永远的终结。但终结的方式不是遮掩，不是忘却，不是佯装不知，而是冷静的反省与清明的思辨。只有在灾难的句号化为一片良药时，我们才有权利说"文革"已然终结了。

本书附录了二十名非"文革"经历者——即一九七六年以后出生的人——对"文革"印象和看法的短语，它足以引起我们的警惕。悲剧总是在无知中反复，但不会在觉醒者中间重演，这也是我坚持要把这本书完成的深刻的缘故。

在本书即将出版之际，我还要留出数页篇幅，以寻求一位忏悔者的自白。尽管我说过"一个没有忏悔的民族是没有希望的"，我还说过"纯洁的人生从忏悔开始，丑恶的人生自负疚结束"；尽管我也倾听过一些良心难安的忏悔内容，但是我真正期望的那种不折不扣勇敢的忏悔者还没有碰到。何日何时，一个被良心驱动的人来叩响我的门板？我想，只有这种时候到来，我才深信不疑良知与文明已经全然返回——无论是个人，还是整个社会。

当然，我不是责怪无辜的人民。歌德在谈起他的德国民族时曾经说过这样的话:"一想起德国人民,我常常不免黯然神伤;他们作为个人来说,个个可爱,作为整体来说,却又那么可怜。"我觉得我们中华民族恰恰相反,作为个人来说,人人都有弱点和缺陷,但作为整个中华民族却是那么可爱!

而"文革",不仅调动了人性的弱点,如人的自私、贪欲、怯弱、妒忌、虚荣,连人的优点,如忠诚、善良、纯朴、勇敢,也化为"文革"的力量。人性的两极都被利用才是中国人最大的悲哀。然而,这样忠勇善良的人民,如果良性地发挥起来,会焕发多么宏大的创造力?这样的希望不是已经从今天的现实中看到了吗?因此,在终结"文革"的日子里,我们不是唤醒仇恨,展示悲苦,揪住历史的辫子去和一个政治的尸体较量,而是勇敢地面对自己,清醒地面对过去,去从廓清的晨昏中托出没有云翳的属于明天的太阳来。

一句话,终结"文革"的方式唯有彻底真实地记住"文革"。

1996年5月16日
写于《五·一六通知》发表三十周年的深夜

拾纸救夫

> 1973年·35岁·男＼S省E市驻军"支左"人员
> 1973年·31岁·男＼S省Y县某公社小学语文教师
>
> 一百零八将回梁山来了——为了一个没有出处的革命故事——坐了八年牢拾遍天下纸也要救出丈夫——大火烧死这女人和孩子——从梁上掉下来奇迹才出现——谢觉哉著的《浏阳遇险》——有板有眼地给我叩一个头——《秋收起义和我军初创时期》

那时，我是驻扎×省×部队坦克师二团的一个搞宣传的干部。一九七三年上级命令去到鲁西南地区一个县"支左"。这期间社会上的"文革"已经相对平稳，呼杀喊打声稀稀落落，清队的狂潮也过去了。我们的任务大多是解决前五年动乱时期遗留的各种问题。

这个县地处当年水泊梁山的旧址，传说县招待所曾是宋江的乌龙院，还有一个残破的塔，也是那时的遗物。我们"支左"人员总共一百零八员，和梁山好汉一百零八将正好巧合。我们笑了，说一百零八将回梁山来了。谁不想看看《水浒传》里的水泊梁山？出发时的心情相当愉快。

可没想到，这八百年前草莽英豪奔突出没之地，至今依然十分荒僻。地处黄河边，一片盐碱地。头年大水泛滥留下的淤泥，春天又旱得满地大碎泥片子，柳树芽子没蹿出叶儿就干死在枝上了。真荒凉呀！地貌也不对，完全不是《水浒传》里所描写的崇山峻岭，不过是一个个小山包儿。可这里的人还是那股子劲儿，大襟在前头一挽，腰带一扎，怀里揣着狗肉和酒，随便坐在哪儿就吃狗肉，豪饮，性子也很粗蛮。有一家子打架，儿子拿铣一下削掉他老爹半个脑袋——我就处理过这事。"文革"初期，两派武斗便往死处干了。我们住在县城里，为了工作便利，我作为军代表过了县革委领导班子，临时当一名常委。没过几天，大批含冤告状的就找上门来。有的冤案叫你想都想不出来，过去不是有本《今古奇观》吗？我看有的事完全可以续进去。

一天，我在宿舍里，一个挺瘦的人，戴一副圆眼镜，进门趴在地上就给我叩头。我问他干什么？他说："你要想给俺解决问题，俺就说；你要也想应付俺，就明说在先，俺扭头就走，这个头就算白给你叩了。"

好一个有性格的人！我说："每一件事我都会认真对待，怎么能应付你。"

他说："我这事难办。"

我说："我不怕难办，只要你说真话。"

他拿一双灰眼珠紧盯着瞅了瞅我，坐在凳上给我讲了一桩旷古罕闻的奇冤。我听罢就知真冤。我必须先讲过这件事才能说为什么真冤——

这人姓李，在离县城三四十里路，紧挨着潘金莲老家的一个公社小学当语文教师。此人善讲故事。无论听来的还是从书上看来的故事，全能记住，装满一肚子。张口就来，很少重样儿。他属于那种在课堂上随意发挥的老师，课讲得活，趣味横生，学生们都喜欢听他的课。听他讲课时生怕听到下课铃。你知道，小孩子们上学都是最爱听到下课铃的。你想想这人的故事多有魅力！

一九六五年搞社会主义教育运动。这也是"文革"的前身了，人们争着要表达对毛主席的忠诚，便回过头来，翻箱倒柜，查找有哪些对毛主席不忠的人和事。反右派时各单位抓右派，都是从上边下比例数的，按人员比例定右派。从那以后，一搞运动，不揪出人算没成绩，渐渐发展得揪出的人愈多成绩愈大，于是学校里就一哄而起找起来，上上下下一同回忆。这位李老师性情急躁，得罪过一些同事。有位教师提出，一次他听李老师讲过，说毛主席当年在浏阳被白军追得趴在水沟里藏身，这是赤裸裸诬蔑毛主席。伟大领袖怎么会被敌人追得趴在田间水沟里藏身，这是故意歪曲毛主席的伟大形象！马上翻遍学生们的书本，查看听课记录，终于在一个学生的语文课本里找到当时听这故事时记下的一行字："毛主席藏身水沟，摆脱敌人尾追的机警故事。"证据确凿，这就以"特大现行反革命案"上报县委。马上县公安局来人把他捕走。他不服呀！他说："我讲这个故事是为了说明毛主席胆略过人，机警智谋，我是真心歌颂毛主席呀！再说这故事又不是我瞎编的，是从书上看来的。"公安局叫他说出是哪本书，他却怎么也想不起来了。没有根据，就是他编的，这是抵赖和顽抗！很快，很简单，判他八年刑，打入监狱。

他老婆是个乡下女人，跟他结婚一年多，现有六个月的身孕，挺着大肚子探监时，他跟这乡下女人说："八年的日子可不算短了，你要受不住，跟俺离了，俺也决不怨你。可是得实话对你说，俺绝没坑害你，那故事确确实实是俺从书本上看来的呀……"这女人转身就跑到县里喊冤叫屈。县领导说："你去找，只要你找到这根据，我们就放人！"

乡下女人心实，把这话揣在肚子里，就四处找开了。这时，"文革"已经开始了。县城的小书店里除去毛主席著作，别的书全没有；图书馆也封闭了。她找到图书馆馆员，求他。图书馆馆员哪有胆量去撕封条，散布封资修呀！他是县城看书最多的人，可他也没读过这么一个故事。这女人就到处去找书，找不到书就拾印字的纸，从纸上找。她不识字，拾到纸便请亲友或小学生给她念，听听有没有那故事。有时拾一块当时印的"文革"小报，也拿去请人看。她一个生活在穷乡僻壤的妇女，没文化，哪知世界上究竟有多少书，文字里究竟都是些什么。当人念到什么科技的、政治的、文化的那些古怪难懂的话，她一动不动站在一边傻听，傻等，等那故事的出现。有人看烦了，草草扫一眼，就说："没有了。"她也信，再去找。有人劝她："你靠拣纸，哪能拣到那故事？你又不认字，天底下那么多带字的纸，你哪能都拾来？"可谁也说不动这女人，她依然天天提个破篮子在街上拾。只要发现一块带字的纸，就如获至宝。别人手里有张带字的纸，求不到手，也要请人念给她纸上写着的是什么，人家要是不肯，她就跪下来求人念给她。甚至连在茅房发现一张有字的纸也拣出来，涮干净叫人看。天天拾，天天求人念，天天找不着。天天早上的希望在晚间破灭，但她从不灰心。她坚信那故事不是她爷们儿编的，坚信早晚一天能找到这个故事。这样久了，自然有点疯疯癫癫。

孩子小时，她背着孩子拾；孩子大了，她领着孩子拾。拾到的纸，不是，就卖掉糊口。那时，水泊梁山方圆百里的人都见过这么一个带着孩子拾废纸的半疯的女人，都见过她那双总是东张西望却空茫茫的眼睛，都见过她始终提着那装满烂纸的破草篮，但未必都知道她决非拾纸度日，而是为了一个辉煌的愿望——救夫。

一年到头，春夏秋冬，雨雪风寒，从没有停过一天。

心诚未必能感动苍天。她整整拾了七八年的纸，可是在她爷们儿刑满前半年的一天夜里，灶膛里的火引着了她堆满屋角的废纸，着起了大火，这女人和孩子被活活烧死了。

李老师在狱里听到消息，自己也不想活了，几次自杀都没成。那种县城的监狱一无所有，一是因为穷，二是怕犯人拿什么东西自杀。连吃饭用的碗，使完跟着就要走，怕犯人摔碎后使碗片割脖子。有一次，他去上厕所，看见茅房地上有根麻绳，就拴在房梁上，再两手抓住房梁把身体拉上去，套住脖子，一松手想吊死。可是麻绳糟了，"啪"地断了，一个马趴摔在地上，摔得他眼冒金星，但当他定住神再瞧，出现了奇迹，有张油印的纸片就在眼前地上，上边正印着要他命的那个故事，简直不可思议！真比小说编的还巧，还绝，这才叫"天无绝人之路"呢。你不信吗？这是真事呀！这纸片破烂不堪，故事断断续续："……追他的人大喊起来：'跑了，跑了！'……毛泽东同志急忙走下岭，躺在一个水沟里……"虽然不全，但是可以拿它证明那故事并非是他编造的了。他拿着这纸片冲出茅房，又喊又叫："找着文了！我的冤平了"兴奋地一蹦一蹦，蹿得老高。看守以为他疯了，把他锁进牢房，他捧着那纸片大笑，然后又大哭，肯定想起他白白拾了七八年纸却没等到这一天的那个可怜的乡下女人，还有那糊里糊涂被烧死的儿子。

他写了一份申诉，连同这纸片递上去，心想就等着平反雪冤，出狱了。可没过几天，县里说这纸片是油印品，仍然没来源和出处，不能作为依据，把他的申诉驳回了。但这次他非但没绝望，反而更有信心了。有这纸片，迟早会抠到这故事。有一阵子，他在监狱里忽然害怕是自己真的记错了，怕这故事并不是看来的，而是谁瞎诌讲给他的，那就永远无招无对。现在这个可怕的疑心病不再折磨他了，心里有了光。

他来找我这天是他刑满八年刚被放出来不久，案子并没翻。学校因为他是服过刑的反革命，拒绝他回校工作，没有工资，自然也没有路费去大地方找那本书，那故事。他无家无业，孑然一身，穷得穿一件单裤，经不住春寒，直打哆嗦。

听完他的经历，我说："你回去吧，这事我可以给你解决。"

他见我这样干脆的回答，不信，仿佛有打发他之嫌，可是他万万没料到，他碰巧了——这故事我读过，我知道在哪本书上。我热乎乎觉得自己完全有力量，把压在他背上八年而至今犹在的巨石推掉。

第二天，我到县革委调他的案卷看了。他所说的完全真实，便在县革委会上把事情摆出来。有人说："这人就是怎么治也治不服他。"

我说："法律不治人的性格。这故事绝对有，判刑，冤了，一定要平反！"

我是军代表，有权威性，他们不好反驳我，可他们默不作声，不表态。我挺有气,当即要一辆车回部队,把这本书拿来,放在县革委会桌上给他们看 ——

一本紫红色封皮的革命回忆录,"文革"前,由解放军文艺出版社出版,书名叫做《秋收起义和我军初创时期》。打开书,其中一篇就是这故事"浏阳遇险",作者是谢觉哉。写的是毛主席在一次赴江西根据地途中,路经浏阳,为了摆脱白军追赶,机警地藏身水沟而安然脱险的一段往事。

当时县革委的头头们看着这书都怔住了,没话。只有一个自言自语地说:"怎么谢老会写这篇东西?"

一个山村教师,就因为讲了这篇歌颂毛主席的故事,被当做反对毛主席而坐牢八年,家破人亡,这难道不是一桩千古罕闻的奇冤?我紧盯住这案子不放松,很快给他平反了结。那天,李老师跑到我家来,趴在地上,又给我叩个头,这个头叩得可是有板有眼啊,如谢救命恩人。我当时备感惶惑,我不过正巧也看过这故事罢了,我有何德何能接受这个大不幸者叩的这个头呢? 我沉默良久,不知讲什么,只说:"是啊,是啊……"

随后,他请求我把这本致使他妻死子丧、坐牢八年的书送给他。我知道这本书在他生命中的重量,沉甸甸放在他一双颤抖的手中。事后我听说,他把这本书烧了,将纸灰撒在妻子的坟上,大概企望他那苦命的乡下女人的亡魂从此能获得安宁吧!

李老师的冤案一翻,找我告状、求我平反的人天天堵满我的门口。后来我复员回到老家安徽,省委调我到岳西地区去搞落实政策,真没想到那个小小县城里,冤案也是堆积如山。含冤抱屈的人都是连夜排队找我,从我来到我走,从没间断,而且再没一个和李老师那案子一样容易办。各种稀奇古怪的冤案很难插进手,插进去就把你的手缠住。我这才知道,凭我个人的力量,无力解决这时代创造的无比巨大的悲剧。我每天只睡几小时的觉,凡可能解决的就决不放过;难以解决的,我回去时一一向省委组织部门作汇报。

以我的感受,大人物的经历不管多悲惨,也不能和小百姓们相比。

大人物的冤枉总容易解决，小百姓们如果没碰对了人，碰巧了机会，也许很难得到命运的晴天，就像梁山的李老师正好碰上我读过使他冤屈的故事那样。我想，至今天下还有多少人含冤未平，无论是活着还是已经死去的？

人民的经历，才是时代的经历。

附:《浏阳遇险》

谢觉哉

一九二七年准备秋收起义的时候,毛泽东同志以中央特派员资格并受湖南省委的委托,到铜鼓去领导驻军起义。一块去的共有三个人,走到浏阳时,被团防军逮捕了。

团防军押着他们走,毛泽东同志在路上故意装作腿痛,一步一步地拐,落在后面。他掏出一把钱来,对团防军说:"朋友拿去喝茶吧!"那些人接了钱,他就走。没有走出几丈远,那些人喊起来,其中有一个人追到了他跟前,他只得站住,又给了追的人一点钱,并且说:"没有了,朋友,再见吧!"等他走上前面的岭上的时候,追他的那个人才大喊起来:"跑了,跑了!"跟着大队就从他后面追来;毛泽东同志急忙走下岭,躺在一个水沟里。他听见追的人在喊:"明明看见他向这里跑,怎么不见了?"到处搜寻,只是没有找到他躺的那个地方。

人声听不见了,他爬起来,涂了些泥在腿上,装作农民的样子,走上一个高岭,这已经是江西地界了。看见有个打柴的,他对打柴的喊:"喂,下面打仗!""什么事打仗呀?"两个人于是走到一起,交谈起来。谈到农民协会,打柴的说:"农民协会好,只是不该打菩萨!"他回答说:"不错,我就是农民协会的委员长,我在农民协会是反对打菩萨的。今天下面喊捉人,就是捉我,朋友,请救我一救吧!"打柴的很惊讶:"怎么救法?"他说:"这是两块钱,一块请你买一双草鞋,一块请你买一点饭,并且请你带路,把我送到江西地界。"打柴的说:"可以,你就在这里等着!"

天快黑时,打柴的来了,拿来了草鞋和饭。并且从偏僻的小路上把毛泽东同志送到江西地界。毛泽东同志问他姓名,打柴的始终不肯说出;他哪里梦想到他所救的是一位伟大的人民领袖呢!

麻烦还并没有完。走了一天,到了一个市镇,那地方情况也有些紧张了。毛泽东同志没有行李,身上穿一件短褂,一个汗衫,他便把短褂脱下来扎成包袱模样,横背在肩上。每走到一家店门口时,就问:"老板,歇得客吗?"老板眼睛一睁:"歇不得!"连碰了几个钉子。走到街尾最后一家店时,他索性不问了,走进去坐下,大声喊:"老板!打水来洗脚!"老板无可奈何,只得由他住下。第二天,到了准备起义的驻军里。于是轰动世界的湘、赣、闽、粤的工农革命运动,就从此开始了。

原载《秋收起义和我军初创时期》

崇拜的代价

> 1967年・21岁・女 \ B市某大学毕业生
> 1967年・25岁・男 \ B市作家协会干部
>
> 托李敏送给毛主席的生日礼物——在两种崇拜之间痛苦的抉择——一连十天参加他的批斗会——结婚之夜抱头痛哭——他是从五楼窗户跳下去的——竟然是革命样板戏救我一命——逃离魔掌——崇拜的毁灭和毁灭的崇拜

上部分：崇拜的痛苦

一

我并不怎么钦佩作家，作家们都自我感觉很深刻，但常常会写出很肤浅的话。比如有位作家写道：崇拜是一种最无私的感情。我料定他根本就没崇拜过谁。

崇拜是把自己掏空了，交给人家。如果人家拿过去随手一扔，或在人家手里丢失了,你呢?你就光剩下一个空壳,整个完了!人生是一次性的,你便永远像个空纸盒那样被遗落在世上,无法挽回。

崇拜是人生顶冒险的事,要拿生命做抵押的。所以,我不大爱看书,宁肯相信自己的人生经验,不信作家们那些假深沉,哎,我这话有没有冒犯你?什么,我说得对?你是说真话吗?反正我顾不上你是真是假,我有话讲给你。

二

我曾经最崇拜的人是:毛泽东。

不单是我,你去问问我们一代人二十岁的时候他崇拜谁?担保会板上钉钉子地告诉你——毛泽东!举个小例子说明那种崇拜有多么纯。

毛泽东的女儿李敏和我大学同班。十二月二十六日是毛泽东生日。二十三日晚,我同宿舍九个女同学商量,托李敏送件什么礼物给毛主席。有的说织条大围巾吧,上边绣'毛主席万岁"五个大字;有的说一起用彩色丝线绣束花吧,每人绣一朵。大家叽叽喳喳,兴奋得眼睛直冒光,直议论到十二点多,还是找不到一样礼物能把我们心中的一腔火全捧出来。崇拜是很难表达充分的。

李敏说:"我们照张相,再写封信送给爸爸吧。"

大家一同拍手叫好。让毛主席看见我们每一个人,他才会知道我们是怎么回事呢!

第二天下课后,我们一个个溜出学校到照相馆集合。为了不声张,不把事闹大,幸福的事也是愈保密愈幸福。照相馆不给照快相,但听说我们这张相片是送给毛主席的,就像接到重大政治任务一样,第二天就洗出来了。大家叫我起草给毛主席的信。这是我一生中最难写的一封信,几句话写了整整一夜,满地都是写坏的纸团儿。直到把信交给李敏拿去后,我才把更美好、更真切的话全想起来。

一周后,李敏回来告诉我们,毛主席看见照片很高兴,还指指我说，这姑娘年龄不大嘛！据李敏说，当时郭沫若去拜寿，毛主席就把这照片压在办公桌的玻璃板下边。无比幸福的感觉啊！真的天天和他老人家在一起了！他天天都会看到我的！我再看教室黑板上面悬挂的毛主席像时，就觉得他那温和慈祥的目光像阳光一样照着我，多大的精神力量！你甭问就知道我大学时学习成绩为什么一直名列前茅。

三

这期间，我还崇拜过另一个人：他。

那是搞社会主义教育运动时，我们都是派到国棉三厂去搞厂史的学生，去写资本家的发家史和工人的血泪史，加强大脑里阶级斗争这根弦吧！我和他不是一个学校，我在北师大二年级学化学，他在北大，正经八百学中文的，又是毕业班。他个头不高，穿着朴素整洁，给我的印象是稳当可靠，头脑清楚，清瘦斯文，在我这个理工科学生眼里颇有点文人学士的味道。他是我们厂史写作组的组长，言语不多，却很能体贴人。晚上大家写东西，肚子刚有点饿，他不声不响把早准备好的吃的东西摆在面前。周末才觉得有点闲，他笑眯眯掏出一叠电影票一人一张。他像个天生的大哥哥，我那时模样很小，人又单纯，为他把我当做小妹妹而快活。可写完厂史，他送我回校，把行李替我扛到宿舍放下肩时，眼神有点特别，忽然说：

"我还能看见你吗？"

我挺奇怪，傻乎乎地说：

"怎么不能见呀，随便来嘛。"

我傻吧！这就是当时的我。

尽管我那时把从书本上看到的爱情当做迷人却陌生、遥远、与自己无关的事，不知为什么，这个人竟然很自如地一步步走进我的心里。

从他的谈话中，我知道他很穷。他家在苏北南通，当年是陈毅新四军的老根据地，叔叔们都是老地下党，父亲被日寇杀害，母亲守寡把他和几个兄弟姐妹拉扯大，他行老三。从上中学到念大学都靠着国家助学金，一个月十九元六角……他的家史叫我钦敬不已。这家史不但使他特别受重用，一直担任北大留学生的指导员，还使他天经地义地构成一个革命青年纯正的抱负和形象。这正是我所追求的。他把填写的"毕业志愿书"给我看，都是激奋人心的誓言！他要到原始森林，到荒僻的山村，到没有人烟的边疆和草原，去开拓，干一番事业，献出一生，真叫我感动呀。我心里默默地说，你无论去哪儿，我都一准跟着你。

真没想到他被分配的地方竟没离开我一步。当他告诉我要去的地方是"王府井"，我居然不知道王府井在大西南还是大西北。他笑了，说："除去北京哪儿还有王府井？"原来他的单位是王府井的中国作家协会。同学们都羡慕他，后来才知道像作家协会这样重要的意识形态部门，只能派他这样政治可靠、业务优良的学生去。

为了不让我俩的关系影响自己的学业，我给自己定了规矩，每半个月只见一次面，地点都是在北海。每逢约会，几乎整整一天都在听他说话。他知道的东西那么多，我感觉每次见面自己的知识都在增长，幻想着今后的生活多么充实。我的政治理想、他的形象，全都有声有色有血有肉地融在一起。我常为自己的幸运而痴醉。

四

我在一九六六年五月份考完研究生，成绩相当不错，心里挺有把握。六月份文化大革命就闹起来，学生们都疯了，喊着"砸烂研究生制度"，把老辅仁学校美国教会的六铜盆端到当院，将我们的研究生考卷扔进去烧。我趴在宿舍楼三楼窗台往下看，就像看土改时农民烧地契，心想完了。这突如其来使我发蒙。跟着愈闹愈凶，开始把校党委的人一个个揪出来斗。

作家协会那边斗得更凶了，名作家们全成了黑线人物，一般干部也都扯上些问题，只有他政治上干净，革命群众组织还选他当头头，但他也许由于家庭和经历的缘故，比较沉稳，依旧那样的斯文气。他再三对我说:"要相信党,靠拢组织,注意学习毛主席最新指示,看准大方向,千万别跟着起哄。"不管学校里各种口号怎么有诱惑力,自己思想怎么混乱,只要一见他,立时静了,清晰了。我想,凭着我们的纯正和对党的忠诚,再大风浪也决不会翻船。

大串联时我跑回四川老家,把我和他的事告诉家里,父母都挺高兴。母亲给他买了毛衣、棉毛裤、袜子,还有家乡特产四川橘子,整整装满一小箱子,我便上火车挤了三天三夜,到北京回学校洗了洗,就提着小箱子满心高兴去找他。他要是见到我父母的这些礼物,脸上会怎样笑,我都会想到。

五

在作家协会宿舍楼前,我碰到他北大的一个同学。平时见面,他总是非常热情,必开玩笑,这次却异乎寻常地冷淡,只说声:"你来了!"就走了。一种出事的感觉就给我了。后来我想,多亏先有这种感觉作为过渡,否则下一幕我绝对接受不了。我敲门。

他一开门,人变了一副样子!那样子——奇怪?可怕?悲惨?疯狂?我描述不准,但强烈地刺激我,至今难忘。他头发蓬乱,满脸横纹,见到我眼泪"哗"地下来了!然后递给我一张油印的小字报。我只看到:"谁反对毛主席就打倒谁,打倒反革命分子×××!"这是他呀!别的字怎么也看不清了,头发昏,身子全软了,皮箱"咣"地掉在地上。

隔了一会儿,他讲了情况:

他大学时读毛主席著作和诗词,顺手在书眉上加些感想式的评注,大多是从文学上考虑的,有的注"好,好极了",有的注"平平",有的注"不佳"或"错了"。写时没多想,过后便忘了。他同宿舍的一位同事翻他的毛主席著作找语录时发现了,在作家协会公布出来。这在当时是件了不得的事,顿时全沸腾起来……

我听罢,脑子完全乱了,我只想说:"你怎么干出这种事来!"我直瞪着他，恨他！连一句话也没说，忽然提起箱子，很坚决地走出他的宿舍——我走！

他跟出来送我，用自行车帮我驮着箱子，从东城走到西城，一路无话。连接我俩的那座无比坚固可靠的桥，一下子从中间断开，两岸中间是汹涌的激流。我在岸这边背过身去，他呢？

他送我到学校门口，对我说：

"我这事犯在毛主席身上，估计没什么希望了。我虽然喜欢你，但我没资格再爱你。咱们算了吧，也别再联系了。你将来不管分配到哪儿去，把地址留给我南通的大哥，行吗……"

他在我面前从来没这样狼狈过，老实说，这几句话我也没听进去。我回到宿舍，箱子一撇，一连三天没下床，脑子里全在剧烈地打架。恨他呀！他怎么在毛主席著作里写这些混账话！这和他平时对我讲的——党如何培养他呀，对毛主席感情如何真挚呀，要一辈子忠贞不渝地干好革命文艺工作呀，完全不符合呀！我想，我是不是叫他骗了？迷住了？他是否真的打着红旗反红旗？我把他两年来对我讲的话翻腾一遍，仔细回忆，琢磨其中是否有对我潜移默化搞反革命的内容，但怎么也想不出来。我真是痛苦极了，难道被他骗得这样的实在和彻底？不，我要去他单位亲自参加他的批判会，听听别人对他怎么看，弄清他的真面目！

第四天，我起床去作家协会。

六

当时在我面前摆着两种崇拜：一是对毛主席的，一是对他的。

对毛主席是对理想偶像、至高无上的崇拜；对他是对一个活生生人、情意相融的崇拜。但对他的崇拜是基于对毛主席的崇拜上，是包括在对毛主席无边无际的崇拜之中。这关系我心里非常清楚。

具体说，对毛主席的崇拜是无条件的，对他的崇拜是有条件的。如果他真的反对毛主席，我只有毅然决然和他分开。这就是那天我提起箱子决断走出他宿舍的原因。可是硬从心里扯出一个血肉相连的人哪有那么容易？可我又怎么解释他做的这件不可饶恕的事呢？

七

作家协会的五层大楼显得高不可攀，外墙上悬挂着要打倒他的巨幅标语。我马上置身一种气势逼人的异样的气氛里。我登上五楼会议室参加他的批斗会。一连十天，我天天都去。作家协会的一些人认识我，他们都不理我，却佩服我寻求真理时表现出的执著与虔诚。我静静地坐在会场后排一角，认真听着每一个批判者的发言，还把楼道中所有关于他的大字报全都仔细看过。我发现除去他告诉我的这件事，再没有别的内容。批判者是有道理的，但那些上纲上线、气势汹汹的言辞却不令我信服。在那场合中，我感觉只有我是最神圣的。

批斗后他被挂起来，天天在作协打扫卫生。我没去找过他，因为我还不能判断他，尽管这件事发生在他大学时代，而且只此一桩，但我仍旧拿不准他的本质。深深的苦恼、困惑，以及激烈的情感冲突和思想斗争，使我一时一刻无法安静下来。这问题谁也无法帮我解决，谁也不会为我解决，于是我决定去他老家南通一趟，看看他的根儿，是不是也和他对我说的一样。

八

正巧"一月风暴"发生了，学生们都涌向上海串联。我随同学们到上海，借故有病在上海的姑妈留下来，同学们一走，我便买船票去南通。按照他曾经给我的地址，先找到他老家所在的公社。我拿出大串联用的"北师大井冈山红卫兵"的介绍信，说我要了解一个人。没想到他家在当地那么有名，我一提他家，公社干部马上说他家是个革命家庭，父亲因主张抗日被日寇杀害，两个叔叔都是新四军时期资深的地下党员等等，所讲的和他告诉我的好比一块版印刷的那样完全相同，我的心便发生了变化。

他大哥就在公社小学教书，我去找他，一望而知是个纯朴老实的人，人比他还瘦，脸形、眼神和有些动作很相像。我不知该说我是谁，大嫂却马上认出我，因为大哥家有我的照片，对我分外亲热。乡间人的感情实实在在，没法儿挡，只有热乎乎被感动地接受。转天一早，大哥带我去见他母亲，去往他出生长大的那块故土。从公社到他老家还有四十多里地，他大哥骑车驮着我，在水田中间的羊肠小道横横竖竖地穿行，六哥的车术真是高极了，穿呀穿呀终于看到了他家。

他母亲大概提前听到信儿了，远远站在几间茅草房前等我，我一辈子也忘不了那一幕。他母亲头上梳一个小髻，穿着一件阴丹士林蓝布褂子，肥裤子下露着脚脖子，一双小脚，瘦高瘦高，直立着，脸颊的皱纹一条条像雕刻上去的。我应该叫她什么呢？未及细想，情不自禁叫她一声："妈妈！"

老太太两只瘦长的手伸上来，直抖呀，把我从头一直摸到脚，心疼我啊！她的五个孩子中只有他一个出息了，还到北京那么个大城市上大学，工作……但她哪里知道儿子成了反革命？我当然不敢讲，只说他忙，托我回来看看。

老太太把他兄弟姐妹都从别的地方叫来，杀了一只鸡。村里有点消息就像阵风似的吹遍，男女老少，抱孩子的，挂拐杖的，全来看我这个"没过门的媳妇自己找上门来"。这里方圆百里，大概还没见过北京来的女大学生呢。大家围着我看呀，笑呀，问话呀，这时我已经觉得自己是他家的人了。当晚，他母亲几乎搂了我一夜，喋喋不休地讲了他小时候所有的事，在母亲嘴里，孩子任何一个细节都裹着浓厚的情感……不知不觉中，他这样的"反革命"，我不信了。转天告别时，他母亲送给我一小袋子花生。我提着这袋子回到上海，没停，马上返回北京，去找他。当我把这一小土布袋花生放在他面前，他多么聪明，什么都猜着了。他哭了，觉得对不起把他拉扯成人的苦命的老母亲。他从来没有这样让人可怜。

这样，我不但决定和他恢复关系，而且坚定地往前迈一大步，我们结婚了。

这是一九六七年十二月一日。

我的新婚之夜不叫"新婚之夜",整整一夜,我俩抱头痛哭……

九

婚后,学校把我分配到燕北,但山西武斗不能去报到,闲在家中。他的问题看来得等"运动后期解决"了。"文革"像迷了路,愈来愈没有尽头,那一阵子挺茫然。一天,我去科学院学部看大字报,正是杨成武"大树特树毛主席的绝对权威"口号出来,到处都是这内容的大标语。那天不知为什么总感觉特别紧张,好像要出事。回到家等到天黑也不见他回来。忽然门"哐当"打开,作协造反团的两个人押着他进来,其中一个对我说:"我们还要查查他的书。"这叫抄家,把书架上的毛主席著作全抱走,又对我说:"这段时间他不回来了,明天早上开他的批斗会。"说完就把他带走。我坐在床上傻了,追也没追,一种大难临头的味道这次实实在在地感受到了,还真的觉得他这一走,完了! 小屋变得又大又空,我坐了一夜,挨到天亮去作家协会。

我登上五楼,坐在会议室参加他的批斗会。由于杨成武的讲话很极端,批斗的气氛就不同以往,我也不像以前那样一心为了确认他是不是"反革命"。我是来陪他的,我是想叫他看见我便感到不孤单,我在和他一起承受……在批斗会上,轰轰烈烈的叫喊一声儿也听不进耳朵,心里乱成一团。批斗结束后,我被作协造反团叫到另一间屋谈话,他们还把我的同班同学叫来,要给我做工作。我下定决心一句话不说。

就在这时,忽听外边走廊上人声嘈杂,脚步很乱,好像突然发生了什么事。我脑子下意识地响起一个声音:"坏了! 跳楼!"不由自主猛地从沙发跳起来要夺门而出,马上几个人堵在门口不叫我出去。谁也没告我什么事,我像断然什么都知道了,木头一样戳着不动。大约二十分钟后,会议室那边的批斗会又开始了,却变成声讨会了。阵阵加剧的口号声竟然变得忽高忽低,忽远忽近,一会儿如雷炸脑,一会儿隐隐约约很遥远，这时我已经没感觉了，麻木了，脑子完全停顿，不会哭，不会笑，什么也不会。

只见进来一帮人围着我说话，谁也不直说，作协那些人多鬼，谁都怕把我刺激疯了担责任，绕着弯子做开导工作。我毫无反应，只见许多双眼直对着我，许多嘴巴在动。恐怕这是人将死时的一种感觉吧。

当天他们不叫我回家，把我弄到一位老作家的爱人家里。这女人和老作家划清界限，家里只有她和一个女儿，作家协会还加派一个女干部陪我，大概怕我出事。其实我不会出事，因为我像傻子一样已经什么都不懂了，不会思维，不知道时间，连他死没死的概念也没有，恍惚只觉得自己是个动一动都很困难的肉体。

后来才知道他是从五楼窗户跳下去的，摔得血肉模糊，许多骨头都断了，很惨。他出身好，政治上一直受优待，受不了这种歧视和委屈，尤其是自尊心承受不了，只有走自杀这条路了。作协打电报叫他哥哥来处理后事，他哥哥却不想见他的尸体，怕受不了。丧事处理完，已经半个月过去，他哥哥来看我。

那天的感觉异常奇特。我正混混沌沌之中，一见大哥，好像突然受到一种刺激，半个月的恍惚一扫而光，一切细节都清清楚楚地一齐涌来，我异常清醒，非凡的明白，死而复生，感觉很振奋那样，才一下子扑上去抱着大哥大哭。我明明白白他确实没有了。

大哥好像瘦多了，皮包骨头，眼睛显得大大的，眼泪哗哗流，眼神和他一样。忽然我感觉他留给我的种种眼神"刷刷"地往大哥的眼睛上重叠，这一瞬间，我没疯了就算福气；当然，我要是真疯了就不见得再经受以后那些罪了……

我已经一无所有了，把家拆了，家具物品、锅盆碗筷，所有东西全廉价卖掉。他是反革命畏罪自杀，没有丧葬费，大哥靠工分吃饭，也没有返程的路费。我分给大哥一半钱，挥泪而别。我当时急渴渴只想摆脱，摆脱北京，摆脱他死的地方，摆脱这一切，摆脱得愈干净利索愈快愈好。这就背起行李卷儿，孑然一身，去往一无所知的燕北。

下部分：崇拜的回报

十

生活给我的第一个教训是：天真比愚蠢更愚蠢。

我到达大同的燕北专署报到后，知道自己被分配到山阴县第一中学教书，立刻对管分配的一位处长说："我发生了一些事，不能当老师。"跟着就把这些事一五一十地说了。这也是我多年受党教育的结果——有事不能瞒骗组织，只有对组织说清自己才感到轻松坦然。我上午说过，下午就觉得空气凝固了。来到燕北报到的各地大学生都像看稀奇动物一样看我，有的扭过脸喊喊喳喳议论，我感到一种威胁压来，低头回到招待所。同屋一个三十多岁挺爽快的当地女人问我："你爱人死了？"我惊奇地问她怎么知道的，她说中午时专署那位处长把待分配的各地大学生都召集起来，说我是个危险人物，要大家警惕我，注意我的行动。他把我向组织汇报的话全兜出来了。

我便不敢出屋，躺在床上仰面瞧着屋顶，饭也不吃，心想我这辈子全完了，我才二十一岁呀！

第二天一早，我想再找那处长谈谈，一出招待所大门，一个小姑娘就朝我尖声叫："反革命！反革命！小寡妇！小寡妇！"

这促使我对燕北专署不辞而别。我脑袋一热买票去到西安姐姐家。一见到姐姐那张标准的党员面孔就懊悔不该来。我只说山西武斗没处报到，便来看她。姐姐天天上班，我就在街头漫无目的地乱走一气，直到把身上的钱花光，茫茫站在西安来来往往的人群里，心想哪里是我的去处？四川父母那里，不行，父亲是石油工程师，也在挨整，不能把自己的痛苦再加给他们。我耳边忽然响起他大哥离开北京时说过的一句话：

"你要是实在受不住时就来吧，有我们一口吃的，就有你一口吃的。"

我便卖掉身上唯一值钱的手表，换了七十元，买张去南通的车票。在火车站我给姐姐写封信，把我的一切遭遇装进信封寄给她。

过后姐姐回信说，她看见信哭了一夜，怨怪我把最需要安慰的机会没有给她……

十一

我到达大哥家时，他母亲正住在那里，听说我来了，从屋里跑出来，长长瘦瘦的老太太，飘着满头白发，一双小脚迈着很大的步子，跑得太急，忽然绊倒，摔了一身土。我扑过去抱住她，娘俩紧抓着对方后背失声痛哭。我们共同失去一个人，但此刻好像失去双倍的亲人啊。

大哥说："你要愿意在这儿，咱就苦在一块儿吧！"

这样，我便随母亲住到乡下。

一住进曾经生他养他的那几间茅草屋，就有种小鸟回巢、游子归家的安定感觉。我想，工资、工作、大学生的待遇全不要了，死也死在这里了。我天天跟随乡亲们干活儿，锄草耙地收麦子，也不要工分。我和他母亲在一起时，常常有种他并没死的错觉，觉得我就是他，这错觉给我很大的安慰。乡亲们都很亲近，他们模模糊糊知道一些事，但从不问我。我便像在狂风恶浪出生入死地挣扎过后，躺在沙滩晒太阳一样，出奇的宁静，无限的宽解。有时痴望着苏北烟云雨树，水田中淡淡的倒影，大片大片浓得化不开的鲜黄的油菜花，我会幻想出他童年在水牛背上和少年在田埂中玩耍的身影……

这期间，燕北专署发现我失踪，到处打听我，电话打到北京、西安、四川，最后知道我在南通，就一封封信催逼我回去，直到寄来最后通牒。我原想抱定宗旨不去，但不久农村也搞起文化大革命，特别是《公安六条》下来，我算反革命家属，属于管制对象，情况变得紧急。一天夜里，大哥从公社骑车风风火火跑来说，村干部告诉他："你弟妹是逃亡的反革命家属，明天早上要斗她，你快转移她吧！"母亲发火了，她的脸颊直抖，说："他们要把她怎么样？先把我老命要去！"死活不叫我走。

我想，不行！这时候，他两个叔叔都被打成"叛徒"，家里的情况不妙。再说农村斗人很野，动不动乱棒齐下。我又怕回燕北，怕那位处长，怕那些眼神。整个世界都在逼我，我已经没有出路了，便想到死。干脆就找他去吧！最无妨碍的去处，只有死亡。但我决不能死在他家。决心下定，我就说我先回上海暂避一时，母亲才答应。

当夜大哥骑车驮我走，怕人瞧见，在漆黑的田野里绕来绕去，天亮才到达南通码头。分手时大哥发现我什么东西都没带，他哪里知道我永诀人间的决心。人本来空手而来，空手而去，什么也不需要的。我清清爽爽地上了船。

十二

一个人只有要死的时候，才更有求生的欲望。当船行海上，我在滑溜溜的甲板上徘徊，那天天空特别暗，大雾浓得几乎船都钻不出去，看不见远处的海水，只有偶尔看到对方开来的模模糊糊、鸣着船笛的大船影，还有海鸥突然一闪就消失在湿漉漉的海雾里……

愈是没有出路，愈想找到一条出路。我甚至憎恨自己惧怕自杀的怯弱。在一阵阵死的念头愈来愈强烈地袭来时，我突然听到船上扩音喇叭播放的样板戏《白毛女》中的一句唱词："我、不、死！我——要——活！"一个个字吐字特别尖利，特别清晰，猛地刺激了我。我忽然想到，白毛女遭受到那么大屈辱，在深山丛林中吃野果子也还要活，我为什么非要死？陡然我浑身都响着这三个字：

"我——要——活！"

虽然我不知自己为什么非活不可，但我有生以来第一次受到"求生"两个字本身那么大的鼓舞。我冲动，我激昂，我混乱，也茫然，糊里糊涂到上海站了。被人群挤来挤去挤下了船，回到上海，回到了人间。

我这个"文革"的受难者,反而被样板戏——这个"文革'文艺怪胎救了,多荒诞!

崇拜吗? 这时对于我已经是个很模糊的东西了。

十三

到达大司专署后,作为惩罚,他们把我分配到燕北最穷最苦的一个地方——○县当教师。

○县非常封闭。可是愈封闭,消息传播愈快。我一到那里,我的事在县城几乎家喻户晓,走在街上都有些破衣烂衫的人指指点点议论我。县军管会政工组对我说:"我们已经研究过你的问题,你去丁家窑公社教中学。记着,你要接受贫下中农再教育,不许乱说乱动,有事外出必须向我们请假。"我对这种话已不再感到压力,麻木地点头称是。

第二天,我乘坐丁家窑供销社一辆拉东西的大车去学校报到。这种大车每两元由丁家窑来一次,送来山民们挖的甜草根和农产品,再带一些可怜巴巴的生活必需品回去。我把行李扔到车上,跳上去。车子一出县城,哎呀,真是美极了的一天。

这地区处在山西和内蒙古交界,全是平缓又单调的丘陵。没有路,只有大车轱辘轧过草地两条浅色的印子。赶车的老汉和我言语不大相通,很少说话,七八十里的路程几乎看不见一个人,有时觉得只有自己和自己。又大,又空,又静,又舒服,脱离人世其实并不寂寞;前头是三匹马和老汉的背影,左右是对我绝无伤害的大自然,长长的草叶刷着大车嚓嚓响得很好听。在车子晃晃悠悠中,我便不自觉唱起歌来,唱完一个再唱一个,把我所有会的歌全唱过来,无忧无虑唱了一路……我尽量什么也不想,享受这一切。真恨不得这条路没完没了,一直走下去,几万里,几十年。

下午五六点钟到达一个山坳里。赶车老汉说到了,我大吃一惊。黑蒙蒙大山影中只有孤零零两排空砖房,周围没有村庄。没等我问,赶车老汉说:"这是学校。"就把我交给一个又聋又哑的老头。这老头给我拉风箱蒸了几个土豆,一碗盐水,便是伙食,然后领我到一间阴冷的小房里叫我住下。既没有校长、老师,也没有一个学生,哪里叫学校? 我惊愕又惶然,好像进了迷宫。当晚在空山空屋里,我害怕极了,白天脱离人世的快感全没了,我十分需要一个女人。我跑去拍那老头的门,说我要找个女人说话。无论我怎么叫喊,用手比划,但他又聋又哑,只摇手,听不懂。

都说地狱十八层,我现在哪一层,是不是到最底下一层了? 我整夜心里在叫——生活啊,你到底还有什么更糟的,先把最糟的叫我尝受行吗?

十四

我住的这里是公社革委会所在地,占前一排房,只有革委会主任、副主任、一位秘书、一个抓药和送信的通讯员、一个兽医,再一个就是那聋哑伙夫,大都是老头。后一排房是学校,公社准备办个中学,从各村小学招收学生,但当时闹"文革",孩子们都无心上学,所以房子全空着。革委会主任说:"你自己到各村去动员吧,动员来一个就教一个,没有学生来你就没事儿。"他见我很为难,便说:"你去胡柴沟找一位联区校长,他姓王,他说咋办就咋办吧。"

我心想找到这位王校长就找到明白人了,跑了二十多里山路摸到胡柴沟,一见这位王校长,心里的感觉马上改变了。他个子很矮,下巴满是胡茬儿,两眼凶凶瞪着我,好像对我这个北京来的大学生有种透人骨子里的仇恨,先给我一个下马威说:

"你的情况我早听说了。你主要任务是接受贫下中农再教育,捎带办一所中学,自己去动员学生。"

除此他二话没有,似乎看我一事无成才好。这么大的公社我怎么去动员学生? 幸亏公社秘书热心,撕块纸,拿笔画个草图,我就按这图在完全陌生的荒野荒村中像个流浪乞丐,挨个村子串,上门动员。

没等我动员来一个学生，县里忽来紧急通知，全县六百多教师立刻都集中到县里办学习班，搞清理阶级队伍。灾难又要迎头重来。

十五

清队运动来势凶猛，我大概很难逃过这一关，索性去找县武装部政委，他直接管教育系统的运动。我从头到尾把我的事说一遍。这次不同于在燕北专署那次天真地向组织交心，而是很清楚自己处在任人宰割的境地，反而无所畏惧，索性好歹全兜给他了，要整死我最好快一点。出乎意料地是他眼里流露出这世上难得的同情，我便问他："我这些事在学习班里该不该谈？"

他说："这不是你个人问题，可以谈，也可以不谈，但谈不谈都和我们县没直接关系。"

我明白。他不能不这样说，实际上是暗示我可以不说。有这个大人物的态度，我心里轻松多了。但到了学习班如进了绞肉机，我不说，那王校长总拿话敲打我，尤其整别人时，打得很凶，故意做给我看，吓我。我想，再不能吃天真和认真的苦头了，咬紧牙关一声不吭。

这种穷乡僻壤斗起人来比大城市野蛮得多。有时把县长、县委书记们弄来批斗，用铁丝拴上几十斤的大粪桶挂在脖子上，一边斗还一边往桶里扔石头，粪汁溅得满身满脸。有的人熬不住就自杀，找不到自杀的家伙，便在吃饭时把筷子插进鼻孔；把头用力往桌上一磕，筷子穿进脑子；还有的跳粪坑活活憋死。半个月后在王校长操纵下，矛头明显转向我，气氛紧张得叫我天天犯心跳。一天，大家正在屋里学习毛主席著作，我坐在炕上，王校长突然对我喊一嗓子："站起来！"

我立刻在炕上站起来。

王校长说："你敢站得这么高，好大胆，比墙上的毛主席像还高！"我从炕上跳下来，顶他一句："是你叫我站起来的！"

王校长一脚把我踢到门口。不知为什么，我马上想蹿出门跑去找那政委，好像那政委是我的保护人。王校长一把抓住我说："你想跑？

这就要大开杀戒了。

我不知打哪儿来的勇气，说："咱们的最高领导不是武装部政委吗？好，你去问他，他叫我说，我就说！"没想到这一来，他怔住了。他们不摸底，其实我更不摸底，谁知政委会不会保我。我只和他见过一面，他不过流露过一点同情，说几句模棱两可的话。那时代同情是种多么软弱和不可靠的东西啊。我的命运全押在政委手里了。

他们到县武装部去问。我更没想到政委对他们说："她的材料没来，能搞出什么事。"居然把我保住了。后来学习班里一些没问题的大学生们被派下去劳动，政委也叫我去，这便使我意外地从一个滚滚而来的巨轮下逃脱出来。我当时对这位好心政委抱着无限感恩之情，把他当做天下第一好人，哪里知道他另有目的呢。

十六

我回到丁家窑公社后，天天奔走于荒山野岭中的各个村子间，去动员学生来上学。一个小小女子在旷野独行，既怕人又怕见不到人，见到人怕是坏人，见不到人怕迷路。有一次，我竟糊里糊涂从山西一直走到内蒙古，被内蒙古那边人当做特务困了一天。冬天大雪盖地，野兽出来寻找食物，常常能在雪地上看见狼或豹子的脚印，我就不停地大声唱歌为自己壮胆，有时唱着唱着哭了，我不知自己为什么这么干……可是，也许被我的诚心和辛苦所感动，居然动员到二十八个孩子来上学，他们都住校，立时把我生活的孤单冷落全驱赶走了。我既是校长，又是教师，上课摇铃也是我。天天早上四五点钟，我召唤他们起床。大山中间的早晨空气清冽，第一件事是带着他们站在空场上，高举小红书，向着太阳升起的地方对毛主席请示。这感觉也挺神圣的。崇拜？我说不清了。反正我需要一种精神支持自己，鼓舞自己，把自己装满，否则你怎么活？这段时间我还算快活，眼瞧着这些穷孩子学习成绩突飞猛进我高兴，有时批作业，备课，搞到更深夜半，惹得黄鼠狼下来"嚓嚓"撕窗纸，吓得我打哆嗦。孩子们教给我说，只要听到窗纸响，吹灭油灯，黄鼠狼便会走开。我和孩子们处得感情融洽，他们见我吃得很苦，一起到野地里挖甜草根时，就拾些野鸟蛋塞进我口袋里。一次，我伸手掏手绢，手指碰到一个黏糊糊、肉乎乎的东西，我惊得大喊大叫。原来一个鸟蛋在我口袋里孵化了，小肉鸟破壳而出，孩子们全咧开嘴笑了……他们给我多大的安慰和喜悦啊！

五月端午节，二十八个学生每人从家里端来一碗用土豆、豆腐和羊肉蒸的黄糕送给我吃。这时又搞起"急整顿"运动，王校长带领各村小学教师来我这里开会，看见这些黄糕，王校长当面点我说："现在没有直接的反革命，都是打着红旗反红旗的，笼络学生，搞成他的接班人，这就是阶级斗争新形势下的反革命活动！"

我没别的出路了，就提出下到村里去教小学，王校长马上同意，并通知我要去的那村的贫下中农革委会警惕我的一举一动。

我再没劲儿了。我发现，一个人打起精神也是活着，心灰意懒也是活着。一次，我从一面小镜子里看见自己满面灰尘，马上洗过，再看，依旧灰蒙蒙，无光，眼睛竟然也没光泽。可是我这时才二十四岁呀！

十七

突然一天，喜从天降，县里下调令，调我到县中学教化学。但到了县中学不久，武装部政治科一位干部对我说，调我来县中学是政委的决定，然后吞吞吐吐半天才说，政委有个内弟在大同煤矿当工人，一条腿有残，光棍儿，希望我能嫁给他。一下子我才醒悟，在清队时受到这位政委特殊保护的真正原因。我感到我命运中的一切幸运，都是以双倍的牺牲为代价的。刚刚为自己逃脱开王校长的控制而庆幸，转眼却落入政委更有力的手掌之中，绝难逃脱。清队时那次不过是把我从笼子里放出来，这边却早下一道网了。幸亏县中学校长是山西大学六五届学生，为人正直，经历也有一段坎坷，很同情我，便仗义牵线把我介绍给另一个县的小学教师——也是由外地分配来的大学生。经过许许多多曲折，我嫁给这位大学生并因此调出○县，去往 K 县，虽然彻底得罪了那个政委,却从此也了结了我这长达十年、不堪回首的苦难。

十八

我这男人老实厚道,待我很好。但我对前夫的那种感情却很难再现,那不仅是初恋的纯情,更是一种崇拜才有的圣洁,以及全部生命的投入。一个人只能有一次这样的崇拜;一旦破碎,永难复生。特别是"文革"结束后,我前夫被落实政策开追悼会的消息传到南通,不到十天,他母亲便去世了。我对人生才算真正地大彻大悟,此生此世不再可能崇拜谁了,因为我经过崇拜的毁灭和毁灭的崇拜。我能在这两种毁灭中活下来,是我平生最大的幸运,当然也是最大的不幸!

被崇拜者搞垮崇拜者,是一种心灵的屠杀。

我们，陷阱中的千军万马

1970年·17岁·男 \ H 省农场某团某连知青

第二天醒来一看全傻了——"小镰刀精神万岁！"把大蒜和鞋油搅和一起叫她吃——胡志明小道——如花似玉非常好看的姑娘——怀疑产生了——当时流行的一首《知青歌》——我们是国家的功臣！

　　一九七〇年五月十七日，我们在 M 市火车站兴冲冲登上列车，奔赴遥远的北大荒。车站上一片连哭带叫，知青从车窗里伸出手，死死抓着站在月台上那些送站的亲人的手臂，直到车轮启动也不撒手，维持秩序的人手执小木棍，使劲打才把他们的手打开，真像生离死别一样！这之中唯有我是另一个样子，我特别兴奋，起劲地敲锣打鼓，拼命喊口号。那时我刚十七岁，浑身带着在红卫兵运动中激发出的热情，脑袋里只有"在广阔的天地里大有作为"这几个字，其他什么具体的东西也没有，只是一团火热的、膨胀的、闪闪发光的感觉。再加上人在少年时那种离家出走闯一闯的傻乎乎的愿望。一路上兴高采烈，敲敲打打，又喊又叫，列车走了两天两夜，没到站嗓子就没有声音了。

列车在深夜到达农场车站。一开门，滚黑一片，"哗哗"下雨，极冷。我们是从炎热的 M 市来的，身上还穿着衬衫呢！赶紧从行李包抻出军大衣穿上。下了车，在站台昏暗的灯光里，只见大家一片绿，全都穿上了棉衣，冷雨却"沙沙"打在棉衣上。

我们是给大卡车运往农场的。农场似乎很大，好像没有边儿。他们按照军队的方式，一个连队一个地方。我们的卡车每到一个连队，便下来一些人。我在第 × 连下车，一同来到这个连队的知青大约有六十人。我们被领到一个很冷很黑的大房子里睡下。由于天黑，什么也没有看见，只觉得满地泥污。太累了，倒下立刻睡着，连梦也没做。

第二天醒来一看，傻了！ 我们全傻了！

哪里是房子？ 原来是个极大的老式帐篷，缝缝补补，撒气漏风；帐篷里边也满是烂泥，长长的野草居然从床底下长起来。这就是我们长久的住处了。吃饭要天天踩着烂泥走出一百多米到伙房去，我这才明白为什么临来时学校再三叫我们准备高筒靴。一看这情况，几个年岁小的学生就哭了，扭身要回去。但怎么可能回去呢！ 这大帐篷有两个，每个住三十人，相距五十米。当天夜里，大家躺下，谁也不说话，渐渐就有了哭声。先是女知青哭，后来男知青也哭，最后两个帐篷的哭声连成一片。在这荒凉的野地里，哭声和风声水声一样，谁理你？那时我们才十六七岁呀！

我们大多被分配在"农业连队"干农活儿。这儿的农活儿可不好干。没有排水系统，到了收割时，赶上大雨，地里成了汪洋，机器下不去，割麦子就得用"小镰刀"解决问题。干活儿也是突击式的，天亮时露水一干，马上下去割，因为麦子沾露水不好割，这样一来要干到天黑露水下来时才收工，一天干下来人都快散了。割大豆时就更难了，那是在九月份，地里全是水，夜里结上冰，一脚下去，全是破冰碴子，所以毡袜、皮靴、绒裤全得穿上。但干起活儿来，太阳一晒，上边反而热得穿单褂。上热下凉，那难受劲儿就甭提了。后来许多知青的关节炎、肾炎、风湿病都是这么得的。可那时没人退缩，舆论强有力，懒汉是可耻的！我们的口号是："小镰刀万岁！""磨断骨头连着筋！"有时完全可以用机器也偏不用，因为用"小镰刀"才可以"颗粒归仓"，那股子精神真了不起，尤其女孩子们更不容易。农场的老职工大多是转业兵和从山东、四川来的重劳力，根本不懂得照顾女孩子们。女知青们来了例假，不好意思说，照样把双腿插在刺骨的冰水里，默默地忍着干活儿。现在想起来都心疼她们。

　　至于生活的艰苦，你根本无法想象。

　　举个例子吧。知青得了病才能有资格享受一次"病号饭"。这"病号饭"不过是用豆油、葱花和大盐粒子炝锅，再倒进去开水煮一碗汤面。有一次，只剩下一碗"病号饭"了，两个知青为了争这碗面，一个知青就啐一口唾沫到面里，他想用这办法独吞这碗面，另一个知青马上也啐一口，说："我不嫌你，咱们就一人一半吧！"这一碗破面汤，不过是让肚子舒服一点吧。

　　那儿人的饭食一向很粗。一个馒头半斤重，一个包子三两重，一两个月吃一次猪肉；吃猪肉那天——我那时没有照相机，真应该叫你看看那些孩子一张张心花怒放的脸儿！那脸儿才叫漂亮好看呢！没肉吃怎么办？猫肉、兔肉、鸟肉、老鼠肉……有一次，我们的拖拉机压死一条蛇，大伙儿就用小刀把蛇切成一段段的。我在地上找到一个破罐头盒，里边放点水，点着树枝，把蛇肉一块块煮了，那滋味真是鲜美极了。回去讲给伙伴们，人人听了都咽口水。

　　这儿的自然环境还不错，山上是原始森林，地上是"水泡子"，水草茂盛，一碧千里，非常开阔，绝对没有污染。如果你做旅游者看一看，当然很好。如果叫你像我这样生活八年，恐怕——别说不好听的话——恐怕你早跑回来了吧！

　　就说天气吧！冬天最冷的时候，耳朵和鼻子冻得"梆硬"。有时老职工搞个恶作剧，拿起洋镐对知青说："这镐刃上怎么有点甜呢，你舔舔！"如果这知青傻帽儿，一舔，舌头就粘上了。再一拉，舌头准掉一块。这时必须赶快到屋里去，叫别人哈气，帮助"哈"开。逢到"刮烟泡"——那种雪后的大风，常常在风口的地方把雪立起三米多高，搅得周天寒彻，漫空迷雾，往往使人迷路，迷路的结果大半是把人冻僵冻死。

我说艰苦，你别以为我们就会喊爹喊妈，叫苦连天。一次，我们从山里干活儿回来，车坏了，徒步走了一百多里路。路上渴急了，大伙儿就嚼树叶，我忽然看见地上车辙沟里积着一些雨水，便趴下去，挥手轰走水面上的一层小飞虫，去喝雨水。我这个创造发明得到大家一致称赞，大家便都这样喝个痛快。嗓子得到滋润，便又唱歌又呼口号又念语录，一鼓作气回到农场，情绪依然十分高涨。

可以说从"文革"初期到这时，我还没有丝毫的反省意识。

"文革"初，我们批斗一个老教师。她原先是个老校长，反右时被划为"右派"，在学校做清洁工。在逼她交代问题时，有些顽皮的同学就叫她大口大口不停地吃大蒜，她说受不了，便叫她搅和鞋油一起吃，再把蘸了稀泥的葡萄叶子塞进她嘴里。那时我们决不会认为是在迫害人，相反觉得我们很英雄，很正义，立场坚定，这便是当时学生们的自我感觉。

在我来支边之前，还参加过动员别人插队支边。记得我们到一个不肯放子女走的"钉子户"家中做工作。所用的办法是"熬鹰"，也就是白天黑夜不停地动员，软说硬说，不让他们睡觉，直到把他们熬垮，点头同意了，马上给他们办理户口迁移手续，这法子真有点缺德！记得这家该走的是个女孩子，母女俩住一间平房。我们七八个人都挤在他们家，连水缸边都坐上人了，你一句我一句直到深夜，这母女俩就是不说话，我实在熬不住，不知不觉睡着了，天蒙蒙亮时醒来一看，嗨！被动员的和动员的全睡着了，东倒西歪，一片鼾声，大伙儿全垮了。当然，最终她们还是被我们征服了。但我哪里会多想一想，毛主席的号召既然这么伟大，为什么又要用这强制的手段呢？

那时，没有思想也就没有痛苦，所以我一直是快乐的，意气风发。

那时我们的业余生活主要是批判会，这也是唯一的文化方式了。干了一天活儿后，晚上就被连部集中起来，搞大批判。对于我们来说，写大字报是练书法，写批判稿是做文章，唱《东方红》和《大海航行靠舵手》是唱歌曲,我们也写诗,当然都是按要求写的了,绝对没有个人的诗句。尽管这种文化生活充满政治气息,但也可以人尽其才,一样干得有声有色。我们是绝对不准看马列和毛主席著作之外的任何书籍的。偶然有人从别的连队偷偷借来一本小说,大家都抢着看,但千万不能叫连队领导知道。记得有一本外国小说《俊友》,莫泊桑写的吧,传到我手里是吃晚饭的时候,我瞪着眼一直看到夜里两点,两点半另一个知青就起来接着看,书的利用率可是极高的。

要说到看电影,那简直是我们的节日!一部电影从师部借来,就一个个团部传着放映。多是到一个集中的地方,各连队的知青都来了,好像一个大聚会。老朋友见见面,也可以认识些新朋友。记得一次听说要放映香港片子《杂技英豪》,知青早早地聚在广场上,从天擦黑直等到夜里三点。片子一送到,广场上欢声雷动,那声音撼山动地,不知是表达一种满足还是一种饥渴。还有一次看朝鲜电影,电影里下大雪,广场上也下大雪,但没有一个人离开。电影里的人进了屋子,我们却在大雪里站着,这感受真是奇特又奇妙极了。

我们有大块大块空白的时间,又寂寞又孤独,爱情便出现了。连长像个封建时代的管家,常常在晚上到桥头和道口去堵那些外出散步的男男女女。有时还躲在解放牌卡车的车楼子里,监视我们的一举一动。但我们有一条由帐篷后面通往森林的秘密小路,是知青们恋爱的幽径。知青们都爱称它为"胡志明小道"。这小道弯弯曲曲穿过一片开花的草地,还有许多小白桦树遮遮掩掩,又美又静又神秘,许多知青把伴随着心灵战栗的足迹留在那小道上了。

我不能落下这个细节,这很重要——从连队的大院子里远望,有一棵枫树。它长在平坦坦的草甸子上,周围没有任何别的树,只它一棵,也许因为它所处的地势好,单独地生存下来。它又矮又大,由于太远,平时看起来模模糊糊;可逢到秋天,它红极了,像一束火把,非常吸引人。有时心情孤独,看它一眼,似乎就好受一些。它好像是一种寄托,一种期望。有的人心里有苦难言,就跑到那树下待一会儿,静一会儿,哭一会儿,便会好些。于是人们都说它能消解痛苦,非常灵验。我吗？我——今天我特别不爱说我自己。我只想说,近来很奇怪,我常常恍惚间想起这棵树来。说不定哪一天我专为这棵树跑回去一趟呢！什么？你说我的眼圈有点红？我昨晚又睡晚了。

我们的知青生活的重大转变是忽然出现一个意外事件,一个老职工与一个女知青关系暧昧,他晚上控制不住,钻到女知青帐篷里,被当场抓住。虽说这事在连队里炸了锅,但绝不会这么简单。在给这老职工办学习班时,一打一逼,他交代出自己的风流艳史,居然还有不少女人！有女职工,也有别的女知青。这时人们就把疑点放在我的女朋友身上。我的女朋友是副班长。那时帐篷里很冷,一个烧"半子"(一截树干立着劈成四半)的汽油桶根本不顶用。我那朋友就住到这老职工家里,跟他的女儿做伴,不过是图个暖和。中国人在这方面既有兴趣又有想象力,于是就在我朋友身上打个问号：难道他眼前放着一个有眉有眼的大姑娘会不动心？

你问我这朋友？她是个很好的姑娘,我与她从小同学,互相印象都好,但我那时受传统教育很深,男女之间特别封建,表达非常隐晦。一次,我被氯气熏着,她来看我时,马上把自己身上的大衣和手套给了我,那可比现在年轻人随随便便一个吻强烈得多了。但这事一出,无论对我的打击还是舆论压力就太大了……我还是先不讲我自己的事吧！

这件事之后,跟着又出了一桩类似的事,连部一看问题不小,加紧一抓,揭发检举,知青揭发知青,老职工也相互揭发,居然涉及几十人！所牵扯上的知青大多是女孩子。连部就把那些有事的男的关起来打,说是搞"群众专政",实际上是"逼、供、信"。这样,不管是老实供认,还是屈打成招,反正愈揭人愈多。我们惊讶了,乱伦啦！这不成流氓窝了？尤其是那些女孩子最不能同情,她们是给知青丢脸！那时我们还有一种很强的集体尊严与荣誉感,对"上山下乡运动"还抱着理想精神呢！

有一个女孩子是 B 市来的,她也是忤冷——你在这里,根本想象不到那儿的冷是什么滋味！她借着去马号买奶,在马号里多待一待,暖和暖和。卖奶的老职工就献殷勤，给她热奶，好言安慰，小恩小惠，再采取手段，终于把她弄到手，这姑娘怀了孕。人人骂她，谁也不去想，这个姑娘个子高，又苗条，如花似玉，非常好看；那老职工又矮又丑，还是独眼，这姑娘怎么会看上那老家伙？谁也没有同情她，都认为她无耻，给知青丢脸！她到师部医院打孩子时，医院不留她住；从医院回连队的路上，长途车不叫她坐。因为医院的护士和汽车上卖票的都是知青，没有人怜惜这个"轻贱"的女子。一次，这姑娘与另一个知青吵嘴，立刻好多人一拥而上，把她的上衣撕得粉碎，里边全露出来了。当然是为了羞辱她。从此这姑娘颓废了，接二连三，跟了好几个。最后团长看她长得特别好，占为己有。好好一个姑娘毁了！

从这事，我眼前遮上一层黑雾。

这样的事闹出来，往后便层出不穷。有一个团的招待所所长、参谋长和团长，把许多女知青调去，说是给她们好工作，不干农活儿，有吃有喝，实际上三个人轮流干。一百多女孩子叫他们玩了。其中有个高干子弟告到中央，才把那几个家伙毙了。

自从发生这件事，我们才对那些无辜的女知青寄予同情。她们离乡背井，无依无靠，孤独难熬，没有出路而充满绝望，才被人使用小恩小惠与手中权力欺负与迫害。还有那些为了上大学和想离开这里的人，只好委曲求全，责任又怎么能放在这些可怜无助的弱女子身上？

由于同情心产生，怀疑也随着产生。

这期间，社会的不正之风到处泛滥，也刮到了连队。我从M城探亲回来，送给连长一本年历，其实我并没有别的意思，不过在这偏远的地方很难见到这种年历。连长为此居然把我调到农场小学当教员。一本年历不是瓦解了他，而是瓦解了我；神圣感没了，嫌恶感来了。我这才开始降温，我也真够笨的。

我更笨的则是一直到一九七八年才返回M城。我几乎是最后一个离开连部的，当地人都戏称我是"珍贵动物"了。

从一九七五年，知青可以选调上大学和办理病退返城。上山下乡这场运动走向分崩离析。当时流行一首《知青歌》，开始只是偷偷唱，渐渐连长听到也不管了，歌词已经记不全了，反正有这么几句：

> 告别了妈妈，再见吧故乡，
> 还有那金色的学生时代，
> 只要青春进入了史册，
> 一切就不再返回；
> 告别了妈妈，再见吧故乡，
> 我们去沉重地修理地球，
> 那是我们的神圣天职，
> 我可怜的命运哟！

歌词挺粗糙，流传却很广。唱起来十分的忧郁，很适合我们内心低落的情绪，所以大家总在唱。当领导的都很灵，从这歌中听出一种不吉祥的东西。中央开始组织各地的慰问团来看我们。我还记得哈尔滨慰问团带来了"消炎药片"，天津慰问团送给每个知青一件绒衣，上海慰问团赠送的什么已经忘了。但我们有意带他们参观那些最脏最破、条件最差的住房，还让他们看看我们的厕所 —— 这里的厕所是用木头和草围当做墙，没有上下水，只挖一个坑，大小便多了，冻成一个冰坨子，最上边是个冻得硬硬的粪尖，上厕所必须带一根棍子，先把粪尖打断，否则扎屁股……

他们看了很惊讶，但最多只是说几句好听的话劝劝罢了。谁都知道他们来是为了安抚，而不是安慰。每个人心里那只眼睛都睁开并且愈来愈亮了。

我和R两个人在帐篷里，脱光衣服，相互找病。我忽然发现他的胳膊有点弯，他写信给家里一问才知道从小摔断过，他就用这个"理由"办回城了。我把他送走，在荒野里一站，才着着实实感到一种被遗弃感。而实际上早在一九七〇年我们就被遗弃了，只不过我们当时是一群傻子！

在农场最后的日子，一般人绝对受不了。

我们刚来时晾衣绳上晾满衣服，现在零零落落，寥寥无几；过去打饭时要排很长的队，最后只剩下几个，好像破衣服上几个没掉的扣子。在大帐篷里，如果不认真看往往就看不见人。

从公路通往连队的道儿，来时只是一条细细的小路，八年里被我们沉重的脚步踩成一条三米宽的大道，但知青一个个走了，道路又变窄了。"胡志明小道"已经被野草埋了起来。每当我感到孤独和寂寞之时，就跑到那棵红枫树下坐一坐，但这枫树已经不灵验了，无论我怎么落泪，也难以摆脱心里的苦闷……

有背景、有门路、有办法的人都走了。最后，我还是经人指点，用四把挂面收买了医院的化验员，把化验单改了，这才返回M城。你看，我这八年不过和四把挂面一个价钱。是啊，此时已是一九七八年十二月三十日，眼看就是一九七九年了。六十岁的老妈妈见我回来，高兴得居然像小孩那样双脚离地蹦了起来。但谁问过我在那生活了八年的地方，我们留下了什么？

我们连的知青还算齐齐整整，六十个全都活着。旁边连队的一个姑娘，出窑往外挑砖时忽然窑塌了，活活砸死在里边。人弄出来早已经烧成糊干，不敢叫她家里来人看，赶紧埋在荒地里了。最惨的是一次森林大火，团长指挥知青去灭火。森林大火，别看白天都是烟，晚上看像点天灯一样，全是火，几百度高温，人一进去就烧化了。绝对不能哪儿有火扑哪儿，只能在外边打出一条防火通道。但这团长是蛮干，结果烧死了四十多知青。森林里着火，火是追人的，比老虎还猛烈；男的跑得快，烧死的大都是女孩子。可是……谁对这些无辜的白白死在里边的孩子们鞠过一个躬呢？

如果这些女孩子知道知青最终都返回到自己爸爸妈妈的身边，她们岂不更是自觉悲哀？如果她们阴间有灵，准会发出凄惨又愤怒的呼号！

在我即将离开农场的那些日子里，知青们已然怒不可遏。一个团部里爆发了知青焚烧劳资科长家里房子的事，因为到处传说这科长收取知青们的礼物堆成了山。后来，知青返城不再要医院证明，也无须理由了！

知青一走，另一个悲剧就出现了，那就是有些知青在当地有了女朋友，他一走了之，把苦难结下的果子交给了女友。这很像那支歌曲《小芳》。于是有人自杀。有一个当地的女孩子在遗书上写道："我劝本地青年千万别爱城里的知青！"于是又引起当地人对知青的反感。苦难是一种传染病，谁知"文革"的贻害究竟有多大？

你问我对自己知青这段特殊经历怎么看，说实话，我很矛盾，一直矛盾着，这辈子甭想解开了。我想，你问任何一个知青，他也会给你同样的回答。

从悲观的角度看，八年的艰辛苦难还在其次，我们十几岁就被赶到边疆，如今四十多岁了，心里带着很多阴影，身上带着许多伤病。许多人身体早早垮了，像肾病、胃病、腰背病、风湿病，终生终世也不可能甩掉了，这也其次。最主要是我们失去学习的机会，很多知青有才华，但知识不够，没有学历，虽然现在还算正当年，却无法和大学生、研究生们相竞争。是啊，我们是被糟蹋了。

从乐观的角度看，八年困境锻炼了我们，我们什么都经受过了，最冷的天气、最苦的生活、最累的工作，都受过了。我们还怕什么？我们有极强的适应能力，对困难不犯愁，承受力强，还能应付各种难题。我刚返城时，电力局招人，去了一百人，大多数是知青。当时电力局想在院子里盖几间平房办公，缺木匠，立即有十多人说，我们都是木匠。再一问，全是知青。知青个个是好样的，他们都在"文革"的"老君炉"里炼过，岂不神通广大？然而最使我感到自豪的是，每一个知青都已经明白，他们为国家承担过什么——实际上，红卫兵运动之后，也就是一九七〇年，国民经济完全搞垮了。国家已经没有力量给两千万年轻人安排工作，放在城市又不安全，怕出乱子，这才想出"在广阔天地里大有作为"的冠冕堂皇的口号，把我们放逐四方，于是我们这支曾经为他们冲锋陷阵、赤胆忠心的千军万马，统统落入安排好了的陷阱里。尽管我们曾经悲哀至极，尽管我们吃了苦头，但连国家也挑不动的担子,叫我们十几岁孩子们瘦弱的肩膀扛住了。是我们撑住这倾斜的柱子,才避免了国家六厦的坍塌。你说,难道我们不伟大、不是功臣、不是货真价实的国家栋梁?尽管这一切一切都是事后我们才明白的。

可是我有时又想,我们这自封的功臣又能被谁所认可?!就像前边说的,谁会面向那大火烧死的四十个女孩子的地方鞠一个躬呢?

我的话说得差不多,现在轮到你说一说了!

历史已经全部记住,就看人们自己是否把它忘掉。

死脸

> **1966年・5岁・男 \ R市M街幼儿园儿童**
>
> 谁也不会想到整个"文革"压在了我的身上——把我拉到墙角批斗——我有逆反心理——一种叫我非常头疼的性格形成了——我的外号：死脸！——"文革"不缺乏演员——我那根神经依然还在

　　我经常陷入一种很深的痛苦中无法自拔，就是为了我这张"死脸"——一张没有笑容、死气沉沉的脸。我无法改变它，因为它是我的性格。每当我对镜子看着自己这冰冷僵硬的面孔时，心里就升起一种刻骨仇恨；我仇视"文革"！

　　那天，我要对您说说"文革"经历，您居然笑着说："你'文革'时不过十岁吧，你有什么好谈的呢！"老实说，那天我对您有点冒火，要是在前几年，准会和您大吵一场。当然，今天不会吵，只是想把我憋在心里二三十年的话对您说说。

"文革"开始时我五岁。但我对"文革"还有印象,而且很清晰很强烈。我还记得一个人被一帮人押着在街上走,他胸前挂着一个大白牌子,上边写着什么不知道,那时我不认字。这人头上扣着个高帽子。押他的那些人"当、当"敲着锣。他被押到自己的家门口吧,门前放着一张桌子,他被逼着站在桌子上,那帮人不停地挥着拳头喊口号……当时自己做了些什么早已忘了。至于那时的心里——是害怕还是好奇,一点也不记得了,但是记得家里人只准我站在门口看。因为我爷爷是资本家正在挨抄,我是被从幼儿园接出来紧跟着转移到外公家的。外公在旧社会是高级职员,有股份,被当做"资本家的走狗",时时都会大祸临头,家中充满紧张的气氛,但我却感觉不到。我坐在大门口的台阶看许多红旗在迎风飘扬,非常漂亮,后来才知道那是红卫兵起来造反了。

　　过了一段时间,我被接回爷爷家。家里的房子都贴上封条,只留一间给我爸爸妈妈住。爷爷被送到爸爸的一位同学家,这个人很讲义气,把爷爷隐藏起来。爷爷在四十年代开过一家面粉厂和一家焊条厂,很有些钱,招得邻居的妒忌。据说抄家时,邻居们好像控制不住一拥而入,发疯一样乱砍乱砸,顷刻间,我家好像中了重磅炸弹。

　　那时候大人们都注意着他们自己的事。爸爸虽然是教员,因为出身不好终日提心吊胆,谁也不会想到整个"文革"也压在我的身上。

　　我家住的那片地方穷人多,有钱而挨抄的人家少,我就成了出名的"狗崽子",成了同龄的出身好的孩子们攻击的对象。走在街上,会不知从哪里飞来一阵石块;待在家里,也会忽然响起一阵凶猛的砸门声,跟着一阵哄笑。"狗崽子"之类的呼喊整天响在耳边。他们还在我家的门板和外墙上,用粉笔写满"打倒资本家狗崽子×××"的标语。×××就是我的名字。我那时真觉得自己是整个世界的敌人,天天躲在家里,不敢出门。一次,父亲叫我去买香烟,我坐在那里不动,直到父亲发火才硬着头皮出去。买了烟回家的路上,被邻居的孩子们发现,他们把我拉到墙角,批斗我。两个人使劲架着我的胳膊,还把我的脑袋往下按,朝我喊着口号,还往我脸上啐唾沫。直到一个过路的大人喊了一嗓子,他们才跑散。我回到家,本来要把一肚子委屈告诉爸爸。一看爸爸因为我迟迟归来而满脸责怪的神气,我便把肚子里的话憋住了,并暗暗发誓,我再受什么苦也不会告诉他的。

很快我七岁了,上了学,成了学生,但同时又成为班上唯一的"狗崽子"。

我不愿意上学,我最怕上学和下学那一段路。在路上,我随时随地会受到屈辱,我又成了同学们的攻击对象,恶作剧的对象,有时干脆是一种玩物。每到上课时,我总希望老师在我身边多站一站,因为老师一走远,威胁便会出现,身边或身后的同学会拿铅笔头狠狠扎我一下。有一次,邻座一个同学面对老师,神情像在听课,桌子下边却用手使劲掐我的腿。我只要向老师告他,他就会说我陷害,说我是"阶级报复"。那时的政治用语有着强大的威力,我只能忍着,同时我也忍着眼泪。因为我心里已经有一种反抗的东西,我懂得,眼泪只是输的表现。

我内心已经灌满仇恨,恨邻居的孩子、恨同学、恨他们的家长!我实在克制不了时,就和他们对打。但吃亏的总是我,老师自然要偏向那些出身好的同学。爸爸只要知道我和他们打架,还要再狠打我一顿。爸爸怕我惹祸,但是我有逆反心理!只要他们欺负我,我就和他们死拼,常常被打得鼻青脸肿,回到家谁问也不说。当时学生们合唱一支很出名的歌《文化大革命就是好》——您一定知道,我暗中把歌词改了,唱成"文化大革命就不好"!这在当时是有死罪的,幸亏大家唱的声音很大,没人发现。您想我多么恨"文革"。

我躲避社会,逃避一切人,尤其是我的同龄人。我感觉大人对我没有太多的敌意,但同龄人都与我为敌。我活得非常紧张,只有夜间自己躺在床上,才感到安全。夜晚的空间属于我,我常常幻想着自己神通广大,把那些欺侮我的人统统打倒在地,他们全部跪着向我求饶。但到了白天一走进社会,那种很强很强的恐惧感就来了。我是那样的孤单、冰冷、无助。只有一个同班学生,他是工人出身,他妈妈对他说："你就跟×××（我的名字）玩吧，他人聪明，念书又好，将来准有出息！"我有生以来第一次听到有人说我这样的话。一段时间里，我一想到这话就浑身感到温暖，我真想去向这同学的妈妈说点什么，但我又怕见到她，我早已经不习惯向别人表达感情了。

　　四年级的下半学期，我因为学习成绩好，全班考第一，老师暗示我争取加入红小兵。我着实地高兴了一阵子，那感觉真像要飞上天了，可是突然出了一件事。在学校的操场上出现了一条反动标语，写着"打倒毛主席"，是用白粉笔写在操场的红砖墙上的，这是个了不得的事件！公安局来人鉴定，认定写反标的人肯定在我们学生中间。一下子，我感到全班的同学对我的神情全变了，全不理我了，只用眼角看我，背后总在嘀咕我。上课时我举手提问，老师也不理我。我似乎就是理所当然的写反标的坏人，因为我是反动阶级的"狗崽子"。

　　可是最后调查出写反标的是五年级一个男生，他出身于苦大仇深的三代红家庭。他写了反标，然后自己再去报告。他说这样做是想当"英雄"。事情过去了，但我牢牢记住那些眼神，那些微妙的举动，那些背后嘀嘀咕咕的声音。

　　我渐渐变得非常敏感、脆弱、多疑。只要同学们说什么，我就认为是针对我，立即做出强烈的反应来。

　　我哪里知道一种后来叫我非常头疼的性格渐渐形成了。

　　我考入中学后，离开了原来的环境，已经没人知道"狗崽子"的背景了。照理说，我的心理问题应该消除了，不，恰恰相反！这时，我的性格问题才完完全全暴露了出来，原来我是这样的一个人——

　　我不合群。不喜欢与人接近，防备心理特别重。同年级一个同学有个小毛病，喜欢动手动脚地与人打逗，他每次从我身边走过时，我都下意识地抬起胳膊挡一挡。同学们笑我，不明白我为什么这么胆小和敏感。对，我就是这样过敏，总疑惑别人害我。特别是当我与别人说话时，只要对方一走神，我就认为他故意不理我，歧视我，或者有意侮辱我。我会突然暴怒。这样，我与同学们的关系变得非常紧张，渐渐发展成真正的对立。我感到他们在联合起来，故意拿我找乐，和我作对。尽管我和他们的矛盾已经不存在政治因素了，但这种矛盾常常会触动我旧日那些伤痛。最后，我和他们的关系发展到几乎一说话就吵嘴，一吵嘴就动手。同学们暗地给我起了一个外号，叫"死脸"。他们背着我叫这个外号，怕我听到。可是当我听到了这个纯属侮辱性的外号时却没有发怒，而是陷入很深的痛苦。我面对镜子看自己的脸，差点把镜子砸了。难道我天生就是这样一张毫无生气、从无笑容的脸吗？

我试图改变自己，但是改变性格比什么都难。尤其令我头疼的事，是我不知道怎么去和同龄人交往，我好像与生俱来地害怕他们。

我在大学学习计算机专业，毕业后到一家公司负责项目开发工作。一次，一位中学同学来我公司办事，他惊奇地对我说："没想到你这么健谈，记得你当初整天一言不发。"

我大约是二十七岁以后，那种敏感多疑的性格心理才渐渐退去。原因很多，比如年龄大了，社会接触多了，在单位受信任了，但最主要的原因是政治环境变了，今天的社会已经没有政治歧视，人们不会感受到政治歧视的绝情与可怕。

政治歧视是封建专制主义的产物。记得我看过一本杂志，上边说"古时候人民是跪着喊万岁，'文革'时人民是站着喊万岁"，这话说得既形象又深刻！五四时代反封建，提倡新文化；但"文革"把封建腐朽的文化又折腾出来了。什么忠君啊、文字狱啊、愚民政策啊、个人迷信啊、血统论啊……不都是封建社会的那套吗？但封建这东西，单是上边搞是搞不成的，它需要下边配合。您不认为中国的土壤是封建主义的？尽管我也相信"文革"很难重演。但就我个人的体验来说，"文革"不会重演只是因为没人肯当导演，但中国不缺乏"文革"演员。因为"文革"时所有人都上了舞台。如果都是受害者，哪来那么大的悲剧？

一天中午饭后，大家在单位办公室闲聊，当谈到当前社会人们的唯利是图时，一位同事说道："现在真不像话，就欠发动一次文化大革命，好好整治整治。"我一听立刻火了，对他大吵大叫，怒不可遏，差点没动手。

我的同事都很奇怪，因为我平时斯文随和，很讲礼貌，为何变成一头发狂的牛？

由此我才知道，我那根敏感脆弱的神经依然存在，只不过埋藏很深，这次又触到了。但这样发作一次也好，会使我今后百倍留意，克制自己，使自己真正诀别那个时代。

人的本性，其实一半以上是来自后天。

唯一没有贴封条的嘴巴

1966年·28岁·女 \ L 市某中学语文教师

中国不出拿破仑——反右时为一个同学抱打不平——资产阶级还是国旗上的一个星星呢——用绳子把阴茎扎紧——"做奴隶，不做奴才"——最神秘的还是宫闱秘闻——韭菜、麦苗不分——皇帝轮流做，今天到我家

一

我有句话你可别不高兴，不高兴我也得说，我这个人有话就得说。你的《一百个人的十年》我看过一些篇章，苦兮兮的，我是从那时过来的人，相信这绝对都是真事，可是谈"文革"只说现象不成。"文革"已经成了历史，现在再谈"文革"，不能像"诉苦会"上的发言，得刨根问底，追个究竟。过去谈这些有点犯忌，现在既然已经是历史，就"任由人们评说"了。

有人说，由于"四人帮"作乱才闹出"文革"，或是因为毛主席犯

了错误。我认为这么说依然是"就事论事"。

我认为"文革"是中国历史的一个必然。如果不是这个"四人帮",还有另一个什么帮;如果不是毛主席发动,还会有个赵主席、钱主席、孙主席来发动"文革"。中国这块土地上,不出法国大革命,也不出拿破仑,就出"文革"。你从秦始皇焚书坑儒一直看到"文革"迫害知识分子,你从历史的文字狱一直看到"文革"中的相互揭发"反革命言论"。中国这几千年,唉,一脉相承,顺理成章地搞出个"文革"。如果不搞"文革"反倒怪呢!

二

也别什么事都怪"文革"。一个巴掌拍不响,"文革"时,我挨整倒霉,也是我自己的一个必然。

两个必然合在一起,就是你现在面对的一个小人物的命运。

我这必然是——有话就说,有话就得说,尤其是碰到抱打不平的事。

当年反右时候,我在 HB 大学上学。人家都说我这人嘴巴贴不上封条。同班一个男生,十九岁,三代贫农出身,就是因为给校领导提了几条意见,好呀,捅马蜂窝了!说他攻击党,打成右派。我当时十八岁,在二百人参加的大会上,我一个人站出来为他抱打不平。我说:"他爹是党支书,三代苦出身,没有党就没有他,他怎么会反对党?"我一连十多次为他辩论,驳得那伙人张口结舌,人家都说这丫头太冲了。于是最后给做的结论是"赤膊上阵为右派分子翻案",内定"中右"。

可是定为"中右"这事我并不知道。"文革"起来时我没事。我那时在某某中学做语文教师,只是有一些学生给我贴了大字报,这好像下雨时走在街上,谁肩膀上不落几个雨点?当时社会上抄资本家正凶,我看得气不平,那个"有话就得说"的毛病又犯了,便对一些老师说:"凭什么抄人家?宪法保护公民的财产。资产阶级在国旗上还是一个星星呢!除非把那颗星星去掉!"

这句话不知叫谁告发了。好呀，滔天大罪！诬蔑红卫兵运动，为资本家鸣不平，攻击文化大革命。一个地地道道的现行反革命，关进牛棚！再一查档案，五七年反右时还是个"中右"，原来还是个"隐藏很深的右派分子"，罪加一等。据说档案上记录我的反动言论可多了。比如档案上有一条说一九五八年大炼钢铁时，我到处散布"大炼钢铁把住家的大铁门拆下来，炼成豆腐渣"。这真叫我毛骨悚然，我平时随随便便说的话，怎么全在档案里？难道我背后总跟着一个隐身人，专门记录我的言论？这样，我就成了一贯反动的大家伙！

靠着谣言诽谤、靠着背后议论、靠着告密的内容来塑造一个人，这是不是中国的一个悲哀？

当然，我不应该怪别人，应该怪我的性格，还有我的嘴。我不是说过吗——我也是一个必然。等我被关进牛棚，不准再见我三岁的女儿时，我真想用封条把自己的嘴封上！

三

你想听听牛棚里的事吗？

都说我们学校红卫兵的凶狠是出名的，其实不是凶狠，而是残忍。什么叫做"残忍"？我在"文革"时才弄明白。"残忍"就是想方设法、充满创意地迫害人，绝不只是用力气打。

比方叫你解开腰带，将几十条毛毛虫放进裤子里，再叫你把腰带扎上，这滋味你受过吗？

比方用塑料眼药瓶吸凉水，往耳朵里灌，直灌满耳朵眼儿。这刑罚你受过吗？一位姓K的数学老师至今还闹中耳炎，就是那时凉水灌耳朵留下的病根。

再比方三九天叫你脱下衣服，只留背心、裤衩，站在五楼窗台上冻着，弄不好一头栽下去……你在哪里听过有这样的刑罚？

当然，这残忍的行为中还带着学生们恶作剧的成分。可我们一位老师被红卫兵用盐酸泼在脸上，烧瞎了一只眼，就纯粹是一种凶残了。

还有一位男老师叫他们用绳子把阴茎扎紧，再逼他喝水，直胀得睾丸奇大，通体透明，差点胀破，才松开绳子。你说如果不是"文革"，你能看到人性会有多么凶残？你知道什么叫"狼奶养大的一代"吧！

四

一九七八年我恢复教学工作时，一位在"文革"中整过人的领导召开全校的"落实知识分子政策大会"。他站在台上宣布，不但给我落实了工作，还委以重任，叫我做年级业务组长，以表示他"大胆落实，紧跟中央"。大家见我苦尽甜来，受到重视，都热烈鼓掌，我心里却"腾"地一股气冒上来！

这个人在"文革"时一直是革命宠儿。我在牛棚时常常会有红卫兵突然闯进来把人一顿死打，每次向他报告，他都不说什么，可转天红卫兵打得更厉害。他是很阴狠的人。

我想，当初你把我揪出来后，说"又揪出一个阶级敌人"，把这当做成绩向上汇报；现在形势反过来了，你又把我落实政策当做一个资本。无论怎么样，你们都是正确的。我死我活，都是你们脸上的金子。我变成尸体，也是你建功立业的基石，还得感谢你们！去你们的吧！

我站在那里一动不动，也没表情，用眼冷冷地瞅着他，我没开口骂他就算客气了。

现在我则想，应该起诉他们，叫这些人赔偿精神损失！

五

我在"文革"时有一句名言，叫做"做奴隶，不做奴才"。当然，这句名言是对自己而言，是一句座右铭。

先说"做奴隶"。

做奴隶是被迫的。我刚被关进牛棚的时候，经常被弄到街上"游斗"（用游行的方式批斗），胸前挂个大牌子，用黑笔写上我的姓名，再用红笔打个大十叉。左右两排手持木枪押解我的红卫兵,一边走一边喊打倒我的口号。有时还在旅店门前停下,招呼住店的外地人出来斗我。刚开始我很怕给熟人看见,怕难看,后来没有这种担心了,我就像奴隶时代的奴隶。奴隶的工作是两种,一种是劳役,一种好比马戏团的猴子,供人玩耍。反抗是无效的,只有听之任之。

但我决不做奴才。

有一件事给我很深刻的认识。我们在牛棚里挨打多是在半夜里。红卫兵们突然开门闯入,不准开灯,他们举着火把,想打谁就用布袋往谁的头上一罩,再打。或者是在背后打耳光,这样打可以使我们看不见是谁打的,因而常常打得双耳发蒙,眼冒金星。我就想了,你们这样打无非是怕我们看见是谁打的。嘿,你们还不如法西斯呢,法西斯是面对面打人的。你们是偷偷摸摸,藏头藏脸。理直则气壮,理亏则胆虚,你们的口号喊破了天,打起人来原来也有伤天害理之感。从此,我对这些搞运动的人抱着一种很强很强的看不起的心理!

我被迫做奴隶,挨打受骂,劳动改造,我还被下放到农村干过八年农活儿呢! 但我决不会逢迎、谄媚、讨好、告密、出卖别人,我不当奴才! 被屈辱不可耻,但奴才是可耻的。

六

我有时很奇怪,为什么直到今天 我们喊着叫着现代化,可是包公却一直没倒,济世救世,为民做主,威风十足,人们居然还这么喜欢包公。有谁想过,包青天愈多,说明法制愈不健全,中国愈没希望。

你是作家,我对你们文艺界真是搞不明白。那些腐朽的、封建的、跟现代化顶牛的东西,你们为什么起劲地宣传。比如《王宝钏》那出戏的观念,绝对不能叫人容忍。薛平贵在外边娶老婆,酒色财气一样不缺,王宝钏却孤零零守着寒窑,一守就是十八年。薛平贵回来还要考察她这十八年是否是贞节烈女,残酷不残酷呀! 中国人总欣赏这种东西还有希望吗？

我更不明白，你们怎么对皇上兴趣那么大？看看你们的电视剧吧！秦始皇、汉高祖、唐太宗、宋太祖……单说清代的皇帝，从康熙、雍正、乾隆到道光、咸丰、光绪、宣统，全成了被美化的光辉形象。甚至皇上爱谁，谁就成了银屏上头号的女主角，这不又回到了封建时代了？

都说中国的文化神秘，我看最神秘的还是宫闱秘闻。小百姓历来对皇上们的生活充满好奇。原因是历代皇上无不把自己放在神坛上，借神权壮权威；事情的另一面便是百姓们把自己放在拜神的位置上。这不正是一种封建的精神奴役吗？人们为什么还美滋滋地戴着这精神枷锁？

我们这些老戏真是没法与莎士比亚相比。我同意一种看法，我们至今没有进入人文主义阶段，还是滑行在"衣食父母"的惯性里。

七

说到这里，我已经不想说我自己那些具体的经历了。我的个人遭遇，我的苦乐悲欢，也许远不如你写过的那些人经受的惨烈。我最想说的是那些思想的触动与精神的感受。

即使在农村平凡的劳动中，我常常也会被触动。

比方过去总爱说我们知识分子"肩不能挑，手不能提"，最典型、最生动、最有说服力的一句话是"韭菜、麦苗不分"，由此说明知识分子必须接受工农的改造。我们当时对这句话真是信服得五体投地，深信念书把自己变成了废人；可是当我被赶到农村，在地里一转，马上就发现自己更愚蠢，这愚蠢不是因为自己对农业的无知，而是把这样简单的1＋1＝2的常识居然还当成真理。谁不知道韭菜一畦畦，麦苗一片片？我心想，不是我们应该向农民学习，而是农民应该向我们学习；不是我们接受改造，而是要用知识改造农业、改造农民，扔大老粗改造成大老细！

这几十年，我们听得最多的一个词汇就是"革命"。我们搞了几十年革命，也被革了几十年命，但革命是什么？革命的目的是什么？不就是改革生产关系和解放生产力吗？

但是两千年来，中国历史上无数农民起义被我们称作"农民革命"，哪一次农民革命改变了生产关系？一次次农民起义，不过是财产和权力的转移和一次次这种转移的重复。从姓赵到姓钱、到姓孙、到姓李，没有新的关系出现，没有知识的作用和知识的必然，更没有任何的社会进步和发展，不过是"皇帝轮流做，今天到我家"。直到辛亥革命和土改才发生了质的变化，而真正带来生产关系巨大变革的是八十年代开始的改革。改革才是革命，"文革"是一场暴乱。

八

一九六九年，牛棚允许我"走读"（晚上可以回家），我已经和我的家庭阔别了将近一年。尤其是我的女儿，我进牛棚时，她才三岁，此刻已经四岁。在牛棚里，任何打骂我都能承受；唯有对女儿的思念使我内心难安。你看，我怎么又说起自己具体的经历来了？我被释放回家，一看，怔住了。原来校革委会已经先来人，用大字报把我的整个房子全糊了起来，从屋外的墙壁、门窗到屋内的床架、柜门、书桌、镜子，全贴满大字报。这是不叫我松半口气。进了屋子，我女儿正站在床上。她没等我说话，便睁大眼睛问我："妈妈，你能改好吗？"

我很少哭，但这次哭了。我哭出声来，点头，答应了女儿，但不是答应别的任何人。因为我知道我是一个好人，我只不过说了几句最普通的抱打不平和在理的话。

可是挺强大的一个国家，难道竟怕我这几句话？

我想起我的一个朋友，他向组织"交心"的材料——无非是心里一点点不满意的话，为了对组织表示忠诚而在"交心"时说了出来。"文革"时便成了他的"反动言论"。不要认为这是天下奇闻，这也是中国的传统,"腹非"也不行呵。腹非？意思就是肚子里的反叛。

所以我开头就说，发生"文革"是一种必然。这好像一九七六年唐山大地震。地震那时好像很突然，其实它的原因已埋藏在地下，迟早要发生。我看过你写的一句话："必然是必然的偶然，偶然是偶然的必然。"

九

我不相信"文革"还会重演，因为现在人已经不像"文革"时那个样子。我刚被揪出来时，每次毛主席最新指示下来，不叫我去参加游行，我心里还别扭呢！那些年，我写的几十万字检查材料，一律是娟秀小字，保证没有错别字。那时有多傻！愚弄群众的另一面，都是因为群众愚昧。现在的人聪明多了。可是"文革"一半又是聪明人干的。

你说，应该怎么做才好？

弄懂"文革"是不易的。弄懂之前先要叫人们知道真实的情况。

胡适说：历史是个小姑娘。意思是历史是打扮出来的。我说：历史是块橡皮泥，随人捏成什么样，就是什么样。你能把它变成一面不走样的镜子吗？

你可别写完之后叫我看了失望啊！

"文革"的发生，一半是因为封住了人们的嘴巴。

我到底有没有罪？

1966年·30岁·女 \ T市儿童医院医生

一九六六年八月二十六日红卫兵——大抄家高潮——整整三天经受非人虐待——用水果刀切断父亲的颈动脉——被判"抗拒运动杀人罪"无期徒刑——十二年半的监狱生活——一九七九年三月二日被宣布——无罪释放

我是亲手杀死我爹的，这你是知道了。

前两天我预备跟你谈，我抑制不住要谈，谁知昨天一夜没睡着觉，原打算今天不谈了。就是啊，一想那事，我爹、我妈那天那样，一切好像都在眼前。回忆一次等于脱层皮呀，我血压高，怕自己受不住。想把今天这事推了，可一见到你，我又非谈不可。就是啊，谈出来未必不好。

我的伤痕是无法治愈的。二十年了，到今儿也弄不明白我杀死我爹对还是不对？当初判我无期徒刑，粉碎"四人帮"又判我无罪释放。我到底有没有罪？家里人，哥哥、嫂子都说能理解我，可毕竟是我把他弄死的。如果不是我，他身子棒棒的准能活到今天啊！当初我是救了他还是害了他？为什么我一会儿觉得冤枉，一会儿又悔恨自己呢？那时我像是神经错乱了，真有神经错乱的那种感觉。弄不清楚，反正乱七八糟全乱了。

　　一九六六年八月二十六号早晨。不不，事情是出在八月二十八号早晨，二十六号是我家开始被抄那天。也正是在大抄家高潮时候，忽然砸开门进来一拨中学红卫兵，说我爹是资本家。其实他根本不是资本家，只是祖上留下一所房子，楼下一间住不了的租出去，顶多够上个房产主吧。可那时出租就算剥削，不劳而获，稀里哗啦就全砸了。一家人都赶到过堂上跪着去。我家都是老实人，没见过这场面，全吓蒙了。我爹是画画的，解放前一幅画送到美国展览过。红卫兵拿着展览证书看。好呀，你们跟帝国主义有联系，里通外国，特务什么的。我们简直吓死了。现在想想，红卫兵，那么点儿的小孩儿怎么就把我们吓成那样。可那是"文化大革命"呀！我们一条胡同差不多人家都被抄啊砸啊打啊，说弄死你就弄死你，真吓死人啊！又不是一砸了事。一会儿来一拨红卫兵，一会儿又来一拨红卫兵，一会儿再来一拨，乱抄东西，抄完一拨就贴上一张封条。书呀画呀全弄出来堆成堆儿烧，楼里楼外地冒烟。打二十六号到二十八号，天一亮到天黑，我和爹妈三口就被关在屋里拿皮腰带抽，头发全铰了，还一次次架到胡同口跪在地上批斗。不让你有一点闲着，来回来去地折腾，人不是人啦。如果有个地方躲躲就好啦，可躲到哪儿去？全市都在闹抄家，到处敲锣游街批斗啊，紧张死了，紧张到极点了，所以我们才不想活了。

　　刚才说神经错乱，就是呀，我们当时并没有想跳楼，可我跟我妈不知怎么都从楼上跳下去了。事先根本想都没想，没路可走，逼到那儿一急，眼前那么一黑，跳下去了。

　　我大哥、二哥住楼下。我爹妈住楼上。我是医学院毕业的，在儿童医院当医生。我是团员，干活儿拼命，还被评过先进工作者什么的。后来随医疗队下农村累病了，肝炎。回家养病就和爹妈住在一块儿，正好赶上"文化大革命"家里边这场祸事。那天红卫兵进来把大棒子一抡,特厉害啊,好像睡了一夜觉,就变成敌人啦。我们一家人跪在那儿,真不知犯了嘛罪。

到了八月二十八号,整整三天,我和爹妈根本没吃嘛东西,碗都砸了。就是趁红卫兵去吃饭的时候,拿锅给哥哥的孩子们煮点挂面汤。那天夜里,我和爹妈在楼上,心想一夜过云,天一亮红卫兵又要来了,又得挨斗游街没完没了地折腾,心里紧张,又怕,真是没路了,死吧!我们三人商量好一块死。当时楼里电线全切断了,大概怕我们触电寻死,黑糊糊的。我们三人坐在楼上过堂的地板上,商量怎么个死法。那天下着雨,已经是后半夜了。天快亮了,再不能等天亮了,快死吧!我忽然发现地上有个削苹果的小刀,跟钥匙挂在一起,是抄东西时漏掉的。这好像是唯一能救命的工具。我是学医的,懂得要是拿它切断颈动脉,空气一钻进血管就栓塞,马上就死,这是最快的一条路啦。我爹问我行吗? 我说行,蛮有把握。我妈说,多亏咱闺女学医,有这法儿。我们就商量好,先切断他俩的,最后我自己结束自己的生命。可我没想到,并没达到这目的。

临死前,我三人谁也舍不得谁呀,手拉着手,不知坐了多少时候。我打小和爹妈的感情最深,爹妈打算他俩死,叫我留下来。我说不行啊,把你们弄死,我就是死罪,也活不成。当时那样子,想也不敢想,一闭眼就像能看见。时候不等人,天要亮了,爹妈抢着叫我下手。任何时候我根本不会杀人,更何况杀自己的爹妈! 可是那时,那种情况,我会做,也只能这么做。我爹说,你干的是好事,你是给咱们解除痛苦。一会儿他们再来,我们怎么受啊! 那紧张劲儿逼着我下手。

我打地上摸着个蜡笔头,抓着两块纸,摸黑写了两条遗书。为了家里人和我哥哥他们,是这么写的——

  我们是人民公敌,为了不让周围的人受毒,坚决从社会上除掉,无产阶级文化大革命万岁!

  ×××(我原先的丈夫,在外地工作)和姓穆的两家(这是指我大哥和二哥两家,我不能叫哥哥,免得跟我们再牵连上)你们坚决走革命的道路，是我们害了你们。

我爹叫我妈先死，我妈叫我爹先死。谁先死谁就先逃命了。谦让半天，我爹说，听你们最后一次吧！我先死。

我摸着我爹怦怦跳的颈动脉，一刺，就觉得血热乎乎冒出来了。我爹还说，摸摸我还有脉吗？我说医学上讲用不了一分钟就结束。我爹说恨不得快点没脉。我妈说我们死了，你要干不成自己怎么办？她也明白我必须一块完，不能留。我说您结束了，我马上也完啦。我妈就像接受治疗那样等着我给她做。当时我们任嘛声音没有，也没有声张，不知我二哥怎么忽然闯进屋大喊一嗓子，像是红卫兵来了。二哥的声音简直不像人声音，他上来一把抱住我，我见做不成了，三口没法死一块儿啦，我快急昏了。猛劲挣开他，上了三楼平台一蹚跳下去。根本没想到我妈怎么办，更没想到跳楼，要是脑袋朝下也就完了。耳朵里"轰"一响，嘛也不知道了。迷迷糊糊过来时，印象是红卫兵的声音。是不是，也不知道。再睁眼，已经在医院里。就见我爹躺在旁边，我妈也在旁边躺着。其实那是幻视，闭上眼不敢看哪。心里还寻思，坏事啦，我爸爸要救活了怎么办呢？隐隐约约净是批斗的声音。拿脑袋再想，这是女病房，我爹怎么可能在里头。不相信眼里看的是真的，只好闭眼忍着，耳朵那个乱哪。现在想，这大概就是错乱吧。我尽量张嘴叫，可不知为嘛没声音。

后来再醒过来，就有人来问案，说的嘛记不清了。

我完全清醒过来时，听说我妈妈也跳楼了。她是跟在我后边，我一下去，她就下去了。后来法院问案时告诉我过程，说你爸爸当场死了，你妈妈呢，被我们救啦。我一听就哭了，哭我爹死了，也哭我妈。我都摔成这样，她那么大年纪会摔成嘛样，救活也残废了。等到"文化大革命"完了，我打监狱给放回来时，嫂子告诉我，我妈摔下来当时没死，抬到医院根本不给治。你知道那时出身不好的不能住院，医院还组织出身好的病人批斗出身不好的病人。我呢，要负法律责任才给治的。我妈给弄回家，没几天就死了。我爹确是当场就死了，一个礼拜后火化的。

我嫂子说当时把我和我妈都抬到医院，医院一看没我妈妈的事，就把我留下来，硬叫家里人把我妈妈抬走。

医院不能给我这种人治病，很快把我转到监狱的"新生医院"。我是两腿骨折，左边小腿胫骨骨折，右边大腿骨横断骨折，整个全断。就这条腿，打这一断，两截骨头叉在一块儿，马上变成这么短，医院拿二十斤沙袋牵引拉开了。可把我送到监狱时，医院非要把牵引的东西留下来，又给我的骨头放回去，好比重新骨折一遍那样。不就是二十多斤沙袋子吗？起码先给我放着呀，不行，硬是放下来的骨头又叉回去了。医院对我真是够那个的。那医生啊，现在也不知他在哪儿，但愿他不再当医生了，唉。当时所谓给我治疗，因为我要负法律责任。也奇怪，断骨头这么拉来拉去，我一点也不觉得疼，一直也不觉得疼。眼泪也没有，就跟死了差不多。

到监狱时看表是十一点。下午两点，监狱医院的人上班，才拿着东西给牵回去，牵引得拿大钢针穿进再拉，一会儿放，一会儿拉，拿我真不当人了。牵引又牵错了位，到今儿也这么长着，两截骨头只连着五分之一，关节一挨就疼。这就甭提了，残了呗。

十天后，我被逮捕，铐上铐子，这是一九六六年九月七号。到了一九六八年军管，定我为"抗拒运动杀人罪"，杀人是刑事罪，抗拒运动是政治罪，更重，所以判我"无期徒刑"。当时我想，死刑倒痛快，这不让我活受吗？这是我的《判决书》，你看——

> 查被告×××出生于资产阶级家庭，解放后未得到改造。无产阶级文化大革命中，竟胆敢积极出谋划策，以自杀来抗拒运动，并亲自动手将×××杀死，后又畏罪自杀，自绝于人民，甘愿与人民为敌，已构成抗拒运动杀人罪。性质严重，情节恶劣，证据确凿。本院为巩固无产阶级专政，保卫无产阶级文化大革命顺利进行，特判决如下：
>
> 被告×××抗拒运动杀人罪，判处无期徒刑。

军管会的一个人对我说，你要是家庭妇女干出这事还好点。你什么不懂？你爸爸问题严重，你杀了他，就是想叫他逃避运动，想救他，所以判你"抗拒运动罪"。

他们说我杀我爹，是为了救我爹。确实是为了救我爹。我一直在想，他们和我说的意思不一样。我救我爹是为了不叫他再受折磨，他们说我救我爹有罪是为了再折磨他。是不是这意思？我绕糊涂了，到今儿也绕不清。

我蹲了一二年半监狱。没自杀，就为了一个，因为我一直以为我妈没死。我想呀，我妈怎么活呢？说好三口人一块儿死，我爹死了，我关监狱，无期徒刑，一辈子甭想再见面……我的侄子们每次来探监都说，奶奶在家呢，奶奶告诉你好好改造，争取减刑早点回家。看监狱的人有时也问我，你娘今年多大年纪了？他们也知道我妈早死了，也瞒着我。其实我盼着我妈死，活着多痛苦。当时要是给我个信儿说她死掉了，我就把心彻底撂在地上了。

人在监狱里想法就不一样了。看这人看那人，才知道社会有这么一个角落，窝着好多人是冤屈的。何况我和他们不一样，我是亲手杀死亲爹，我真抱着对爹赎罪的心，又想争取早点出来看我妈一眼，再说特别觉得对两位哥哥有罪。我和两个哥哥是同父异母的兄妹，没人能看出我们不是一个母亲，都拿我们当一母同胞的兄妹。我杀死爹，他们不但不恨我，还常跑来看我，送吃的。哎呀，每次接见时，我的眼泪干了流不出来，我都傻了，见到他们没话，不知说什么好了。我觉得特别对不起两位哥哥。他们说，我们理解你，知道你不是坏孩子，只要你哥哥、嫂子在，不会不管你。我真要赎罪呀，对两位哥哥也要赎罪，玩命赎罪！只有拼命干活儿改造。

起头是轧缝纫。电缝纫根本不会，打头学，很快就干得不错了。领子活儿是最难轧的，啊，就是脸面上的脸蛋活儿，技术活儿，我干得质量最高，就归我干了，还超产。另外墙报、板报，写写画画，也争着学争着干，在哪儿都伸一把手帮人去弄。生产还得红旗得语录什么的。现在你看我这副眼镜，猜多少度？三百五，就是那时轧活儿时看针眼近视的。附带还给人看病，不光给犯人看，也得给队长、队长的孩子，连看监狱的亲戚朋友，厂里的干部，一叫我就去。人家信任你，不把你当敌人，就太荣幸了。夜里睡半截觉，谁谁发烧了，谁谁肚子疼，抽风了，叫起来一弄就几个钟头，第二天该怎么上班还得接着上。没白天没黑夜玩命呀！这么着，看监狱那些人就对我不错，现在有时还带着孩子到我们医院来找我看病。你别笑，当时他给咱一张和气脸，比什么都强。夸我一句，就美多少天。

这儿跟你提起这件事：我是一九六六年九月七日在监狱医院被捕的。当时我已经结婚，爱人在北京工作。我想到天气一天天凉了，他不少衣服东西在我家里一起抄了。为了不连累他，我写信给他，叫他办理离婚手续，九月底就办完手续离婚了。可没多久，他姐姐突然跑来送了二十块钱，还有营养品。我托人告诉他姐姐千万别送钱送东西来了。我那时什么也没有，就留下五块钱，剩下十五块请求管我的一位队长给我娘寄去。那时不是不知我娘早死了吗？！这个队长是个复员军人，起初不肯，我哭着求他，后来他答应了，替我寄去。以后这位姐姐又来送了三十块钱，前后总有五六次，记得总有一百二十块钱，我每次都按同样办法，求这队长替我寄给我娘。可家里人一直没回信给我，我以为家里人心情不好，恨我。一年后对我判决了，允许见家里人了，每次见面光是祝愿万寿无疆身体健康，学语录，就占去一半时间，剩下点时间光知道哭，说不了几句话。家里人不提我寄钱的事，我也不好问了。直到一九七九年出狱跟家里人一谈，才知道他们根本没收到我寄的钱，一次也没有。多年来，我一直把那队长当成恩人，这就不懂了。或许是邮局不给送，那时挨抄户是不给送报送信的，可是不送也应该退回来呀！

别说，监狱里还真有好人。有个队长见我瘦成条棍儿。原先我胖着呢，出这事后落到九十来斤。我嫂子来探监时，他偷偷塞了张营养证明。我嫂子再来带了二斤点心，我急了，心想这二斤点心给妈吃多好，给他们孩子吃多好。外边生活也难着哪。在狱时，一个月零花钱才一块五。我没花过,除非买点手纸、肥皂啊,牙膏呀,牙膏一筒要用几个月。尽劲省,存到五块、十块,就给家里捎去。没有家里亲的热的,我还活个什么?我对他们有罪呀,在那种情况下,我力所能及使出最大力量来,也算是赎罪的一种方式吧。

那时候监狱也学习、批判。我就常常狠批自己抗拒文化大革命、犯罪的事。管监狱的就叫我大会小会地讲。批一批确实也好,有时自己也悲观,轮到一批自己,说自己受党那么多年教育,应该相信政府相信政策。要是相信政策,嘛事不都过来了吗?一批我就相信政策了,活着也有劲了。争取表现突出点,早点出来也好报答报答。你别说,玩命干也管事。一九七二年给我减刑有期十年。打无期徒刑改到一年算最宽大了。一算,到了一九八二年就能出来,有盼头了。到了"四人帮"一完,法院重新审理我的案子,认为我是受"文革"迫害,不算杀人,算集体自杀,宣布为无罪释放,又提前了两年半。新的《判决书》这么写着:

  原判定×××的抗拒运动杀人罪,不能成立,故撤销原判,宣告×××无罪释放,特此判决。

我是一九七九年三月二日那天出狱的。当初进监狱时,我只穿着医院的裤褂,白布带蓝竖条的。后来哥哥把我"文革"前存在农村医疗队时的一小箱旧衣服送到监狱。十年一直穿那几件旧衣服,出来时破衣烂衫。一见面才知道我妈早不在了,真是当头一棒啊!这么多年没垮了,我妈就是我的精神支柱。可一出来,爹没了,妈没了,全完了,真要垮了。

我三月份回来,"五一"就回儿童医院上班了。休息了两个月,因为亲戚朋友来看我的特多,再有在家反而睡不了觉,脑子里净是事,你说能静吗?原先三个人想一块死,结果活了我一个,这滋味不好受。好多人都说活下来就算相当不错了。那么多大领导人,都是跟毛主席出生入死在一起的,爬雪山、过草地,照样不也是家破人亡吗?比你惨的不知多少，人家不照样硬挺腰杆撑着活着吗？

我们单位待我不错，那时我家房子还被人占着没落实，就叫住医院集体宿舍。我是回民，吃饭难，我侄子天天提着饭盒骑车来给我送饭，每天一趟，送了好多年。我呢，医院叫我做"科住院"。按医院规矩，得先做"科住院"，才能升主治大夫。我反正没家，没别的负担，抢时间念书吧！监狱里不许念业务书，现在加倍念书，弥补啊！很快拾起来了。我负责八个病房，打一楼到五楼上下跑。早晨七点半上，晚上九点半下，一天十四个小时。一天上夜班，无意觉得两脚像踩了棉花，一量高压一百八，低压一百。我说快给我打一针。降血压硫酸镁最快，打完半小时再量不但没下去，反到变二百了。我挨个儿病房转，护士们谁也不找我，这是她们互相说好的，怕我太累。这些人都同情我，尊敬我。唉，咱还说嘛呢。再加劲吧！本来"科住院"要做一年，我半年多就升主治大夫了。

这时，我交了一个朋友，华东纺织学院毕业的。当初是年轻有为，一个总工程师对他特别器重。"反右"时，这总工程师成了右派，叫他揭发，他没揭发，反而给总工程师通了信。他说咱不能昧着良心办事。这一下把他也当右派对待。他以为自己就是右派了。这次平反，摘右派帽子，人家看了他档案说，你冤了，你不是右派呀，糊里糊涂地当了二十多年"右派"！不给升级也不给涨工资，也不好结婚。这叫什么事？他今年五十多岁了，一直独身，我们就结婚了。我俩有共同遭遇，说得来，他也挺照顾我，相互安慰吧！我二哥把他的儿子过继给我，现在上北京大学了，学外语。最近我爱人又升做厂长，我有了个什么都不缺的家了。

可是至今对那段事还是不能不想，我没法克制自己。虽说不是每天想吧，也不会忘。我总想我爹。我们医院人说，你连个蚂蚁也不敢踩死呀，怎么突然之间就下去手呢？那时真把人逼得没人性啦。谁会拿刀杀死自己的爹呀！换平常连想也不会想，是吧？我也欠下我妈一笔债，永远没法还了。如果当时我没下手，我爹、我妈准能活到今天，看到今天。不怨我怨谁？我无论怎么给自己找理由安慰自己也没用。我又弄不明白,我到底是害了我爹还是救了我爹? 当初以为救了我爹,现在总觉得害了我爹。为嘛别的事都想得明白,这事翻来覆去总想不明白。一会儿这样想,一会儿那样想。你说一切都是"四人帮"搞的,别人为嘛都挨过来了,我们没有,还不是我? 一想到这儿,我还是有罪,泻得又没劲了。有人说,你好好活着,才是对得起你爹你妈。一想,也对,对吧?

我不能再说下去了,你们也别叫我说了,行吗?

在灭绝人性的时代,人性的最高表达方式只有毁灭自己。

鬼剃头

1966年·33岁·女 \ T市无职业妇女

你可千万别笑——一大群恶鬼用舌头舔我的头——挺大的邮包是上海戏装厂寄来的——"你真好！"——男人嫉妒男人的成就，女人嫉妒女人的美丽——烧成一撮黑色的灰——钥匙孔形状的天上图画——他叫我年轻

我要说的是我个人的事，但我并不是请你写下我的事情，而是记下另一个人。

我只有一个要求：在我讲这件事的时候，你可千万别笑。我曾经把这件事讲给几个人听，他们全笑了；但他们一笑，我就打住。人家这么痛苦的事儿你还笑，叫人家什么滋味？可是有人居然笑出泪来！把我气得肺要炸了！你能不笑是吧，好，我讲了——

一

一九六四年秋天的一个夜里，我做了一个非常可怕的梦，梦见一大群恶鬼用舌头舔我的脑袋，那些舌头各种各样的颜色，有蓝的、红的、绿的、紫的，还有的花里胡哨，全都闪闪发光，古怪极了。我迷迷糊糊地想，它们怎么舔我的脑壳，我的头发呢？我忽然大叫一声醒过来。我身边的丈夫也被惊醒，他打开台灯，睁大眼看我的神气就像见了鬼！他手指我的脑袋竟然说不出话来，我伸手一摸，好像摸到一个西瓜，光溜溜，又圆又硬，成了大秃头，我的头发哪里去了？我们几乎同时发现，我满头的黑发一根不少，全在枕头上。我们傻了！忽然想起从小就听过的一个离奇又吓人的词儿——鬼剃头！这回叫我轮上了！

我抱着脑袋大哭起来。

如果你要见过我原先的一头乌黑漂亮的秀发，保准会惊奇、羡慕、叫好！我敢说，这世界上没有几个人能和我比一比头发，无论是中国人还是外国人。我丈夫都承认，他是从这头发才爱上我的。还有，我家周围的那几家理发店，我去理发他们从来都不要钱，他们求我去做新发型的模特儿呢！我不像一些女人，天姿不够，只能涂脂抹粉，靠化妆品；我就凭这一头天然漂亮的头发，"走遍天下"！可是这一来，我比那些头发最糟的女人们还要糟，我的脑袋光秃秃像个鸡蛋，怎么出门见人？这对一个年轻爱美的女人差不多像宣判了死刑。

我丈夫甚至比我还急，他找了无数名医给我看病，各种各样的药片都吃遍了，各种各样的煎药味儿也闻遍了。我看过您《神鞭》里写的"老佛爷的生发散"，对吧？这些祖传秘方我都使过，但是鬼剃头的脑袋好比瓷壶一样极其顽固，硬是根毛不长。我再看我丈夫——天天东跑西颠好比寻仙访道那样去找大夫，我就火了，朝他喊道：

"干什么，我秃了，你就不想要我了？你是爱我的头发，还是爱我这人。你要是爱我的头发，我就把这堆破头发给你，我走！明白告你，我不治了。"

这一来，他才和我一样地绝望了，认头了，不再努力了。但在一个月后，我收到了一个极大的邮包，是上海戏装厂寄来的。我挺奇怪，我从来不看戏，和戏装有什么关系？一边打开包一边猜感不已；我丈夫也不言语，待打开包儿一看，竟是一个女人的假发套。我往头上一扣，居然正好。头套两边还各有一个不可思议的透明的塑料小钩，紧紧勾住耳边。再看头发，乌黑、亮泽、柔美、充沛，天啊，这哪里是假发，分明是我原先那一头秀发呀！我问丈夫："这是不是你弄来的？"他笑而不答。他从来都这样。他是无线电厂的工程师，凡事喜欢动手做，因此他看重做的，轻视说的。可是每当我受到他的感动，情不自禁地说一句："你真好！"他会把这句话的分量看得无比的重。

别看轻了假发，比起真发它有更强的地方。比方真发总得去修剪，假发就不需要了；再比方，在自己整理头发时，脑袋后边的头发看不见，又够不着，很难弄好，假发却可以摘下来，放在桌上，从容、仔细又面面俱到地加以修整。尤其是鬈发时，可以做得与前边的头发一样精致。

每当我修整头发时，便把自己倒锁在屋里，拉上窗帘，摘下发套。这时我不敢对镜子看自己一眼，我真有点像《聊斋》中画皮的妖怪。可是当我把头发整理得十分精美，戴在头上，谁会知道我是一个"鬼剃头"？每当这时，我丈夫则用赞美的眼神盯着我看。他从来不在我修整头发时推门进屋，他好像根本不知道我这样修整头发。他知道我怕什么和我怕说什么。

二

闹红卫兵时，我家必然要遭受冲击。我丈夫是高级工程师。"文革"首先是鼓动无知的人去冲击知识分子。我家被抄得很惨。抄家的孩子们每人手握一把斧子，见东西就砸。我家几乎没有剩下一件完整的东西。而我最怕的事出现了——红卫兵用剪子铰我的头发。一是因为我的头发太招眼，二是因为抄家来的一部分是女红卫兵，她们一见我这漂亮的头发就生气。男人嫉妒男人的成就，女人嫉妒女人的美丽，这是很自然的事。

我被十几只手按在地上，两把剪子在我的头上乱铰，头发纷纷落地。她们的手劲很大，生怕我挣扎。可是我哪敢挣扎？弄不好，我的发套会挣脱掉，光头就会露出来。她们铰完我的头发，似乎也解了气，骂我一顿，便扬长而去。

我哭了。我变成这样，怎么办？我丈夫也不安慰我，他闷头在屋里清理堆积成山的碎物。我气得对他说："你把这些破东西看得比我还重要？"他没吭声，继续干，直到把大衣柜前的东西清理干净，搬了一个凳子，跷上去，抬手从柜顶拿下一个旧报纸裹的包儿，打开后把一件黑黑的东西递给我。我接过一看，原来是一个崭新的假发套。不等我问，他说了一句："我早给你存了一个，就是为了防备万一。"

我那时觉得他真够伟大了。他单位的同事都说，他总比别人多想一步。好比下棋高手，但他不会下棋，他的脑子都用在会说话的无线电上。

可是糟糕的事都是我办的——

当时还没有脱离危险，我应该赶紧把这新发套包好藏起来。由于我大喜过望，将头上残废的发套摘下来一扔，便将新发套扣在头顶上。但镜子全被砸碎，无法看这新发套的样子。忽然，"嘭"地大门打开，刚刚抄家那伙红卫兵又闯进来。我无论如何也想不到他们为什么返回来。后来才知道他们看见我家衣架上挂着一个皮革挎包，那是我丈夫出差时使用的。他们想把皮包拿走，不料一眼看到我。登时，他们全都大叫起来，神情和当年"鬼剃头"时我丈夫看我的表情完全一样。

"你是谁？"他们问我。

"我，我就是我呀！"我也不知该怎么说了。

"你的头发怎么回事？老实说！你要捣鬼就打死你！"

这个红卫兵说完，就响起一片喊打之声。

我吓坏了，完全不知道如何应付这场面。我丈夫从屋跑出来，拦在我身体的前面。但他浑身已是簌簌发抖，屈着腿，仿佛要跪下来恳求他们别动手。情急之下，他说了实话。他说我是"鬼剃头"，头上戴的是假发，完全没有欺骗和捉弄革命小将的意思。为了证实这件事，他回身伸手把我的假发拿掉。当我那奇异的光头暴露在光天化日之下，引得红卫兵们爆发出哄堂大笑。

一个女红卫兵说："资产阶级妖精还想臭美，把她的发套烧了！"

他们从我丈夫手里夺过发套，找来火柴点着，顷刻烧成了一撮黑色的灰。这样他们才离去，并带走了那个皮包。

这一次我没哭，我丈夫倒哭了。他很少哭，但他每每一哭都是无法劝止的。

他对我说："原谅我吧！ 我伤害了你！ 我是怕他们打死你……"
他很痛苦。

快乐是很难记住的，痛苦往往被牢记下来。

三

从此我只能戴那个剪废的发套了，它又短又乱，坑坑洼洼，像男人的癞痢头。在那个时代，被剪过头发的人千千万万。但别人的头发剪掉还会重新长出来的，唯有我剪掉之后永难恢复。红卫兵风潮很快过去了，我却一直羞于上街，买菜购物的事都是丈夫去办。直等到天气凉下来，围上头巾，才肯出门。我却担心着转年天热时怎么办。

不久红卫兵分派，互动干戈，没人再来找我们这号人的麻烦了。一天晚上，丈夫对我说："你能不能把发套交给我，我来给你修理一下。"我不明白他的意思，便说不。第二天晚上，他又这么说，我仍旧拒绝了他，心想这破玩意儿还能修理成什么好样子。又过了几天，晚饭后，我困得不行，倒下便睡，蒙眬中觉得有一双手轻轻地摘我的假发。我对头上的发套向来是极其敏感的，当我意识到是丈夫所为，便假装睡熟，不睁眼睛。我感觉假发被他摘去，拿到了外屋，还关上了门，此后便毫无声息了。我下床蹑手蹑脚走到门边，从钥匙孔里往外看。我看得清清楚楚，原来他正在灯下精心修整我的发套。桌上还有一包碎发，竟是当初红卫兵从这发套上剪下的头发，他细心收集并收藏起来了，他又比别人多想了一步！此刻他正用一个细长的镊子夹起一根头发，粘在发套上，好像在修复一件珍贵文物。这个钥匙孔形状的画面使我终生难忘。我看着，掉下泪来。我怕惊动他，赶紧返回床上蒙上头，任凭自己的泪水流淌。我也不知道自己是如何睡着的，等我醒来时，他默默微笑着站在我的床前，那熬红的眼睛表明他一夜没睡。我忽然感到发套已经在自己头上了。他是什么时候给我戴上的，竟叫我全然不知？我翻身坐起，满头黑发，如同墨色的瀑布从头顶顺着双肩和脊背光亮地流泻下来。

四

他早就从我的生活走掉了，走得无影无踪。他是从技术研究工作被赶到车间劳动改造，在一次意外事故中去世的。但他似乎连这一步也早早想到了，他在书桌抽屉里给我留下一封没有署名、日期的信，这信如同遗嘱，但上边写的全是对我的不满，甚至还有骂我的话。这些话有根有据，都是我与他相处多年的种种过失。他竟然这样刻骨铭心！因此一度使我极其痛恨他的虚伪。看来他过去对我的爱只是一种表演，心中对我却是另一番阴暗的风景，他真是个十足的两面派！这样，在他辞世的一段日子里，我反倒并不艰难地度过来了。但事后一个朋友说："他这样做，是不是怕你承受不了他的离去？他正是爱你才故意这样做的吧？"

我一想，对呀，这家伙！我怎么直到离开了他，还弄不明白他爱我的方式？

别以为我这人天性太粗，不懂得感情。时下，尽管美容院里什么样的仿真的假发都有了，我却依然戴着他给我修整的那个。这个假发有一个特点——它永远不会变白。这又是他的心意，叫我总是年轻！

苦难验证爱！

搞原子弹的科学家

> **1968年・37岁・男 \ Q 省某地核试验研究室主任**
>
> 少年布尔什维克——一辈子全交给大西北了——我们是凭着赤胆忠心和一双手造出的——第一颗原子弹——比原子弹更猛烈的'文革'灾难降临——工作手册被窃而引起的厄运——被运煤火车押解到山沟里——背着创痛依然想干出点事来

　　我有一个要求，请你不要把我的经历当做一个猎奇的故事。我不愿意以我遭受的坎坷、不幸和苦痛，满足人们的好奇心。我渴望人们从中了解中国知识分子心灵深处是怎么回事。因为我的成长和创伤不仅属于我个人，大致也代表我们这一代中国知识分子的历程。造出原子弹来，并不像有些人想象的那么神秘，不是几个尖端科学家在屋里想出来的。当然，要有科学家们提出理论依据和设计方案，但要把它从无到有、实实在在制造出来，需要许许多多人的献身拼搏，艰苦创业，反复实验，来把它最终实现。这是千千万万知识分子、技术工人、战士，还有组织者们用脑子、用智慧、用手、用汗水、用生命创造出来的。我仅仅是其中的一个，是在基地第一线攻关、搞科研和实验工作的。基地设在大西北，一想到金银滩的大草原，一望无际，那时真是难以描述的荒凉和艰苦啊！

我出身书香门第，中学时代参加了学生运动并加入了地下党，解放后进了大学。大学毕业后就被派到苏联进修——我不谈技术方面的东西，太复杂，你也很难写清楚。只谈命运吧——一九六〇年初，组织上对我说，有个极其重要的国防科研任务派你去。这就是搞原子弹。原先我们希望苏联提供这方面的技术，但一九五九年中苏关系出现裂痕，苏联单方面撤回协议，没希望了，就决定自己干。自己干谈何容易，白手起家，又是这么高精尖的东西。任务压给二机部，后来叫核工业部。这任务在当时是绝对机密的，内部代号叫596，是指一九五九年六月，苏联单方面撤回协议，拒绝提供技术资料的日期。把这个日子作为任务代号，就是激励大家争口气，不依赖任何人，别人造得出来，我们自己也非造出来不可。最初，像我这样不到三十岁年纪的科研人员参加进来，仅仅有几个，都是严格挑选，政治和业务很可靠的。这是组织上的绝对信任，自己当然也有种光荣感了，而光荣感化作一种激情，灼热地填满我年轻的胸膛。

脚踏金银滩，满目荒凉。这里原是老藏民放牦牛的地方，牧草很丰盛，草原上还有野花和鲜美的蘑菇，但除去这些什么都没有了。没有路，没有房子，没有树，只有太阳、月亮、大风、霜雪和酷冷。对了，还有狼。人们象开荒那样，最初都住在帐篷里，天天夜里听风吼狼嚎。海拔三千米，缺氧，走路急了喘不过气，胸膛憋得像灌满沙子；干活儿很容易累，喉咙像塞了塞子。气压低得连馒头都蒸不熟。这里一铁一木，一砖一瓦，以及日用的一切，包括一盒火柴都得从很远处运来，又正赶上"三年困难时期"，物资缺乏，运输也跟不上。生活绝谈不上半点特殊化，材料、仪器都是缺这少那。多难啊！但我们站在这三千米的高原上，满怀豪情，决心就在这儿把显示中国人志气的"蘑菇云"升起来。当时我们最爱说一句话，叫做"空气动力学"。这是物理学的一个名词，借用过来的意思是把"气"作为"动力"。我们肚子憋了一口气，就是动力。国家强盛就是我们的人生目标，虽然身在茫茫金银滩，两手空空，连一个原子弹零件也没有。反正一来到这里，一辈子就交给它了。当时我们的想法就这么简单！现在年轻人可能会讥笑我们是"虔诚的一代"、"驯服的一代"，可我们当时活得那么充实！

来到草原，我们马上投入紧张工作，先是做缩小尺寸的爆轰试验，用的是模拟材料，代用品，不是真的材料，看它的原理性怎么样，与指标符不符合，其他动作过程也完全一样，要看它是不是满足设计要求。我领导一个组，都是实验科研人员。每次试验都要花费巨额的钱，测量数据出不来就白实验了，所以工作责任大，价值很高，一点粗心大意也不行，必须全神贯注、全心贯注。我常对大家说，实验用的电缆是我们的生命线，真是把原子弹看得比自己生命还要重。基础工作扎实，任何细节都一丝不苟，这是中国原子弹为什么这么快就试验成功的重要原因之一。

缩小尺寸的模型试验于一九六三年就成功了。一九六四年又重复成功，当年就做全尺寸的爆轰试验，意思是尺寸和正式原子弹一比一，一样大，除了装料不是活性材料，其他都是用原子弹的材料和结构。这次试验关系重大啊，不成功就谈不上下边的核试验，它的成败紧紧抓住整个基地上所有人的心！我们更是紧张，住在基地分厂的工号里做准备，我负责实验测量，一连几天几夜反复检查每台仪器，每个接点，每条缆线，还要做模拟操作，我们叫"预演"，生怕正式"开场演出"时出差错。半点差错就全报废！那几天，我时时都能听见自己的心跳声。

这次试验效果非常好。试验一完，我就赶紧把记录的相片底片用车送回厂部，马上冲洗出来，接着捏着这底片恨不得一步跨进总指挥部。领导们都在那里等着呢，有总指挥，还有从北京赶来的负责人。当我急匆匆进屋时，满屋领导都一声不响，所有眼睛都盯住我，静极了。我好像也听见了他们的心跳声，举起底片给大家看，并说："试验成功了！"大家顿时欢呼、鼓掌、拥抱，然后喝酒，互相祝贺。这是我永记在心的场面呀！总指挥叫我快睡觉去。他知道我们自来到草原，很少睡个好觉。谁知我躺下来反而合不上眼，太激动了，后来不知不觉睡了我一生也忘不了的一个觉。我睡觉从来都有梦，但这个觉竟然没梦，一个"真空"的觉，好像整整睡了一个世纪。多少个日日夜夜积下的辛劳，一次成功就一扫而光。

这样，我们就动手搞正式的核试验了。一九六四年七八月最热的天气里，我们带着全套测试仪器到达戈壁滩。无边无涯的戈壁滩上，太阳晒得看不见一滴水，鸟儿也热得飞不起来，贴着地皮昏昏悠悠地打转。可是那里已经造起一座高高的铁塔，这就是第一个核试验塔。我们在铁塔上安装仪器，又在距离铁塔不远的测试工号里装仪器，中间用一根根电缆相连。一旦核爆炸，电缆就断了，塔上的仪器就要全部炸毁，全部最有价值的数据都保留在测试工号的仪器里，万一仪器出故障，核爆炸的重要数据就全丢了，那将是极其重大的损失，天大的责任压在我们肩上。测试工号大半截在地下，又有坚固的水泥墙保护，炸不坏的。可白天里边奇热，夜里冰冷。睡觉？我们只在临时搭起的帐篷里打个盹儿，接着干。那些天，我们真是把"自己是谁"都忘了，觉得自己就是仪器，就是原子弹吧！

基地总指挥也来到核试验场。这位总指挥原先是位将军，身材魁梧，他原先对原子技术并不懂，但领导有方，很有大将风度。他参加过西藏解放，人非常好，很体贴大伙儿，刚到金银滩时，他和我们同住在草原上的帐篷里。后来造了房子，但还不够，他就叫我们先搬进去，自己依旧住在帐篷里。他说你们这些人应该住在好地方。和现在很多领导真是两样了。十月十五日，一切安装好，开始撤离。我们撤退到几十公里以外没有辐射的地方，我们的将军是最后一个撤离的。因为还要有专门的人爬到塔上插雷管。雷管是反复检查过的，万一失手就会大祸临头，插好后还要仔细检查。那时已经不能用电，电梯停了，只能爬上去。总指挥和其他几位领导一直在塔下盯着这些最后的程序。我当晚在几十公里外打电话给总指挥，他还在塔下接我电话呢。那时，整个队伍由上到下就是这种素质。

我们等着中央的命令。参试人员聚集在安全地带，朝着铁塔的方向看。看不见塔影,只有空阔的大地和无穷的蓝天,我们把一切希望也都寄托给这无比宁静的天地之间了。

北京的命令下来,点火!十、九、八、七、六、五、四、三、二、一,直到零。怎么还不见动?一瞬间,紧张得心蹦上来,卡在喉咙里。失败了?若是一败,说不定就要从头干起。正想着,霎时间,一朵无比巨大的、鲜花一样的大蘑菇云腾空而起。原来我们离得太远,"零时"的闪光没注意到,但我们终于看到这朵苦苦期待的蘑菇云向蓝天翻涌而起。我们喊呀,叫呀,跳呀,直叫得嗓子哑了。有人忘乎所以,跳得一屁股儿摔在地上,起来再跳。我激动得哭了,直抹泪,那时泪也是甜的……这场面你肯定在电影或照片上看见过。第一颗原子弹成功了!我们用自己的双手干出来了!跟着是大庆祝,北京出了号外。如果你在现场,身在其中参加这工作,你也会体会它的来之不易,体味我们当时那种作为中国人强烈的自豪感。自豪不是虚张声势,自豪是自己干出来的。这朵在大西北升起的蘑菇云,是千千万万人赤胆忠心、成年累月、实实在在工作的结果。大家想的都是国家强盛,没人想到赚钱发财,或为了升级、职称、住房,打破了头。我是亲身参加者,我接触到无数无名英雄,无论高技术工人、科研人员、组织者们,还是那些从事找矿、开采、浓缩、提炼、加工、制造的人,都把青春年华贡献给了这事业。还有防化兵们,他们必须在爆炸后冲进现场取回样品,供给我们研究爆炸效果。他们的防护服里装着多少斤汗水呀!这样,到了"文革"前,我们基地已经像一座小城镇了。百货公司、电影院、医院、学校、托儿所、银行等应有尽有,事业真是充满希望。我们每个人都觉得还有许多大事要做。我是在这次核试验之前结婚的,爱人也来到基地,好像没经过什么选择,就把自己的一切、一生,全放在这儿了。

一九六六年突然间"文革"一来,就象在我们基地扔下了一颗意外的、人为的、政治的原子弹,全乱了。虽然这年十一月间我还在核试验场进行氢弹的原理试验,取得了成功,转年氢弹又被我们搞出来,可氢弹的基础工作是"文革"前搞的。

搞氢弹时，我还是近一百人的研究室的主任，氢弹出来后，我就受冲击了。有人问我搞原子弹试验的地方绝对保密，也搞"文革"吗？怎么不搞？当时不是说"有两个人的地方就有两派，就斗"吗？斗得一样凶。我们基地上也是两大派，原来的领导靠边站了，新来的人支持一派，打击一派，武斗打得更凶。一九六八年搞清队，什么"事出有因"呀、"知识分子成堆的地方"呀、"共产党和国民党斗争的继续"呀、"清理阶级队伍，一直要抓紧"呀，有点家庭历史问题的人受罪了，像我这样没问题的也要想法弄出问题来。有人硬给我总结出"四个第一"，说我的"四个第一"是和林彪的"四个第一"相对抗。哪个第一针对哪个第一现在也记不准了，好像说我用"业务第一"对抗林彪的"突出政治第一"，我严格抓试验质量是用"质量第一"对抗林彪的"思想政治工作第一"……我向来记不住这些话。先是要我低头接受大会批斗，接着就是抄家，翻箱倒柜，受尽了辱骂和训斥。我想冲击这一阵子也就过去了吧。我家庭历史清楚，少年时期就参加地下党，说我是"当权派"，至多不过是个技术研究室的负责人。不过一时靠边站，少说话或干脆不说话就会过去吧。我辛辛苦苦一心工作，能有我什么事？

没想到事出意外。一九六九年，这里很乱，大部分人闲着没事，写大字报，搞运动。总指挥他们都被揪出来，常挨斗。试验工作没人关心了，我在茫然中等待运动快点告一段落，好继续工作，可愈等愈没完。忽然上边说基地目标太大，不安全，搞内迁，东西全要装箱。这时候厂里很乱，许多人不上班，大概有的工人听说要搬迁，想趁机捞点小东西，弄点小油水，把分厂研究室里的一个书桌撬了，里边有本没用完的工作手册被偷去。一下子，祸从天降，有人向北京报告说基地丢失绝密材料。上边立即派了两个大人物来，一个是当时的公安部副部长，一个是海军的"首长"，还带来一帮人。这架势真是非同小可。他们一心想搞出个大案，把这里说成是"小台湾"，好震动全国，掀动大浪，否定过去的一切，来推动全国的"文革"运动。这两个人被称作"中央首长"，拿着尚方宝剑，说这工作手册是特务偷的，盗窃我国核试验机密情报，到处抓人，随便枪毙人，搞得一片恐怖，真吓人呀！逼供信，有人自杀了，这两位"中央首长"却把"自杀"说成"他杀"，说杀人的准是特务，再抓杀人的特务，又抓特务后边的特务，抓了许多无辜的人。全体科研人员全给集中起来住，搞互相揭发，乱成一团。这时火车也开不进来了，大草原仿佛回到远古野蛮厮杀的时代。

我们研究室抓出一个人，说他小时候去过香港，还有个亲戚在香港。为什么他从香港回国呢？好，这就抓住了，从香港派来偷窃情报的特务！两位"中央首长"带来一大帮人，给他编了一套特务联系办法、暗号，逼他供认，还把他们夫妇分开逼供，逼他们乱咬。他受不住就乱咬了，咬了许多人，也咬了我。好，我就是特务的后台。"中央首长"亲自在万人大会上点我是"大鲨鱼"，非要揪出大鲨鱼不行！这样，我就被关起来，恰恰关在过去的实验室里，我自己成了实验品！解放军在门外看守，门上挖个小洞监视我。嘿，我倒像个原子弹，绝密品，严密看管。开始我还想，我从小参加革命，算个"老革命"，搞过原子弹，总理还接见过我呢。但"文革"就是过去的一切都不算，现在说你是什么就是什么。许多开国元勋都成了阶下囚，一个臭知识分子算什么？

后来特务愈抓愈多，实验室里关满了人。白天一人一个很矮的小板凳，坐在上边读语录，不准动。然后就想自己的"问题"，交代，提审，互相不准说话，夜里直到两点才许睡一小会儿，但不许关灯，怕有人自杀。可我这个人不会瞎编，更不会咬别人，审来审去什么也交代不出来。我不知谁是"特务"，他们就骂我死硬，等着我的只有"死路一条"。给我最大刺激的就是没多久一次枪毙人的万人大会了。

这天"中央首长"召开万人大会，说要枪毙一批人。记得有一个是医生，是基地的外科大夫，他给一个解放军动手术时做坏了，平时最多算个医疗事故，可当时却是不得了的大事。他出身资产阶级，解放军是无产阶级专政的柱石，这叫做阶级报复呀！有血债，要枪毙。还有个大学生，工资低，这人思想素质差些，发牢骚说怪话，说："再不给我提工资，我就把雷管炸了。"被人揭发，这可是货真价实的特务，要搞破坏。虽然只是背地的一句怪话，也不可能去做，但这怪话在当时逼都很难逼出来的，立刻成了罪行最严重的现行反革命，枪毙！

这天会场四周架起机枪，恐怖之极，群众都很紧张，因为说群众中还隐藏不少特务，有许多特嫌分子，谁知谁会被拉出枪毙。我想多半我今天真是"死路一条"了。我至今不敢想当时的感觉，也很难清晰描述那感觉，大概由于面临死亡，大脑一片混乱。只听会上一个宣布罪行，执行枪决，我仿佛只等着他们叫喊我的名字了。那个外科医生，说怪话的大学生，都给拉到万人大会不远的地方当场枪毙了。枪声听得很清楚，没有轮到我……枪声过后，他们围起我来，对我说："听见枪声了吗？"我说："听见了。"他们说："再不老实，第二天就是你！"跟着就对我展开一场声势浩大猛烈的批斗。

虽然他们没有枪毙我，但这件事给我很深的创痛。我这人活着，可是我心中很多东西被击碎了。子弹从我的命运旁侧擦过，我不可能不思考我以前从来没有深思过的问题。

此后很长一段时期，这里依然处在大恐怖中，还在抓特务，又抓"五一六"。有人逃亡，想到北京上告，但周围的草原是没边的，逃到哪里去？他们开车四处追捕，抓回来就要死去活来地打。有一个复员军人被打得忍无可忍，操起铲子拼了，当然拼掉的只是他自己。"特务"愈抓愈多，我就不那么重点了。新抓的总是一时的重点，总更有搞头。没事时，我就用脑子想想技术问题，这时事业已经一片渺茫，但一有时间，脑子就爱在自己感兴趣的技术里转一转，这也许是知识分子的一种习惯，一种惯性，也许潜意识里我对事业还没有完全死心。此外，我惦记的唯有爱人，她在哪儿，在做什么，我一点也不知道她的情况。我想到她在担心我，那才是难过极了。后来，基地搬家，我被押上一节运煤的货车上，和别的"特务"一起被运到山沟里。在那与世隔绝的地方，继续过了一段挨整的日子。

直到林彪事件出来后，糊里糊涂就没事了。我回到北京，家里人都奇怪，怎么这样就回来了？互相望望，恍如隔世。惊讶失措之后，自然有说不完的话。以后北京的一个科研部门调我，我答应了。从此我就和遥远的基地，和那些酸甜苦辣的生活，那些光荣与苦痛的日子全都告别了。别以为我是因为太伤心、太失望才离开那里的。那里给我的，并非太少而是太多。我多么想回到当年为国家轰轰烈烈干一番的岁月里去，但如今那岁月的一切都已过去，它只保留在我的记忆里了。我珍惜，也惋惜它。我只能说——如果世界上还有比原子弹更厉害的东西，那就是"文化大革命"！

想为国家干点事，大概是每个中国知识分子的愿望，但因干事而遭难，便是中国知识分子都感受到的不幸。可是背着这痛苦，仍然想干事，到底是不是我们的优点呢？现在有人说这是我们的最宝贵之处，也有人说是我们的最可悲之处。哪个说法更对？我把这个问题留给你，你是作家，大概能做出正确的回答。

回想我们基地的那些科研人员，各自走过不同的艰辛历程。当然，有很少数人在运动里专门整人，口号喊得最响亮，当过毛泽东思想标兵，一时飞黄腾达，后来的命运也未必美妙。很多人遭遇比我更惨，有的被逼死或逼疯。有一个科学家，整天被"支左"的人围在院子里，逼着他像牲口一样跑，一边跑一边喊"坦白从宽，抗拒从严！顽抗到底，死路一条"。我呢，在这场大风暴里幸免生还，问心无愧就是了。我没有伤害过任何人，心里平静。过去做过一点好事，对得起祖国和人民，现在仍抱定宗旨，正直为人，扎实做事。尽管"文革"中创痛犹在，我能把它妥当埋藏心底。无论国家交给我做什么，我还是要努力做好。只要国家招呼一声。

黄土地的悲哀——它一边遭受践踏，一边依旧赤诚地奉献果实。

一个八岁的死刑陪绑者

1968年·8岁·女 \ Y省G市学龄前儿童

愈揪不出爸爸愈冒火——公安局确定反动标语是一米二左右——孩子写的——糖果、看电影、割掉爸爸的鼻子喂老虎——我被押到刑场面对一杆枪——"别怕，孩子，他们在逗你玩儿呢！"——为什么那次不枪毙我？我是在童年就低下头的

你要求亲身经历"文革"的人自己口述，我想转述一个故事给你。这是当事人亲口讲给我的，我一直打算把它写成小说，可是读了你的《一百个人的十年》一些篇章后，觉得这故事放在你的书中更合适，我想你很难找到这样一个深刻的典型，更能揭示"文革"的残酷性。

故事的主人是一个八岁的死刑陪绑者。怎么，你不信？ 对，八岁，不是十八岁。她面对一杆枪时，并无绝望心理，相反，却认为好玩。你别急，我把这故事马上讲给你，而且完全如实地讲，不加一点虚构的渲染，我知道你要求一种事件本身的彻底真实。

那是一九七九年，云南边境的战火未熄，我去前线采访。由北京

飞到昆明后，忽然感到胸闷，喘不过气。有人说这是高原反应，往南走地势低就会好些，我一天也没在昆明停留，拉上两个从北京来的画家搭伴儿，乘车经 K 市到达 G 市。据说由 G 市再往南必须翻山越岭，必须搭军车。天色已晚，不容易找到车搭，便在 G 市过夜。G 市已经很有些前线气氛了。街上有许多军人；不少装满军用物资的大卡车，蒙着大网，插满松枝做防空伪装，停在道边；人们谈话也大多是战争内容。我们跑了几家旅店都因客满而碰壁。经市委安排，我们住进市委的第一招待所。

在招待所食堂吃晚饭时，服务员是个看上去十七八岁的少女。她好勤快，给我们上菜时一看我就笑。她长得漂亮，一笑更漂亮。但这不是城市常见的那种艳丽的、时髦的漂亮，而是像云南山水，清亮照人，一无修饰。我真很少看到这样一双透亮的眼睛，她撩起眼皮看你一眼，就像在钢琴的高音区敲一下琴键。随便一笑，都是把世界上最美好的感觉送给你。她不像一般云南姑娘那么矮小，倒像北方乡间的女孩子，红扑扑脸蛋；端起菜碟来，那胳膊是方的，手腕很粗，指头都是圆圆的。她的漂亮是融在一种淳厚的气质里。我问她："你为什么总笑我？"她说："你个子太高嘛！"又一笑。她说得直了了。也许我见到城里的姑娘都太会说话，会装腔作势和绕弯弯儿，一遇到这种纯朴的女孩子，就像出城到乡野看到树林、草原、飞鸟、自在流淌的河水那样，一片自然，令人欢愉。与我同行那两位画家比我对美更敏感，画家的天性是抓住美不放。他俩向她提出，晚上她下班后，请她到我们房间，为她画像。她表情似乎有些为难，可是当两位画家告诉她，我是个作家时，她专意看我一眼，这回没笑，竟毫不犹豫地点头答应了。

晚上，她来了。刚刚下班，白布围裙还没解下，进屋时用围裙擦着刚洗过而湿淋淋的一双白手，滚圆的小手被凉水刺激得通红。两位画家请她坐下，支起画板，这时她略略有些拘束。

一位画家说："老马，你跟她聊聊天，她就会放松了。"

我笑着对她说："你不怕作家吗？"

不料她挺郑重其事地说:"我正在找一位作家,写写我。"

我大笑起来,说:"你一个小姑娘有什么好写的?写你哭鼻子吗?"

更不料她那明亮的眼睛一下子暗下来,好像乌云的阴影顷刻笼罩水面,一种忧虑的、愁惨的、苦涩的情绪灌满了她的眼眶。这绝不是一个纯真的少女应有的神情,倒像一个饱经苦难的人才有的目光。

她自言自语地说:"你不写,将来我练习,自己写!"

我怔住了,难道这姑娘真有什么非凡的经历?

我点点头说:"好,你说,我给你写。"就在说这话时,我要命也想不到,她竟然说出了下面一番令人难以置信的经历。

她说:"我当了十年反革命,去年才平反!我父亲是市委的中层干部,我家住在市委宿舍大院。'文革'开始时,我六岁,那时什么也不懂,记的事也都模模糊糊,有的事还记错了。比如我记得一次有一群人闯进我家翻东西,打了我一个大巴掌,很疼。后来爸爸说,没人打我,那是打爸爸的。大概我记得的只是一种感觉。打爸爸就像打我,很疼很疼的感觉。爸爸在'文革'前是组织部干部处的处长,'文革'开始时挨批,靠边站了。后来造反派分两派,爸爸参加了一派,偏偏'支左'的军队介入,支持另一派,爸爸就倒霉了。可爸爸这派大多是市委的中层干部们,组织性强,'文革'初大小都被冲击过,更不敢做半点打砸抢那类过火的事情,对立面抓不住把柄,很难把爸爸这派搞垮。但一次两派大联合谈判时,爸爸这派的头头没注意,把一本《红旗》杂志坐在屁股下边。对立面有个精明的人上来一下抽出《红旗》杂志,里边有毛主席的照片。那时的杂志几乎全有毛主席像,这么一下就被对方揪出来。侮辱伟大领袖毛主席,罪大恶极的现行反革命!军宣队立即宣布爸爸这派是反动组织,这派马上垮了。开始揪坏人,凡是过去有点问题的都给打成阶级报复分子、黑帮分子、反革命分子。可他们拿爸爸没法子,爸爸没有短儿。他以前当干部处处长时总得罪过人,有人恨他,恨不得这下把他整下去。派出不少人内查外调,愈查不出问题火愈大。爸爸本来是不抽烟的,那时却天天抽许多烟。一天抽烟睡着了，把棉褥烧个大窟窿，多亏妈妈一盆水泼上去，真烧起来就会被人家说成放火搞破坏或企图畏罪自杀。压力真是压足了。我妈的心脏不好，整天闹心慌。不知哪天要出什么大祸，可没料到出了一件意外的事，目标全集中到我身上。

"这天，我们市委宿舍大院的院墙上出现了一条反动标语，写着'打倒毛主席'五个字。公安局来查，根据现场情况确定，是一米二上下的小孩写的，根据有三条：一是反标的位置离地一米，比成年人蹲着写高，又比成年人站着写矮，正好是小孩站着写高矮正得劲儿的高度；二是字迹歪歪扭扭，很像小孩的笔迹；三是成年人写这种反标不会写'打倒毛主席'，应该写成'打倒毛泽东'。市委大院一米二左右的孩子总共十一人，当时排排队，确定了四个重点，都是父母有问题的。只有父母有问题，孩子才可能写这种反标。这时，爸爸对立面的那派插手了这件事，说是协助公安系统破获这起重大反革命案件，内定重点是我。说我爸爸反动，又狡猾，对文化大革命怀恨在心，教唆我写的。当然，他们的目标很明确，是想搞爸爸。当时我八岁……

"他们把我弄去，开始是拿糖哄我承认。从小我爸爸就绝对不准我说瞎话的，也许由于这严格的家庭教育，救了爸爸他自己，我说不是我。他们便送我小人书、画片，还要带我去看电影，我还说不是我。他们就冒火了，那群大人围着我一个小姑娘拍桌子、打板凳吓唬我，说我再不承认就去打我爸爸，还说他们要使什么法子打——说用钢笔扎爸爸的眼睛；说用绳子勒住爸爸的脖子不叫他吃东西，活活饿死；还说用刀一块块割掉爸爸的肉、手指头、耳朵、鼻子、舌头，一样样带着血扔进公园的笼子里喂老虎。说着真拿起一把刀，装作马上就要去的样子。我吓得哭呀，求呀，怕呀，叫呀，可还是没说瞎话。我那时才八岁呀，很容易受骗，很容易被吓得上当，为什么始终咬住没胡说，自己也弄不明白。现在想起来真后怕，万一上了他们圈套，一句话，爸爸早给枪毙了……那我也活不到今天。等长大懂事，自己也会悔恨自己而自杀了……

"那段时间，他们为了给我增加压力，把我当做反革命，当做真正的囚犯关起来，不准我和爸爸妈妈见面，倒是很少打我，但常饿我。每天提审一次，随后他们好像没招儿了，就把我弄到市委大院批斗，也挂上牌子，戴高帽，帽子上写着'现行反革命××'，还在我的名字上打上'×'。那天给我的印象很乱，围着许多人喊口号。我一眼在人群里看见妈妈，她睁大眼睛，全是泪水，头发很乱，我大叫一声：'妈——'就昏倒了。后来放出来，妈妈说，那天她并不在场，倒是通知她必须去参加我的批斗会，可是她心脏病突然发作，没去。

"一天，我不想说那一天是几月几日。我家永远记得那日子。我一说，我现在立即就会……就会……好，我就说这天的事吧。

"这天，他们说今天要枪毙我。我不懂什么叫枪毙，问他们，他们说，就像电影里打敌人那样，开枪打死你。我哭了，我说我再见不到爸爸、妈妈了吗？他们说，永远也见不到，而且什么好吃的、好玩的、好看的，你全不知道了。你要承认是你爸爸叫你写的，就不枪毙你。我说，不是我写的，我想见爸爸、妈妈……

"我被他们带到刑场，一片大开洼地，和几个真要枪毙的死囚绑在一起，背后是大土坑，那些犯人都被绑着，没捆我，可我吓呆了。对面一排人拿枪对着我们，其中一杆枪对着我的脸，我忽然看见不远处的人群中有爸爸！后来才知道他们在逼爸爸，叫他承认是他叫我写的反标。我放声大叫爸爸，想跑过去。这时，管执行的人大喊一声：'放！'

"'呼'地一响。我旁边那排犯人突然像柜子一样'哐当'全栽倒。一个脑袋打飞了，像个大血蛋飞得老远。我吓得原地没动，以为自己死了。眨眨眼，动动嘴，好像全没知觉了。只见爸爸张着大嘴朝我跑来，扑向我，一下把我紧紧抱住。我问：'我死了吗？'爸爸说：'没有，孩子，你别怕，他们这是逗你玩呢，这些人都是假死！'我听了，"噗"地笑了，脑袋扎在爸爸怀里，我真的以为这一切一切都是哄我玩呢。

"……以后，我被放回家。回到温暖的家就以为那一切全过去了。照旧跑出去找小朋友们玩，可是同院的小朋友都不搭理我，有的还朝我扔石子儿。一次，一个过去跟我更好的小朋友骂我：'打倒小反革命！'气得我一直追到他家，找他讲理，要他向我道歉。他妈妈出来也骂我：'干什么，你还想翻案？'从这句话起，我好像一下子大了，也垮了，这'小反革命'像一块沉重的大石头在我身上，背了十年！上小学困难，升中学也困难，红小兵和红卫兵组织都不要我。我就像在那些机关单位被管制的牛鬼蛇神，不敢多言多语，不敢和同学们说笑和玩，碰到不讲理的事也不敢争一句。天天下课，扫地、擦黑板、收拾教室，想这样做来换取同学们的好感，哪怕是一个亲切的眼神儿也好。可八年里，我没有一个知心的同学，好像我身上有可怕的传染病菌，人人都避着我。上中学时，我换了一个较远的学校，以为别人不知道我过去那事，好受一些。可一次下乡劳动，指导员派我去拉粪车。所有同学都不去，只派了我一个人去。我很奇怪，没等我问，指导员说：'粪虽臭，但灵魂里的粪更臭，什么时候你不觉得粪臭了，你的灵魂就彻底被改造好了！'我才知道背上那石头仍旧牢牢存在，一辈子也卸不下来。当夜，我跑出来，撒开腿在野地里跑了两天两夜。后来爸爸在一条大河边找到了我，我正想死。爸爸为了找我，跑了两天，鞋子都磨破了。我朝爸爸叫着：'为什么那次不枪毙我？活着，天天都是在陪绑呀！'……

"从那时我退了学。在家帮妈妈做家务事，除去买菜买东西，很少出门，也不搭理任何人。生活把我开除了，活着还有什么意思？我恨我年轻，前边的日子太长，没有头儿，整天闷闷的，直到粉碎'四人帮'，爸爸单位清理'文革'问题时，发现一份有关我的材料，才说给我平反、落实。可这时我才十九岁，又没有工作、工资、住房和查抄物品的问题，落实能落实什么呢？政治从来不对人的心灵负责。管落实的那人还不错，很同情我的遭遇，后来他想到一个安慰我的办法，也是他仅仅能做到的事情。他说，你年纪不小，不能总待在家，应该有个工作，就到市委招待所食堂当个服务员吧。我心想，守在家，妈妈心里总有个负担，就来了。到今天，才来三个月。三个月里，我干的活儿比谁都多。别人以为我这是出自对落实政策的感激，才拼命干活儿；其实不然，干起活儿才能不想事呀，可有时忽然觉得自己像当年在学校打扫教室时那样，总有种负罪心理纠缠着我，摆脱不开，干着活儿就想到劳改，很不是滋味……这心理你们是很难理解的。我是在童年就低下头的，这头不好扬起来呀……"

　　姑娘讲到这里，喉咙好像被什么东西卡住了。但两眼里并无泪水，脸上也没有任何激烈的神情，平静得有如阴云密布的天空，隐隐的像要打起响雷，任我明白，她不会再有倾盆大雨、雷电交加的宣泄。年纪轻轻，却早把生活中最难承受的东西消化过了。我扭头忽然发现，我那同伴——两位画家听得睁圆眼睛，张大嘴，无话可讲。画板上的纸白白的，没有一笔，正如我当时的心境，一片空白，一片可怕的空白。

真正的残暴是针对无辜。

我这三十年呀

> **1966年・50岁・男 \ T市某设计院高级工程师**
>
> 三十九岁定为高级知识分子——四十岁打成"右派"赶到农场掏粪——帽子一天比一天重——五十岁遣送农村老家——糊里糊涂当了十年地主——六十岁开始自己奔落实政策——六十四岁回到城里一切全完——七十岁人的梦想

我老了,人一老毛病就多了,说话爱絮叨,可别嫌我啊! 嫌吗? 不嫌我就说了。我这一辈子呀,打哪儿说起呢? 要说"文革"十年的事儿,还得说这前十年和后十年,加在一块儿是三十年,这三十年前因后果都是连在一起的。

四十岁打成"右派",五十岁遣返老家,六十岁返城退休。今年我整七十了。

我十四岁离家外出求学,二十岁参加工作,打解放前到解放后,一直搞铁路设计。一九五六年那年定为高级知识分子,算副教授,政府还发了证书。我懂得好几门专业知识,又有实际经验,包括施工、管理，加上当时的年富力强，是我们设计院的技术骨干。这可不是瞎吹牛，有好几条铁路干线都是我主持设计施工的。那时干劲可叫大呀，常常激动得自己夜里合不上眼。

事情最早出在一九五七年"大鸣大放"时，我才刚刚四十岁。有个党支书对我说："哎呀，你是咱单位有影响的人物呀，你要不带头鸣放，咱院的运动就搞不起来！"我想也是，放吧，写了大字报，这就坏事啦。那时我对党没什么意见，真没什么好提的，心里也知道不能乱说。可我对院里一些工农干部看不顺眼。因为我在这单位干的时间最长，算个元老，对很多人的来路都清楚，他们根本不是搞我们这行的，调进来干什么呀，就搞政工，搞人事，可有职有权，专管人。有个人事干部给我开张证明信，一行里好几个错别字。我就把这些事写在大字报里。这下糟了呀，"大鸣大放"忽然一转变成了"反右"，他们就批我"攻击党的人事政策"呀，还说我有反党言论，说我说"章罗联盟胆子大"，赞美"大右派"。我哪敢那么讲，只是私下和一个同事嘀咕说："他们这样反党，胆子真够大的。"被同事揭发出来，意思也变了。就这点儿事，把我搞成"右派"啦。

我们总共五百个知识分子，一下子打了八十八个"右派"，占百分之十七。当然，后来全部平反了，都是错案。我当时就搞不懂了，心想，毛主席说知识分子中"右派"只占百分之一到三，怎么五百个倒有八十八人呀？好在对我的处分不算最重，只是批判交代后从主任工程师降成普通工程师，工资由一百四十五块八角降到一百二十七块，这在我们"老右"中间算头等待遇。可是戴帽子总有压力。我也没什么话讲，心说只要好好干两年，帽子自然摘掉，哪能愈来愈重，只能愈来愈轻。是吧！

事情跟你想的不一样，愈往后愈严重。开头搞工程还让我去当队长，后来只许搞设计，我也没意见，只要让我搞专业就行。到了一九五九年，上边又下个命令，说所有"右派"都不准做技术工作，一律做体力劳动。我就下去搞地质勘探，当工人挖土。在工地，我拼命干呀，心说不掉层皮甩不掉"右派"帽子。白天拼体力，夜里把我叫去开夜车帮忙搞设计,多累也得干,张家口那边一千多公里的铁路设计就是我打了两个多月夜班拼出来的。这时还不算顶糟,打夜班就打夜班吧,总还摸得上自己的专业。

一九六三年,院里办了个农场,以种菜为主。不是闹自然灾害,副食供应不上吗?这么搞叫自给自足。我就被派到农场干活儿。这下跟自己的专业完全断线了。当时一起去的大多是"老右",也有反革命、坏分子什么的,反正全是坏人。最脏最累的活儿是掏粪,赶粪车到住宅区的化粪池去掏,再拉到农场。这些人中属我力气最大,身体棒,身高一米八几,算得上一个赳赳武夫,不怕马踢人。我主动要求"我去干"。粪便在化粪池里发酵后有厚厚一层浆浮在上边,下边是汤。勺一勺,粪溅得一脸一身。我动起脑筋,改造了粪勺,还拿铁板做个流槽,装在粪车上。这么一搞效率提高一倍。农场里的人都喜欢我,小青年还称我"师傅"。这时听说上边有指示,给"右派"摘帽子,我院分了三个半的指标。我搞不懂,这半个怎么算呀?据说是按比例下来的,够不上四个,所以是三个半。有人悄悄告诉我,我这次摘帽"榜上有名"。当时别提多高兴了,干活儿更起劲了。可怎么等也没动静。后来听说,因为庐山会议,彭德怀一闹,不再摘帽子,又要搞阶级斗争了。农场有人贴出大字报说,小青年们立场不坚定,界限不清,和"右派"们打成一团,从此没人理我了。我真有点失望,本来以为好好表现就能摘帽子,帽子应当一天比一天轻,可事实怎么一天比一天重呢?!

转年,科研单位搞"下楼出院",设计室门一锁,呼啦一下全到施工现场去了,闹得好紧张。我们一帮"老右"也去了。有许多活儿别人干不了,还得找我。比方一个地质纵面图,临收工时只有三条线。上边有政策不能叫右派动图板,他们悄悄夜里把我叫去。我拼了四十多个晚上,把二百多米横断面图画出来了。图拿出去大家叫好,二点五毫米写一行仿宋字,细致活儿啊!后来这图在全院都有名了。除了干活儿、画图,还到伙房帮忙,洗碗、洗菜、扫地、倒煤灰。每天早上工人师傅没起床,我们"老右"就拿桶把洗脸水放在他们门口。这些活儿都叫我们包了。大师傅说："你们来了倒不错，我们轻松了。"当时一位领导告我说，要考虑给我摘帽子的事。他那神气倒不是要骗我。可这回没等我高兴起来，"文革"就来了。唉，一看这势头，摘帽的事算没指望了。

我们打施工现场到设计院，院里"文革"已经开锅，成立了"革命委员会"，下边有一帮喊喊叫叫的打手，叫做"捍卫红色政权敢死队"，都是些年轻有劲的小伙子。在我们那个住宅区，有不少高级知识分子被抄、被专政、被打成牛鬼蛇神送过牛棚去，光自杀的就十几个，跳河、跳楼、扭脖子的都有。开头我没被揪出来。一来呢，我一直老实改造，不惹他们注意；二来呢，有"两厂一校"毛主席批示的经验，说我这种留职留薪的"右派"属于原地改造，要区别对待，不遣送回乡。我以为自己这样一边眯着干活儿，就没事了。

一九六八年九月二日，我在伙房和另一个站场工程师烧大灶。五个灶眼，天又热，光着膀子正干得起劲儿哪，突然来了几个"捍卫队"的人，说："把东西带上，跟我们走！"我想大概要出事了。没敢吭声，跟他们去了。

刚进门槛，我就被他们一推说："向毛主席请罪！"迎面墙上挂张毛主席像。我想，请罪就是鞠躬吧，连来了"三鞠躬"。一个小伙子上来"啪"地给我一个耳光，说："你连请罪也不会！"我赶忙再鞠两个躬，还不行。我们"老右"向来不准参加批斗会，这规矩哪里懂，怎么搞得清楚呢？这就关进了"牛棚"。

当天下午把我拉去批斗，脖子上挂个牌子，写着"老牌右派"。同台批斗的还有三个"反革命分子"，其实主要斗别人，我是陪斗。我想我至多是个配角吧。可大会结束，忽然宣布要遣送我全家回原籍。我蒙了，心想这就来了，怎么来得这么快呀！

第二天，一个领导叫我交代："你家有什么好东西？明天抄家。"我说："没什么好东西呀！"他说："凡是高级料子、高级服装、高级餐具、金银首饰、存款都抄。"我说："别的要不要啊？"他说："就要这几样。"这领导现在还在我们单位当保卫科长。可等第二天抄家就不是那么回事了。一辆卡车开来，见东西就往上搬，连破烂也往上搬。当晚，我父亲就吓得上吊自杀了。

两天后，他们通知了我，我说："好好的怎么会死呢？"他们说："畏罪自杀。"我听了心里有气，说："畏什么罪呢？"他们说我顶撞了他们，说："自绝于人民。"我没话可说，向他们告假，要把我父亲送到火葬场去。他们说："你这家伙不老实，还敢乱说乱动！"马上斗了我一大顿。斗完让我写检查，结果还是不准我给父亲送终。烧尸的时候，我大孩子去了一下，骨灰也没拿回来。那个时候死人太多，火葬场烧不了呀，每人都买一个三块钱的盒子放在尸体旁边，盒子上拿粉笔写个名字，三天后不来取就没有啦，也不给开收据。那么多尸体，集体烧，烧的骨灰也说不准是谁的，完事撮一点放进去就完了。哎，那就不管它了。反正认准是父亲的骨灰，带回老家埋在母亲的坟底下，心里不就没事了吗？可我们全家都给遣送走了，没人拿。到了一九七八年，我为落实政策的事回来。第二天，我就奔到火葬场。接待我的是几个小女孩，听我一说，她们都很激动，帮我一通翻，最后还是没找着。那时候人死了哪有底子呀？！

九月八日，他们搞来一辆卡车，十来个戴红箍的押我回家，叫什么家呢，四角全光啦，我父亲是在家上吊死的，吓得我老婆、孩子天天哭，一见我更哭了。我当时的心情就甭提了。没过几天，大卡车又来了，三个壮壮实实的人押着我们全家，我、我老婆和五个孩子遣送回到湖南老家。那地方离毛主席的老家只有十几里地。

后来我才知道，在我烧灶那时，他们就拿我一张全家福照片，到我老家联系遣返的事儿。跟生产队一接头，村里人看照片都说不认识，有些老年人说，这老头（我父亲）认识。这就把我赶来了。可我十四岁离开家，没人还认得我，家里什么东西都没了。村里不乐意我们来，地少，人多，都是水田哪，全村总共一百三十二亩水田，一百三十二个人。按人头一个人才一亩地。我们一来就是七口，一年要吃几千斤粮食，哪儿来呢？

遣送是中央的政策呀！押我们去的人就去找县委，又闹哇，又搞哇，硬压下来。不过生产队提了个条件，说我们去了没地方住，也没粮食吃。九月份了，没参加劳动怎么分给粮食呢？我们设计院是个大单位呀，答应出钱，起三间茅草屋，土坯草顶的。二百块钱一间，六百块。另外给我们一人一个月六块钱生活费，给七个月的，六七四十二再乘七口人的数，二百九十四块，还打县里批了两方木料盖房子用。这算很优待吧，可生活费不给我们，交生产队，生产队就能发点小财了，肯接收了。到后来我那房子根本没给盖，是拿猪圈草草了了改建的，好木头叫生产队的干部们换走了。

我到家不到五分钟，公社的武装部部长和大队的民兵营长带两个全副武装的民兵就来啦，叫我家七口撂下东西，一排站好，给训话。头一句就说："你是地主分子。"哎哟，我心说我是"右派"，怎么又成"地主分子"啦？以后才知道，农村没有"右派"，他们恨不起来呀，地主是最坏的了，所以叫我"地主分子"。我也不敢多问，地主就地主吧。这就又当了十年的地主。

我当地主没什么，可孩子就叫地富子女了，不能参加民兵，不能参加集会，还不能念书。一直搞到"文革"完了，都没上学。

武装部部长说，你们记好了，第一是不准乱说乱动；第二是不准喊冤；第三是家里来客先登记后汇报。啊！还要我去开地富反坏四类分子会。开会倒不难，每月才一次。一到先点名，治保主任往上边一坐说，"哎，你们汇报吧，有什么事没有，自己说说。"他消息很灵通哪。这个四类分子，你昨天干什么了，你那天怎么怎么样，训上一通儿。我算不错，基本没挨过骂。我改造态度一直都是最好的。不是瞎吹牛，后来还叫我当四类分子组长，念报纸。农村人都不会念报，我当然行，高级工程师哪能不会念报？！还叫我带着"请罪"。请罪这玩意儿，我更有经验啦，鞠躬要双数，是不是？

当"右派"搞到农村没饭吃呀，那物质在大城市想象不到。这儿一人一亩地，一亩当时只八百斤，还是早稻、晚稻加一块儿。从中要拿出公粮、种子粮、饲料粮，还有超产粮，剩下的就没啦。公社规定二百斤基本口粮，这二百斤是毛粮，只能落七成，再有就是算工分了。

一个壮劳力最多一年五百个工。你不够呀,贫下中农还不够吃呢！多亏我成"老右"有过锻炼,能干呀,一年能干到六百工,不过叫老婆、孩子们一分摊就够劲儿啦。

钱呢,更苦了,没一点来源。工分一年结算顶多一百多块,可我的小孩多,还得拿钱买口粮,一扣就全没了,还要欠。四类分子不能欠。不能欠最后还是欠着。在农村首先要把人的关系搞好,搞好了才好办呢。我懂点医,会几下针灸、艾灸、拔火罐啦。这个成分不好也出不了事。耳针能扎,心脏穴位不能随便扎,我都看好了的。一般头疼、伤风,扭一下,敢治,也能治好。治病不要报酬,跟人家关系不就搞好了吗?!还有一个,我一下乡就看出农民要有点钱就得养猪,可是猪瘟一来马上坏事。我找兽医拜师,唯一就要点青霉素,在猪耳朵后边二指宽地方打一针,很快就好了。公社只有一个兽医,那地方大呀,一个人走不过来,谁家猪病了就叫我去。我寄点钱给城里的朋友,买药再寄来。人用的青霉素也行,还便宜,八十万单位一角钱、八分钱,一次买一二十支。人家夜里喊我夜里去,早晨喊我早晨去,这么一搞和人打交道就好多了。后来大队支书、治保主任对我都有了笑脸。经我再三说明,我的成分是"右派",不是"地主",一九七五年给我开了个会,宣布我不再是地主。这就等于落实了一半。农村人不知什么"右派"不"右派",搞不清楚,糊里糊涂,对你就两样了。

我的技术可完全使用不上。你有长处,可是人家讲阶级路线呀！有次修大堤,打好土,要压碌子。那么大个轱辘碌,你这边拉,他那边拉,拉不动,我说你们那劲儿没使到一块儿,我来打号子好不好?我是搞过铁路的,现场上桥梁、墩子都搞过这个。我一叫"拉——起——来——呀",一齐使劲儿就拉起来了,蛮好。这时有个队长,他是党员喽,突然想起来,不行,不能听他的,我们贫下中农不能叫阶级敌人指挥呀！不行就算了。可人有能耐就想使啊,是不是?一九七三年,我们公社书记要修水库,他想人家华国锋原来是湖南一个地委书记,修过一个灌溉渠,有名了,毛主席调他到中央去了。他就把人叫去,在一个大山下边挖挖,堵一条坝,存水,也搞水库呀。

我一看，没水源呀。他说下雨水打山上流下来。我说这叫"汇水面积"，不够大呀！再说不下雨不是没水吗？他说不是还有泉水往上冒吗？我想糟糕了，就说这有个水平的关系，引水量跟这个山的水压成正比的吧，压住你，你的水就送不上来啦。他不懂，非修不可，我就不敢讲了，再讲就是搞破坏了。为了这没用的水库，花多少工，干了多少年，就搞不清楚了。还谈得上什么用不用你，根本不叫你说话啊。愈有能耐愈碍化们的事吧。

我敢说我一辈子没干过坏事，我对国家铁路是有贡献的。把我搞成这样，可我总想，共产党不可能总把一个老老实实的人这么搞。刚遣送到农村时，我五十岁，我还想，总有一天还会叫我干事。再等二十年也没问题，我的身体也没问题。这就一直等到"四人帮"完了。我六十岁了，到我为国家出力的时候了吧！

落实政策原来也得靠自己奔呀。一九七八年初，《十一号文件》下来了。我在家等了三个月，等来等去，怎么没动静呢？我得先把帽子摘下来，对不对？这帽子戴了二十多年啦，觉得把人都压矬啦。等着等着，我说我不等了。我跑到大队，大队队长支持我，给我开证明，没这证明我不能乱动，我还是得规规矩矩是吧。拿了证明又跑到公社，公社不同意，怕担责任，我说又不叫你们写别的，证明是大队开的，你给盖个章就行啦。秘书还不错，打个图章，我就回来了。

这时院里的党委书记、政治部主任，还有这个长那个长的还都是老人，不过他们又都升上去啦。我是五月二十一日回到设计院的，他们都很客气。书记说，你的落实政策在咱院放在第一步，先等等，啊，你先住在招待所吧。反正待着没事，我就天天跑，市委组织部啊，统战部啊，催院里给我落实。我想没个说法不能回去，直跑到八月底才下来啦。没想到他们先压我一下，叫我"复职退休"。我急了，我说："我才六十呀，棒着呢，还能干呀！不退休行不行？"我还说："你是我老上司，我能不能干你还不清楚。"他赶紧说："你当然是能干的，工作也很有成绩，可是我交底给你，你不退休不好办哪。"那时大城市户口不好进，想办进来就得退休，否则一家七口就得永远待在农村。

复了职不干活儿有什么用呢？我就是想工作呀！可我又没办法，我一家人总得回来呀！

组织上给我做了结论，大致是这样写的："某某某同志反右期间的言论，基本上是对某些具体事讲的。'章罗联盟胆子大'这句话有错误，但不追究，构不成右派。"结论附在档案上，叫我看过同意后签字。我翻翻档案一看，哎呀，乱七八糟的揭发材料，全都拿不到桌面上，既有捕风捉影，也有胡编乱造。比如一个支部书记，当时在我手下当实习生，因为我不重用他，他就说我"串联了许多科室三十多人联合反党"。串联哪些科室哪些人，是张三李四三二麻子，他怎么不写呀？！管落实政策的负责人说："你看这结论要不要得，要得就签字，就算了。"我不能不签字，不签字不能摘帽子，戴着帽子还是什么也办不了。为了摘帽子，我苦了二十年呀。我就拿出笔写了"同意结论部分"几个字。他笑了，说："你们知识分子到底心眼多啊！"

他们不把"反右"那些不实之词全拿掉，说你还有错误，是给你留个小尾巴、小辫子，怕你神气起来吧。你一神气，他们就神气不起来了，对不对呀？

摘掉帽子，我要先回去报个喜。开口找院里借点钱，我儿子春节要结婚，乡下讨媳妇要花不少钱。他们说研究研究，等到春节前几天才找我，说："这钱别借了，把你的钱发还给你吧！"这时已有政策，补发工资了。我每月一百二十七块，"文革"整整十年，一共一万五千多块，等给我时是一万四千多块。原来他们这阵子派人去到我老家调查我在农村挣了多少钱，扣除出去了。当右派扣的那些钱据说没政策，到今天也没补。一想这事，还觉得自己身上有个右派的影子，这就先甭提了。我拿了钱，就跑回去。哎呀，村里人见我一月一百多块，拿我当大人物啦，都来我家串门。可我很快又跑回来了，我没搞清楚，到底叫不叫我回去呀。这事真拖了好久好久。一阵子还听说要冻结，我心里着急，到处找人，一直拖到一九八〇年，市委发了一个文件，规定："凡是冤假错案遣返回乡的原则上都要回来，除了已经在当地结婚生子的人。"我大儿子、大女儿已经结婚回不来了。余下五口又很闹了一会儿,最后市委一个劲儿打电话催问,我们院总说"马上就搞好了"。"马上就搞好了"。直到六月份才搞到户口迁移证,可又没房子,再等到搬家已经十一月了。这时候我已经六十四岁了。毕竟耳朵不行,眼不行,腿也差得多。打一九五七年到现在,我能贡献多么多,其实只贡献那么一点点,我的问题就像我们老家一句俗话,"落雨天背稻草——越背越重"。落实了,反而不叫你干事了。到现在只能给街道副食店干点会计。在家闲得难受着呢。街道的人问我:"你干得了吗?"我说:"当年铁路施工预算我都搞,这么简单的玩意儿还不行?我是高级工程师呀!"他们都笑起来,我也不知道他们笑的什么。

当年那些当队长、当组长的都是我培养的,现在都搞总体设计了。他们和我比起来,脑子是新,可缺点是不够全面,没有在施工现场干过什么新路、养路、架桥,不会其他工种。可只要他们设计出新东西,我还是很高兴很高兴。我要赶上他们现在这时候多好!我这话说出来,人家都不信,我夜里常常做梦,自己在图版上搞设计,在现场插红旗。这样已经好多年了。我这人一直也不悲观,我老头只要一天能干,无论干什么,总会高高兴兴的。这话对吧?有时我想,谁要有能耐,叫我打四十岁重开个头多好。我准能搞出个样儿来,准能,你信吗?

夕阳想用它最后的光照透这个世界。

绝顶聪明的人

1969年·15岁·男\ B省S市某中学学生

那年全国人民都疯了——白连长给我种神秘感——山东大汉抱一尊大瓷毛主席像——走在前头——脚一滑摔得粉碎——荒郊野外黑压压跪着一大片人请罪——一泡尿全尿在裤裆里——摔碎的毛主席像竟然不翼而飞

我看过您几篇"文革"中人的经历,全都是受苦受难的。我给您变个样儿成不成? 那时候谁没受难,几亿人,可谓一个赛过一个。比您写的那些更苦更惨的多得是。我姐夫口才好,能说善辩,大辩论谁也辩不过他,硬叫对立面逮去,拿剪刀把舌头铰了。没舌头不单不能说话,还没法子吃东西,后来活活饿死了。那时候真好比唐山大地震,怎么活过来和怎么死的都有。所以我说,"文革"是毛主席领导的大地震,唐山大地震是土地爷发动的文化大革命。咱不说那些惨的,我想告您一件顶绝的事,也是一个绝顶聪明的人。人都说,"文革"中人的才智受压抑,其实不尽然,险中弄险显才能嘛! 我说的这个人是我亲眼所见，不是用耳朵听来的。

一九六九年不是备战备荒、全民皆兵吗？毛主席一声令下，全国搞拉练。甭说机关、学校，连工厂、商店的人也都按军队的样子，组成队伍，到荒郊野外练飞行军，有的一走几百里，走得愈远愈苦愈革命。您也拉练过吧？穿军装，打红旗，在乡间山野一队队死走。那时人都疯了，敌人在哪儿呢？不知哪股邪劲儿，好比小孩子做游戏，拿假的当真的，真跟真事儿一样。

那时我在上中学。拉练那天，同学都很兴奋，人人都穿着草绿色军装。穿军鞋，戴军帽，有的同学还打当兵的亲友那里弄来红五角星帽徽别在帽子上，真像战士，像新兵。女同学们都把头发塞在帽子里边，皮腰带一扎，斜挎个绿帆布军包，包上绣着"为人民服务"五个字，包里放着《毛主席语录》和干粮。那时代的人真行，有这两样活着就蛮带劲儿；不象现在，彩电、冰箱、录音机、洗衣机，缺一样心里就空一块。对了，人人胸前还别一个毛主席像章。我把自己珍藏的顶漂亮的一枚别在当胸。这个像章按当时的行话叫"大轮船八十圆儿"，"八十圆儿"就是直径八十毫米，跟烧饼大小差不多，这算特大号的，愈大愈忠，愈大愈震人；"大轮船"就是上头是毛主席头像，下头一艘乘风破浪的大轮船，大海航行靠舵手嘛，头像和轮船仿金镀铜，闪闪发光，背景是大红太阳，涂帽徽漆，锃光瓦亮，这在当时是最新最大最时髦的，绝对的精品。同学们都看着眼馋，时时处处拿眼瞄着我胸前。我挺神气，好像我最忠，便在人群中走来走去，得意洋洋，自我表现。

这天，学校里请来一连解放军战士，带我们一起去拉练，学军嘛。我一眼就瞧见连长，而且第一眼就挺喜欢他，这是种含着敬意的喜欢。他的气质与众不同，顶多三十岁吧，高高个儿，腰板挺挺，很有军人风度。他很少说话，嘴唇挺薄紧闭着，嘴唇上靠左有个黑痣。白白脸儿英俊又严肃，可没什么表情，那黑痣一动不动，给我一种神秘感。他挺像电影中那种镇定自若的英雄的形象。我们同学跟战士们都亲切说话，唯独对他，只是远远钦慕地看，谁也不敢过去跟他说话。他姓白。

连部把战士一分为二,把我们学生也一分为二,掺进去,变成两连人。由白连长带一连人;指导员姓马,带另一连人,分两路出发,走不同路线。我很庆幸自己被分在白连长带领的这一连里。

我们一连分做三排,排长是军人,走在每排队伍的前边,还有个战士打着一面红旗。我在一排,一排最威风,红旗前面,一个大个子战士捧着一尊挺大的毛主席半身像,最常见的白瓷的那种,走在队伍最前头。我们一路齐声喊口号,喊毛主席语录,唱革命歌曲,雄赳赳、气昂昂走入乡野。大红旗的旗光旗影映在脸上,那感觉真像当年红军转战南北一样,愈觉得浑身是劲儿。现在想起来好笑,哪儿来的敌人呢? 野地里飞的跑的除去鸟儿就是田鼠。这样打清晨走到天暗下来,也不觉累。一排长怕捧毛主席像的大个子累了,找人替他,立时战士们都争先恐后要承担这光荣任务,我们学生也争着要做。谁争在先,谁对毛主席忠。可那大个子不干,后来他急了,大叫:"我要保卫毛主席,重走两万五千里长征路!"这大个子是山东人,一副山东大汉朴实憨厚的长相。他的誓言真叫我们感动又钦佩,这忠诚使我佩戴大像章的那忠诚就显得太一般了。我们学生马上呼起口号:"向解放军学习! 向解放军致敬!"战士们立刻用洪亮的口号应答:"向革命小将学习! 誓死保卫党中央! 誓死保卫毛主席!"我们一呼一应,愈喊愈使劲,为了使喊声响彻原野,让人听见,压倒敌人。这一鼓劲,一直走到天黑地黑,深更半夜,人可就累了,不知不觉没有喊口号,黑糊糊只响着脚步声。战士们脚步还齐,我们这些不中用的学生,两条腿有点打架了。空肚子在里头"咕咕"叫。在穿过一片小树林时,趁着天黑谁也看不见谁,树枝、草叶刷刷响,我伸手打挎包里抓一块馒头塞进嘴里,怕人看见,嚼成块儿就赶紧硬咽下去。白连长走到队伍最后边,这时他派通信员传话上来说,再翻过一片高地,是百各村,队伍进村休息。听了这话,真想一步踏进那村大仰八叉地躺下。

部队没走近路,好一通走,终于翻过一片高地,还是不见村庄,前头一片黑暗,根本没灯火。左边是一条河,给月光照得贼亮,"哗哗"流水响;右边是高粱地,被风吹得簌簌像下雨,黑黝黝好比一道没尽头的高墙。夜雾浸得地面发黏，粘得胶鞋底子呱唧呱唧，愈粘脚愈重。脚不像自己的了，好比变成两块砖。我也不敢问哪里才是百各寸，这是备战拉练呀！一问思想就叫人抓住，挨批。整个队伍闷声闷气地向前行进，跟白天那劲头完全两样，好像打败仗回来的军队了。

忽然就听队伍前面有人惊慌地"哎哟"一叫，同时"啪啦"一声，稀里哗啦，好像个大瓷盆摔在地上粉粉碎。大伙儿一瞧，原来前头捧毛主席像的大个子脚底一滑，天塌地陷般要命的事出现了：毛主席大瓷像摔碎了！你想，他捧着十来斤重的瓷像走了一天，哪还有劲？！要是有点劲也会抱住毛主席像，宁可自己摔倒，也得叫身子垫住毛主席像呀！可是谁叫他死抱着主席像不放，排长叫人换他非不肯。可是当时谁也想不到该不该怨他，全惊呆了！把毛主席像打碎，杀头的罪过呀！没等大家清醒一下，那大个子忽然两条大腿一弯"扑通"给毛主席像跪下，请罪！一排长被这意外的事弄得魂飞魄散，身不由己"扑通"也跪下，请罪！我们一排人不用任何人发命令全都跪下来，向毛主席请罪！

紧跟着二排队伍上来，一看我们一排全跪在道上，不知出了什么事了。二排长问，没人说，都指指前面。二排长过去一看毛主席像摔碎了，二话没说也跪下，二排人跟着"刷"地全都跪下。等到三排上来，白连长一看全明白，没等他想出办法，没等他发话，三排长和三排人全跪下了。人们都是抢着跪，谁先跪下谁就忠得最彻底、最坚决、最不犹豫。可那时候人们这根弦绷得一样紧，几乎同时"呼啦啦"一齐跪下，白连长也跪下了。但这一跪就麻烦了，没法起来呀！毛主席像摔得粉碎，谁先站起来谁就是不忠。可也不能总这么跪着，跪到什么时候才算完？跪到天亮也没辙。在这星月之下，荒郊野外，大土道上，黑压压，不知是傻是疯，跪着这一大片人，可没人吭声，没人敢动，谁也不敢看谁，都以一种悔罪心情面对着前边地上那片被月光照得白花花、不成任何形象的碎瓷片儿。

跪着跪着，渐渐觉得右腿膝盖生疼，使手一摸，原来右腿正跪在一块石头上。石头埋在土里，石尖朝上，正硌膝盖。我使了半天劲儿，才用手指把一块三角形的石头抠出地面，不出声地推在腿旁。不多时，忽觉要撒尿，愈憋愈想尿，哪敢把小便掏出来，忍不住时，索性尿了。这尿真他妈缺德，好大一泡，裤裆水淋淋，难受极了。

时间一秒一秒过去，跪得愈久愈没有理由站起来。可就在这时，只见白连长突然"刷"地站起身，好像出了什么事，用清亮的嗓子急迫地说：

"不好！前边村里有响动！敌情！可能是反动地主分子搞破坏！一排、二排、三排，全体集合，迅速跑步，目标左前方百各村。保卫贫下中农！保卫无产阶级文化大革命！保卫党中央毛主席！"

这命令——保卫毛主席，比自己生命还重要的任务，使跪在地上的上百人"呼啦啦"一下站起来。起身的一瞬间，我有种轻松感，更有种紧张感，眼前真的出现敌情，就要发生一场战斗吗？要说军队动作真快，眨眼间集合好，在白连长带领下疾速前奔。大敌当前，军情如火，谁也顾不得地上那些碎瓷片，只是跑步向前时，脚下绕过那些神圣的瓷片，别踩上。奔出去十多分钟，往右拐过一座桥，又奔跑了十来分钟，就听见前边传来狗叫，苍苍茫茫、夜雾重重的原野出现了灯火，前方正是村庄。原来刚才村里人入睡了，都熄了灯。这一闹，灯火愈来愈多亮起来，狗也愈叫愈凶，气氛真有些紧张，要打仗吗？我的心怦怦直跳。战士们都把背枪摘下来握在手里，飞快扑到村前。白连长下令，叫三排人分三路，战士在前，我们学生在后。

一进村，就见一片火把人影，还有手电光在眼前晃，影影绰绰那些人影拿着大杆枪，是搞破坏的反革命吗？

白连长马上喊话："不要开枪，我们是拉练的解放军！你们是谁？村里是不是有情况？"对方一个大嗓门喊道："俺们是大队民兵。听人喊狗叫的，俺们也不知有啥情况！"

白连长说："你们村里的四类分子呢？"

对方说："都老实在家待着呢，夜里不准他们出来。"

白连长带队走上去说："我们拉练路过这里，听见动静，以为有情况，怕四类分子搞破坏，赶来支援你们。没事就好！"

大队民兵队长说:"感谢亲人解放军为俺们贫下中农操心。村里有所小学校闹革命,不上课,房子都空着,快进村歇歇脚,我们去给你们烧水喝……"说着招呼人去担水、烧水,借被子、褥子。

我们一连人就进入小学校,喝水,吃干粮,休息。

白连长对一排长说:"有件事,刚才路上打碎那主席像,不能扔在地上,我去请回来。"

一排长说:"对了。可是主席像碎了,请回来该怎么办好?"

白连长面无表情,只是说:"请回来再说!你们先忙着照顾学生们,我自己去。"

那个大个子山东大汉耷拉着脑袋,心情沉重,上来对白连长说:"我跟您去。"

白连长什么话也没说,只看他一眼。这眼神很冷峻,似乎是一种拒绝。扭头拿着手电筒独个儿去了。过了一阵子,白连长回来了,手里空空,可是头次看他脸上有表情,好像很惊奇。他说:"怪事了,我怎么找了半天,地上任什么也没有呢?"一排长说:"怎么可能,深更半夜,还会有人拾去?您是不是找错了地方?"白连长说:"哪会错。要不多去几个人找找,必须找到!"当即点了几名战士一起去,包括那大个子,还有一排长。我提出我要去,我说我跪着时有块带尖的石头,找到那石头就不会弄错地方。其实我还有个个人的目的。我刚才一泡尿湿了裤裆,走一走,过过风,好干。一排长说你累了,不叫我去,白连长却说:"你记着那地方,最好,来吧!"

我们靠几束手电筒光,穿过漆黑的原野,返回那道上,按照大家共同的记忆找到那地方。我也找到那块带尖的硬石头,按照方向,估计距离,我指着地面说:"没错,就在这儿!"可令人奇怪的是,在白连长手电筒扫来扫去雪白的光圈里,根本没有那些白瓷片,蹲下来细看,竟然连一个小瓷碴也没有。怪了,难道有人拾去,拾去干什么用?这深夜,这荒野,怎么可能?为什么拾得这么干净,连一个小瓷碴碴也没留下?东望望,高粱地一片如墨的漆黑;西望望,河水银光闪烁,流动着迷幻的波光,真叫人百思莫解。再望望白连长,那张白白、英俊而冷漠的脸上还是没有任何表情，嘴唇上那黑痣静静地一动不动。更奇怪的是，大家呆了一阵子后，谁也不再说什么，也不再找，回村去了。我在小学校几张拼在一起的小课桌上躺了一夜没睡，也没想出个究竟。

天亮队伍启程继续拉练，白连长向大队革委会又借了一尊毛主席像。红旗，喊口号，唱革命歌，谁也不提昨夜那件事了。

也许当时我年纪太轻，无法猜透其中的奥妙，但这离奇的问号却始终留在我脑子里。过去几年，经事多了，忽然一天猜到这事的究竟。一旦明白，愈想愈是其妙无穷。不由得对这位精明机智、沉默寡言、再也没见到过的白连长生出满心的敬佩。他可真是个绝顶聪明的人。由此我还得出一个人生的道理：世上真正的聪明，往往是叫你事后慢慢悟到。

畸形的社会，智慧也是畸形的。

一对夫妻的三千六百五十天

> 丈夫·1966年·26岁 \ T市某机械厂工人
> 妻子·1966年·20岁 \ T市某机械厂工人
>
> 这是一对夫妻共同的一段往事：一九六八年元旦结婚——共同生活六十天祸从嘴出——抄家后她用十七块钱养活老少三辈——军代表用意不良逼她离婚——狱里狱外几封通信——她千辛万苦等了他三千六百五十天——他奇特的仇记

丈夫：我真不想提那段事，我们两口子，现在也避免提。只要一提，几夜就甭想睡觉。甭她，我也是。再说总提它有嘛用呢？不是让咱往前看吗？把账全算在"四人帮"头上。过去那段事都按下算啦。受过苦的人太多了，现在谁也不愿意说啦。可我又想，咱受过的这些苦，也不能就这么白白一笔抹掉，那不就白受这些苦了是吧？我跟您讲了，您记下来，将来印成书，咱这痛苦就留下来啦，到嘛时候，让后人也看看。啊，啊。

说实在的。我无缘无故白白蹲了十年监狱，真叫好没影儿的事。

我老婆等了我整整十年，那罪没少受，比我更冤，更倒霉。有她的吗，一个女人。

　　我的苦再苦也没嘛，我是男人嘛，可她就难了。您说说，她那会儿才二十出头，人又漂亮。您看，我还带来一张她那会儿的照片。她一个人带着一个半身不遂的老父亲和一个刚出生的孩子，自己算是反革命家属，父亲是资本家，熬过那十年容易吗？愣等了我整整十年。我们这些犯人，离婚的有百分之九十还多。几乎可以说，进去没个不离的，也有为离婚的事自杀的，杀人的，神经的，也太多了。她来探监，同屋的人全羡慕我，先头我都不敢跟人说她是我老婆，只说是妹妹；我也怕过不几天，离婚了，不就栽了吗？她等我时，哪会知道还有一天"四人帮"会倒台，我会平反，等十年不就等个反革命吗？还不是个"反属"，有嘛好处？更别提她受那么多政治上的压力和经济上的穷困了。她这么年轻漂亮，不等我，完全有其他路可走，所以我认为她是坚强的中国妇女的典型，我挺自豪，跟谁我也这么说。

　　我的经历没嘛，比我苦的还有的是，比我冤的也有的是，我见得多了。那阵子为一句话坐大牢的人多了去了，光我们那儿就大部分的现行反革命罪。我们屋里有个犯人，以前是贫农协会主席，罪名就因为下山到集市上买毛主席石膏像，那会儿不叫买，叫"请宝像"，不是他这样出身好的还没资格"请"。那玩意儿挺沉，山道又不好走，他就用麻绳拴在石膏像的脖子上，前边俩，后边俩，就这么背着赶路。没想到还没出集市就让人给抓住，好嘛，"现行反革命"，立时就抓起来，家也没让回，进大牢了，五年。您说冤不冤？还有一个小伙子，为的是爬到百货大楼顶尖上拍了两张照片，想落个城市面貌的照片，现在看这算嘛事！可那时就不行，怀疑他是搞"特务活动"，也给关进来了。后来，我的一条手绢，还是他带出去捎给我老婆的，这才保存下来。

　　妻子：可不，那条手绢是他出事那天，人家打他的时候包头用的，用角铁的尖打，人头啊，不是别处，手绢上全是血。您看，我带来了，多狠，连手绢都打出这么多洞来，一般人下得了这手？

丈夫：您没见比这还狠的也有的是啊。不说别的，这地方上的事儿说不清，公安局里不是不准打人吗？可我亲眼看到他们打人。好家伙了，用手铐铐还不解气，愣用粗铁丝绑上，再用老虎钳子拧啊。你想想，那手腕子上的皮肉还不全破了，哪经得起这么拧啊！后来全长了小姐，白的。嘻，那些事儿别提了，多了去了。我说咱重点说说她吧。她比我苦，更典型。像我这样的反革命太多了，可像她那样的就不多了。她那些东西，百年之后，说句大白话吧，不管哪朝哪代的人看了，都会觉得值得一写，因为它是真的。她受的那些迫害都是有真凭实据的，有名有姓有地点，咱写到《人民日报》上也不怕，真东西搁的时候长，不是"四人帮"那些东西，隔不了几年一拨弄就倒了。我好歹大人孩子都团聚了，也就算最好的结果了，对不对？有些人老婆离婚了，孩子让人带走了，房子叫人霸占了，她偏还住在你对过；你不也得天天打头碰脸，你嘛滋味？我说您写就写我老婆，别写我；突出她，就把她碰上那些个人，那些个事，按当时的话说，灵魂上的东西，解剖解剖。甭管他是头儿，还是军代表，照样有不是东西的，表面上像个人似的，其实心眼里想的嘛，别人不知道，我们知道。

打头儿说吧。我出身工人，本人也是工人，钳工。"文革"前是车间里生产负责人。我这人生来就直性子，您看我说话就能知道我的脾性，也甭多搭。我打嘛时候也不愿意巴结领导，爱站在车间里工人一边儿，替大伙儿说话。有时好给领导提点意见，这叫"犯上"，所以跟头头有点矛盾。他们说我不靠拢组织，打从"文革"开始，他们就想法儿找碴儿整整我。

我觉着他们整我全是有预谋的，好像全策划好了，一下子就来了。我的碴儿就是说了一句错话，这完全是玩笑话，是喝酒时和一个要好哥们儿说的，这哥们儿平时不分你我，嘛话都说。当时就说了几句对"文革"不满的话，说朱元璋当了皇上，把下边的功臣全干了这类的话，没想到他把我的话向上汇报了。那会儿人全乱套了，谁也不知道变成嘛了。可他在暗处，我在明处，我哪儿知道。这是一九六八年三月一号晚上的事。第二天一下子开大会突然宣布，说我是反革命阶级报复，大字报"呼啦"一下全贴满了，好家伙，那阵势，开着会一下子把我揪出来，把我的工人出身愣说成是资本家出身。出身还有变的，可这么才好说我"阶级报复"。这出身是大字报定的，也不知谁写的，反正破鼓乱人捶呗，也没你说话分辩的份儿。"阶级报复"比单纯的反革命罪重呗。好嘛，开始还没怎么着，还是文斗。后来台上指挥的军代表一声喊："要文斗不要武斗！"喊里喀嚓全上来了，这是他们预先说好的暗号，明白吗？一喊就是要开打了。全动了真格的了，这是真打，不是假打，抄起那些铁家伙，打得可不含糊。我也没看清都是哪些人，反正劈头盖脸的就来了。我一看不好，赶紧掏出手绢捂住脑袋，他们拿三角铁、铁疙瘩嘛的，操着嘛就是嘛，乱砸一气。表面看流血不多，可这叫软伤，最厉害，就冲着脑袋来啦，欠点把我打死。我就死命捂着脑袋，手绢就这么破啦。我这耳朵到今儿个还聋着呢，也是那晚儿给打的，到现在还总嗡嗡响，总响。后来打晕了，嘛也不知道了。他们拿大铁丝把我绑起来，跟着可能就送到拘留所去了。

妻子：那天开会时我去了，我跟我丈夫一个厂，我在场，是选什么革委会的大会吧，好像是的。他们打他的时候我不敢看，也看不见。当时我心跳的呀，我就出去了，走出会场了，想回家，想走，到哪儿都行，不想待，也待不下去了。可我一出门就看见一个人，就是革委会那女的，主任，她盯着我，不让我出去，所以我知道，连着后来的事，我知道他们是串通一气的，有预谋的。等我回家时有个邻居告诉我，刚才你们厂押着你爱人回来一趟，他出车祸了吧？我到屋去一看，也全是血，那些血啊……

其实后来我想，他要是那次没抓走，还在厂里的话，后来的清理阶级队伍之类的运动也得给揪出来。我想那说不定更倒霉，恐怕不打死也得打残了。这些人目的不达到是不会算完的。

丈夫：我的事到了一九七〇年就全搞清了。我出身是工人，不是什么资本家，也够不上现行反革命。可驻军和革委会那帮整人的人，他们不肯认错啊！为了维护革委会的声誉，不给平反。再说驻军那姓×的小子，他的个人目的还没达到呢，他想娶我老婆。监狱当然也不管了。那会儿监狱就像仓库，不拿我们当活人，像取货、提货一样。管我们监狱的那人就说，我不管你们出来进去，只要拿提货单来，我就放人；没单子，你就在这儿待着。他就是这么说的。我活活就在这里边待了十年。等我出来时，我妹妹看着两张《判决书》说，他们凭这两张纸，就把人活折腾半死。就这么两张纸啊！我带来了，您看这《判决书》写得多潦草！这字，您看，随便一划拉，真不如仓库提货单认真呢。管监狱的人说："我们嘛也不管，只管进出，你们少找麻烦，谁要是不想活了，就自杀。我连份检查也不用写，你们谁爱死就死，我不管。"

我申诉了二十多次，也没人理我。出来之后，要回厂工作，革委会主任说了，他要回来，先把他腿打断了再说。就愣不肯收，我借钱也不给。没工作、没工资，又地震，没房子，我们的房子早被他们霸占了，那时叫"压缩"。这种事都是街道积极分子干的。有问题的人房子都得压缩。腾出房来，他们搬进去。我结婚时是两间，愣叫我老婆搬出来，另给一间小破屋。地震时又坏了。我放出来算落实，心气儿还挺高，大年三十中午去找房管站管房子的人，房管站那伙人真浑。我一说，他说我不是管落实的，管落实的今天休息没来。隔些日子再去，还是这套。后来才知道就是他管落实。到今天也没解决，这就别说啦。落实能落到我们这小百姓头上？顶多落在名人、领导干部头上，他们是门面人。对吧？

妻子：我还记得那是生孩子后五十三天，因为产假只有五十六天，马上要上班了，孩子病了，是冬天，因为屋里实在太冷啦，得了肺炎。我才二十岁，没弄过小孩啊，不懂啊！这个晚上，他一夜都没闹过，我还觉得他很乖呢，其实那一夜他已经没劲儿再闹啦。第二天我一看嘴青了，得去看病啊！可我没钱，没钱看病，又不好跟别人借，邻居也不大敢和我们这样的人家打交道。我当时真觉得孩子没救了，活不了了，急得没辙，给我婆婆打电话。正好"最新指示"来了，全市都不上班，大游行，那会儿不都那样吗？一游行就排了大队满街里走，车都不通了。我婆婆接了电话后就来了，走了整整大半天，好几个小时啊，就给耽误了，她来之后才送到儿童医院抢救过来。那会儿真是一毛钱也没有啊。记得还是大肚子那会儿，我到他妈妈家去，来回也总是走着啊，那么远的路，一走几小时，可就是没钱，没钱坐车啊！有了钱也舍不得花。

我丈夫关进去以后，先是在拘留所，我整天提心吊胆，生怕他性子直，再顶撞了谁，怕公判大会给他重判，给他发配到远处去。他要是就在市里坐牢，我不还能常见到他吗？最起码一个月不还能见一面吗？能看看也是一种相互的安慰吧，当时就这样想。就怕把他弄到什么青海、西藏的，那我可真受不了。那会儿啊，这些犯罪的我觉着就像演员一样，一公判一个区就几十个哪。每次都是，真像演员赶场，从这个体育场赶到那个电影院，再赶到什么学校、工厂的，来回地赶。开大会，押上来，念罪状，再念判决。到一个地方来一次。公判也是为了吓唬人啊，镇压他们，也吓唬我们这样胆小的，老实的。

丈夫：那会儿我们在监狱里给人修理手铐，一筐一筐的。抓的人太多了，一拉百十人。言论这玩意儿最厉害，弄不好一句半句话说错了，弄进去，像我这样进去的太多了。她想让我别惹事，我当然明白，事儿大了，就更对不起她了。我就和关在一块儿的几个犯人一道……这些人都熟了，能互相照顾照顾，也有一个小天地。因为都是这种问题关进来的，品行嘛的都不错，后来我们都是朋友啦，到现在还常走动走动。

妻子：我们是一九六八年阳历年结的婚，那年三月二日他走的。我们在一起一共才过了整整六十天。他服刑的十年，我完全是靠着蜜月的回忆，还有对他的信赖才苦熬过来的。这三千六百五十个日子，我真是一天一天数过来的。我二十岁，刚刚从学校走到社会，刚刚开始生活，就碰到这么无情的命运，一夜之间丈夫变成现行反革命，我感情上真接受不了哇。军代表那个姓×的和我们革委会主任，就是那个女的，勾结起来，早就打好主意了，把我丈夫整了，让我和他离婚，用尽了各种手段。现在想想，真不知当时怎么就顶过来了。也许我这人还是比较倔强的，虽然表面上看不太出来。

我丈夫一走，连着抄了六次家，把我们刚结婚时别人送的礼物，被子啦，毛毯啦，还有衣服料子什么的，全抄了。抄到后来，家里只剩下光床板了，全光光的了，嘛也没有了。他们还把抄去的东西办什么展览会。抄家抄到后来几次，我人都麻木了，就这些东西随你们抄吧，都跟我无关了。我对他们也恨不起来，他们出身好，为保卫红色政权连命也不要了。让他们去表现吧，去革命吧。我觉得庆幸的只是丈夫给我留下了一个珍贵的礼物，就是我们后来的孩子小冬。我们孩子出来时，姐姐说，他爹叫柱子，柱子底下要有石头，就叫他"石头"吧，叫"石"。正好搞专案的人姓石，他贴大字报，说给孩子取名为石，是记着专案的那段事，记着姓石的人的仇，这个名字叫不了了。后来说叫"东东"，又不让，说你是记着"东方红××厂"，不行，还得改。我烦了，也犟起来。后来人说改就改吧，孩子的名字就是个记号，干吗让他们没完没了呢？也省得他们找麻烦了。我就说叫"冬冬"吧，冬天生的，才行。那时候，你干什么他们都找你麻烦。反正怎么都不对，都能找到错。我会理发，会裁衣服，因为没钱，全用手工给孩子做衣服，跟我一块干活儿的同志就说让我帮着做，做不好看不高兴，做好了是奇装异服，还批判我。我给理发也是这样，剪不好看说你不卖力气，剪好了又批判我，"修"了。我用我丈夫原先的饭盒，上面有他的名字，都说我划不清界限。那时家里东西全抄走了，连暖壶都抄走了，又没钱买新的，这些旧饭盒能扔了不用吗？

生小冬那时候，连被褥都不给一条。我和刚出世的小生命就睡在光板铺上。唯一的安慰就是把丈夫的信放在枕头底下，让他离我近点，也让他享受一点得子的幸福。我相信，只要心诚，他会感受到的。

丈夫：我接到她的信，说下个月要临产，不能来看我了，我那心里真像翻了五味瓶啦，真说不出是嘛滋味。这消息对我太突然了，没有一点精神准备，就要做爸爸了。可我给妻子和出世的孩子能带来嘛呢？只有让他一出来就是反革命小崽子。这都是我的过错呀！我太恨自己了，觉着太对不起他们娘儿俩了，我看她的信就像用血写的，根本不知道家里抄成那样，亲戚全不认人了；她父亲半身不遂了，也不能怎么帮她，一个月全靠她十七元学徒工的工资，那日子怎么过的呢？你想，十七块，好几口儿，还外带给我买点烟呀嘛的。

妻子：孩子是我们的精神支柱，每次他睡着的时候，我总爱仔细看他，他笑的样子，睡觉的姿态和他爸爸一模一样。我总是一夜一夜流着泪度过，看着儿子，想着以前那些事。他也总来信说他总梦见小冬。也不知怎么回事，他们父子俩从来没在一起生活过，可小冬打小，还不大懂事时，跟我在监狱看他爹，爷儿俩感情特别好，大概这是血缘关系吧。一有好东西吃，孩子就想着爸爸。有一年，国庆广场放焰火，小冬问我这焰火爸爸看得见吗？奶奶说看得见，他别提多高兴了。家里这样穷，但他爸爸总惦记问孩子几个月没照相了，他想要照片，夹在语录本里，他说他每天都偷偷看。我也就领孩子去照相，好让他总看到孩子新的模样。

丈夫：有次在牢里看了电影《闪闪的红星》，里面不是也有个冬子吗？我就特别想我们小冬。有一件事给我印象特深，那次是我犯错了，所以受惩罚不让和家属见面。其实所谓犯错误，就是对同屋犯人说了两句心里话，就是心里有怨气不服呗，也就敢私下说说。这就说我对自己的罪行不认识，就不让和家里见面了。结果偏偏赶上那回我们小冬和他妈妈一块儿来看我，孩子是带病来的。因为平时吃不起苹果，有病了才吃到，可孩子非要把苹果带来，给爸爸吃。他没见着我，把苹果留下了。我瞧着那苹果，心里太不是滋味了。心想，我这个爸爸也太不争气了。他们对我越好，我越难受，我真对不起他们母子俩啊！不过也亏了他们这么天长日久的感情，才帮我度过那些年头。那是嘛年头！他们每个月才和我见一次面，就十五分钟，有时候我们一句话也说不出，接见时乱哄哄的，听不见说话，我光笑，其实我有好多好多话要讲，一见面又不知讲嘛好了，我总觉得我这笑里头包着好多东西，有内疚呗，我想我只有好好改造吧。到时早点回到他们身旁，这比说嘛好听的都强。

每次看到孩子又长高一块，我心里都特别高兴。他每次的样子，每个小动作，每句话我都使劲记下来，没事一个人时就回想这些，这是我最大的乐趣。他总问我："爸爸，你怎么还不回家？""爸爸，你带我去公园行吗？"我都不知怎么回答。可对我这么个"坏"爸爸，他又那么有感情。有一次，我因病住院了。孩子和妈妈、奶奶一道来看我，这是唯一一次特殊接见，可以自由说话，我第一次抱了儿子，他高兴极了。离开时大人正着朝前走，可孩子却倒着走，一直看着我，朝我笑，朝我招手，一直到走出大门看不到。你说这不剜我心吗？！

妻子：现在的孩子太幸福了，他们玩儿电动玩具，各种各样新鲜的玩意儿，可我们小冬小时候哪摸过这些玩意儿啊！别人不敢沾我们反革命家属，找不到托儿户，托儿费也出不起，我就把他关在小屋里去上班。有一回邻居大娘告诉我，你们孩子渴了就去舔墩布上结的冰柱子。孩子什么玩儿的也没有。过年别的孩子都穿新衣服，他表兄、表弟、表姐、表妹、全有新衣服穿，可没人想到给冬冬买一件。我给他做双新布鞋，美得不得了。那天我下班回家，看到父亲点了一屋子小蜡烛头，和小冬在看蜡烛燃烧，因为孩子没有玩具啊，我心里难过极了。

过年的时候，人家都高高兴兴的。我总把年夜饭留一份给丈夫，孩子也把好吃的夹到爸爸碗里，给爸爸吃。我们不是过年，是受折磨呀！

有一回有人送给我孩子一只小鸟，孩子问我："小鸟有爸爸、妈妈吗？"我说："当然有了。"我突然发现孩子哭了，我忙问怎么了，他告诉我："我们把小鸟带回家，它也会像我一样见不到爸爸的。"最后他居然张开小手，让小鸟飞了。这孩子，你说神不神？

那会儿父亲因为是资本家，半身不遂也得去劳动改造。有回让他剥葱，菜刀找不到了，埋在一大堆葱皮里了。人家硬说他是藏起来要杀人，搞阶级报复，您说他一个自己走路都不利索的老头，怎么能杀人？他找啊找，找不到，急得直流泪。最后，我帮他在一大堆葱皮下面找到的。他每月把钢镚儿全用纸包起来，一分一分算哪，什么钱买什么，只有发工资那天吃两毛钱肉，全指望我那十七块工资。后来把家具上的铜把手都拆了卖了，换点面粉给孩子吃。我不怕过苦日子，也不怕工作辛苦，在家里操劳；我只求日子清静，谁知这点要求也不能实现。

我们厂里革委会主任和驻军代表串通一气，让我离婚，开头天天拉我，我那时真想不到打我的主意。他们很费了一番心思，连我也不知道的生母，居然叫他们找到了。我生母是贫农，在乡下很穷，以前是把我卖给现在这个资本家的父亲的。他们说我是贫下中农后代，不能看着不管，要我和爱人离婚，和资本家父亲（他待我像亲生一样，因为没孩子）划清界限。革委会主任那女的说，如果你离婚，可以给你解决房子问题、入党问题、婚姻问题，一切包在我身上。那个姓×的驻军，完全一个农村兵提干的，天天追我，死缠着我，整天和我谈话，一谈一整天，也不让我去车间干活儿。一开会就找我，有些积极分子会也叫我一道去听，大伙儿都奇怪他和我是怎么回事，他也不管影响，当着好多人就总找我。革委会主任说，房子给你找好了，只等你的革命行动了，说是党对我负责任。我母亲和亲哥哥都是他费了好大劲儿打农村弄来的，召开大会，叫我妈妈忆苦，还办学习班给我做工作，说只有我离了婚才能证明回到人民中来，划清了界限。他说你是我们的阶级姐妹，怎么能看着不管。说的话也没水平，说他夜里上厕所，回来想起我就一夜睡不着，说我还年轻，以后路还长着呢，我觉得又可气又可笑。

我这乡下来的妈也劝我离，哥哥也说，哪怕先离了再说呢，怕我太受罪。一次，让我妈开忆苦会，她连夜逃走，她不忍再看我受罪。她也恨死那个革委会主任了。革委会主任说对我的婚姻包到底了，就暗示指那个军代表。他们相互帮忙，都有好处捞。这个驻军要和大城市姑娘结了婚，以后复员不用回农村，革委会主任帮他这忙，也可以保着不倒，还会提升。后来"三结合"，他们俩都结合进去了，都当了厂里的头头。

有一阵他们逼我逼得太紧。每天挺晚的回来，父亲半身不遂在家等我，怕我出事，一次他哭了，要到北京告状。我也实在受不了，给我丈夫写信说暂时先离婚。离婚再等他，压力不是小点吗？他接到信马上回信给我。这信我还保留着，你看——

毛主席语录

情况是在不断的变化，要使自己的思想适应新的情况，就得学习。

××（妻子姓名）你好：

我已正式得知你准备和我断绝关系，这很好。你的决定是可以理解的。我坚决支持你这一行动。

我本人在离婚这个问题上不准备做什么文章，因为主动权在你手里。我是一个犯人，我只有要孩子的愿望。孩子作为我来讲，是我后半生的寄托和希望。我也不能不为晚年想一下。我现在没有给孩子再找个继母的想法，就是将来也坚决不会有这些想法。我不是出尔反尔的人，这点你是体会到的。再说十年出去后我会落什么结局，你想必是可想而知的。你如果打算要个孩子的话，今后会有更多更好的优越条件来考虑，你还能生养，我却不同了。所以我有这方面的要求。总之我会正确对待这些问题的。

祝你在已经选择的道路上走得更好。

×××（丈夫姓名）
一九七一年四月二十八日

我看这封信时心里挺难过，虽然我们感情挺好，终究在一块儿时间短，分开时间长了，没有沟通感情的机会。我怎么会再嫁别人？我去找法院谈。没想到法院说："你们单位来过人了，要你离婚。"我一怔。他们还是走在我前头了。可是我觉得还是有好人的，法院这人对我说："离婚必须双方出面，别人不能包办。"他还说："你要跟他离了，他在里边日子就更不好过了，懂吗？"我心里一热，决定不离婚。我想我找到了法律保护，更坚决了。这下厂里就恨上我了。革委会主任对我明着说："我们斗不过你，我们失败了。"他们把我调到人防工程队去挖地道，用苦力惩罚我。我想，老天爷对我也太不公平了，我向来连小猫、小狗也没得罪的女人，为什么让我受这么大罪？我还够坚强的不是，就拼命干活儿。这时有人贴大字报，说我是我父亲的小老婆，那会儿大字报想怎么写就怎么写，成心糟践我。有时实在熬不过去了，也想到死。一想到孩子和丈夫，不能走这一步啊！我就忍着。总想只要我和孩子在，他就有盼头，不至于有别的想法。熬死熬活地熬着吧！

最难的还是地震那会儿，房子震坏了，没人管我们反革命家属，家里没男人，真是什么也不行，单位不管。没人拾砖头盖临建，就在破铁丝网上头盖块油毡，下边糊泥，就怕下雨，一下雨下边一半就全泡了，又得和泥糊上。没有电，没人管接，只好点煤油灯，晚上刮风时，风都透进来，灯一晃一晃的，惨着呢。我们老少三个人挤在一堆，将就着睡，就这样过了好几年。

丈夫：我们那会儿写信，纯粹是给队长看的，都要检查，不敢写嘛；后来慢慢才好点。您看这几封留下来的信，不看您不明白。

    敬祝毛主席万寿无疆！
    万寿无疆！ 万寿无疆！

爸爸妈妈您好！

儿没听毛主席他老人家的话，没照毛主席指示办事，犯了严重罪过。革命群众为了挽救我，将我送到公安局学习，现在在由解放军领导的毛泽东思想学习班学习，进行思想改造。请父亲放心，我有决心改正自己的罪过，重新做人。

儿在这学习一切很好，请勿惦念。每天在由解放军亲自领导的毛泽东思想学习班里学习。父母见信后把如下东西送来：肥皂、牙膏、暑药、裤衩、夹被、中号搪瓷缸。

儿××
一九六八年八月七日

毛主席语录：世界观的转变是一个根本的转变。

××（妻子姓名）好！

本月收到你两封信，全为我改造不好着急，心里感到非常对不住你和孩子。我经过队长教育已经认识到自己的错误，同时也下决心在学习无产阶级专政理论基础上加深认罪，看清给党和人民造成的损失和影响，丢掉幻想，扎扎实实改造，请你放心，我今后再不会做使你伤心的事情。

（这里说的抱幻想，是说我打一九七〇年以后一直不服，往上申诉，前后总有二十多次，每次他们都这么答复："你的判决出入不小，阶级报复可以考虑去掉，出身可改回来，工人。但现在为保卫无产阶级文化大革命的胜利成果，这些问题以后再说。"这就完了。保卫嘛文化大革命，都是借口，事实上他们跟军宣队里的个别人勾在一起，不肯为我翻案，要不，不就等于说他们是整错人了吗？）

我每次看到信皮上总有眼泪，信纸上也含着你的身影，我也曾下决心好好改造，因我抱的幻想太大了，失望的心情深深刺痛了我的心。我把你的关怀不是作为改造的动力而是作为压力，错误地对自己的罪行不认识，有思想不向政府讲，和个别人乱说，经队长耐心教育不听，反恨队长。就是这样队长还善意地耐心地教育我。我对不起政府队长的教育，对不起你时时惦念的心情，更对不起无知的、只知道找爸爸玩的孩子……我听从政府队长的教育，他们是我真正的亲人，他们会教育我沿着毛主席指引的"只要改恶从善，都有自己的前途"光明大道前进。我再也不会像犯罪前那样胡来。我相信我会尽快扭转错误。队长这样耐心教育，看到你的来信，他立即教育我，要我多替家里考虑。队长为教育我用了很大脑子，用尽了各种办法，为的是叫我们快点团聚。我的一个主要问题就是对罪行缺乏明确认识，今后我一定在队长教育下好好学习有关文章，结合姚文元的《论林彪反党集团的社会基础》，找出我当初犯罪时的阶级根源、社会根源。论危害，看影响。当然我的水平有限，尤其是世界观还是资产阶级的，所以希望你多多帮助……

我不会使你失望，你也不要为我伤心，我是犯错误了，但我有决心改正它。队长这样教育我，你这样关心我，我会比别人转变得更快更好，请你看我的实际行动吧。

想念我那孩子的病，可曾见好？咱爸病怎样？咱妈病怎样？

×××（丈夫姓名）
一九七五年三月八日

（您看这信不是纯粹写给队长看的决心书吗？让我找阶级根源，我根本就是工人，出身也是工人，哪儿来的资产阶级的根源？我没犯罪愣叫我认罪，自己批，我那点文化水平，上纲上线也得有水平。现在想想那时也是没法，不让队长高兴点，他就不让你和家里人见面，这手儿我最受不了。不过您要细心瞧，有些话还是夹在那里边了，瞧出来了吗？）

××（妻子姓名）好：

党的第十次代表大会已经召开了，我们大家都在热烈的讨论学习，增强改造的信心。我通过学习，劲头更足了，坚信党的政策。请家中放心，我各方面都好，身体挺棒，就是见老，一百三十六斤，吃得很好也很多。

（我也只能这么说，要不他们就更放不下心了。在我们那儿呀，有句俏皮话，叫"长吃菠菜，老吃韭菜，一年到头吃饺子"。懂吗？菠菜长了的时候、韭菜老了的时候，没人吃啦，卖不出去啦，才轮到我们吃；一年到年三十才吃一顿饺子，干了一年，干到头了才吃一顿，哈……天天吃窝头，可这能叫家里知道吗？有一回十月一日，我们这儿开斋，吃了一顿炖肉，每人这么大点儿一块。这么长时间没吃着肉，按理该馋疯了，没想一看见肉犯起恶心来，大吐。那时候傻不叽叽的，还不知道这是得肝炎了。)

  我精神比过去开阔多了，胡思乱想也少了，请家里放心。
  近来你身体、精神、工作怎样？我非常关心你的生活情况，现在知道的越来越少，好几个月没收到你的来信了，有些东西脑子里连个概念都没有了，我的家现在是个什么样子，有谁能告诉我？我算着时间（出去的时间）也快了。

×××（丈夫姓名）
一九七四年十月九日

妻子：记得他刚进家时，我像在做梦，因为我总梦见他回家的情景。真的一回来，反倒像做梦了。我们还是住临建的破棚子，站不直身的小窝棚，但我心里温暖极了，因为这里真正住了一家人了。

  和他重逢后的第一夜，我们几乎没说话，对脸瞧着。我忽然觉得我年轻了，又重新回到十年前的样子。我不敢轻易问他狱中的生活，怕他伤心，也怕自己经受不起，我们的精神都太脆弱了，再经不起任何折磨。我看着他睡了，我想起这三千六百个夜生活，只有星星和月亮跟我做伴，无依无靠，眼泪就流出来。

  本想丈夫出来我就有依靠了，没想到他比我还不行，经不起风吹草动。他每天拿大棉被裹着身子，坐在炕上，一动不动，一坐就是一整天，连坐好几天人都没缓过劲儿来。和我也不说话，眼神愣愣的。从前是那么爱说爱逗的人，大概在监狱里整的。我们地震棚本来就不点儿大的小窗子，他还嫌大，用报纸贴上大半个，只透一点光，这样他舒服；他怕光，怕声音，怕外边的一点点动静；人也瘦得像草棍了，好像风一吹就能吹跑似的。

还说他每次来信，我都翻来覆去看好多遍，明知是写给队长看的，但这是他亲笔写的。我当时根本没人说话，看他的信就像是和亲人说话了。我也给他写了好多信，可惜出狱时全部销毁，不让带出来一张纸片，全烧啦。

丈夫：她那些信写得比我写得好多啦。她好看书，不似我。那些信要现在全留下来就好了。不过我这些信从未给我儿子瞧见，没嘛好作用。我也不爱想这堆子事了，吃不消，不愿勾心事。另一方面，孩子知道了心里会有压力。我愿意他上进，靠拢组织，也怕他知道这些种下复仇的种子，生出些乱七八糟不健康的想法，害了他。反正我们这十年很少再提它，就当没那回事算了。

妻子：其实哪能啊！他这十年变多了，现在变回来一些，还是不太多说话，总不大合群，喜欢孤独。要不是跟您，跟别人不这么说，从来没这么说过。这回倒像"文革"前那样了。那十年中，我们很少交流，接见一个月只有十五分钟，那么多人，有人看管，什么也说不了，信又不能写什么，只有那两个月的共同生活。他一回来，我觉着都陌生了，不光是人的外表变样了，整个精神全变了，变化太大了，人全傻了，傻子一样。刚回来那阵子，全不对了，特别迟钝，感觉全不对了。

你说我那小冬，现在大了，上高中了，可有点性格孤僻，向例不爱跟其他小孩一块儿玩，和别的孩子完全不一样。我们院大娘总说，你们小冬小时够可怜的，我还记得他渴了吃墩布上的冰柱子呢。那会儿发工资吃顿捞面，买两毛钱的肉，就把孩子美得要命。他倒是听话，懂事。可打小就不愿跟人家玩儿，怕人家问他爸爸在哪儿工作，也怕知道事儿的小孩和他吵起架来，说他这个短儿。现在小孩过的是什么日子。他身体也不好啊，营养不良，十岁了还尿炕，身体亏，提不住气，所以等他爸爸回来退钱以后，他总带孩子去吃好东西，想把那十年补回来给孩子。

丈夫：到后来落实的时候，补发了我四千块钱工资，给四千，判我十年刑，你他妈给四百万我也不干，谁愿意无缘无故在里边儿蹲十年？进去时说实在的是正当年的小伙子，出来我成了半大老头儿，落了一身病不说，精神上受多大影响。现在有些个个体户，一天就能挣一千块钱，难道说我这十年就值他们四天？再说，害我们的那些人现在还都过得好好的，一个一个还都人模狗样的。我耽误十年，比他们工资少三级，总也赶不上去，你说我能不气、不冤吗？我心里那个气就别提了，有时气得直"卷"大街。他们欺侮我们时不讲法律，现在又讲了，他们倒没事人儿了。我告诉您，我的苦受够了，也该报复报复了，让他们也尝尝受苦的滋味儿。我在监狱那前儿，就想过要报复。好家伙儿的，用反革命名义把我关进去，想让我老婆和我离婚；她不肯，就硬不叫我出去。我在监狱就想过各种办法，咱也不急，常言道："君子报仇，十年不晚。"我先熬出这十年再说！

刚才不是说到报复吗？我来这手，不跟他们拼硬，我要折磨折磨他们的精神。当时整我的，打我的，暗算我的，我心里都有点数，到底十年了嘛。我一补发工资，就在和平餐厅摆了两桌，我挨个请，我也会说，我说："咱把仇恨记在'四人帮'身上，向前看；你们是害了我，也是受害者，我老×心胸宽广，只当没那些事，既往不咎嘛。咱们呢，低头不见还抬头见呢，不能总别扭着，还是好朋友，对？该干吗就干吗，今后一块儿好好工作。"结果，您猜怎么着，他们真一个没来，不敢来，越不来你越知道他心里有鬼。我是正大光明的，我怕嘛。我当时想，他们真来的话，我也免不了来点二愣子话，结果一个没来。后来我们书记总到家里来找我，也怕我报复，总哄我。说帮我落实房子，说让我有嘛事找他解决；另一方面还暗示我，话都说到这份儿上了："今后只要你不找我们麻烦，我们保证不找你的麻烦。"我想你来这套呀，我就说，把从我家抄走的书桌拿来，这桌子正厂长在用，我也不管你多大官在用，我马上要他给我腾。我非得栽你一下不可，当时抄我家时也没预先通知过啊；还有卫生室那个茶几也是我家的，拿回来。他们要给我买新的，我不要，偏要我自己那个。我不要赔新的，就要我自己那个。我说："给我拉到当院，给我砸了。"他们就乖乖地给我抬出来，我"劈里啪啦"把它砸了。还有我们家那些被子，也全要来当着大伙儿撕了。我这也是出气，出气给他们看看。我老婆养孩子在光铺板上，一条被子也没有，现在这些被子拿来，我看着也有气，根本不打算往回拿。还有好多东西，他们早都贱价分了，这就没法了。

有些对头不敢待在这厂里，我一回厂，他们一个个全调走了，就是当初整过我的那些人。有一次，我碰到那个革委会主任，就在她新调去的那个单位门口，我"呸"地啐了一口，"卷"了她几句，骂她"操你妈的"，她不敢搭茬儿，她不敢，装没听见，心虚啦。我想故意刺激她一下，让她在单位门口蹦，出出她的丑，谁让她干那些缺德事呢。还有检举过我的那个哥们儿，我采取嘛法儿报复呢？我没事就往他家去串门，让他总揪着心。我一去，他们一家子都紧张，我没事还总去，跟他一块儿看电视，聊闲天。他特别客气，心里有愧，他大概怕我给茶里投点毒嘛的，坐立不安哪。有一次，我去找他借工具，他拉开箱子叫我随便拿。您知道干活有种三角刮刀吗？我拿了把刀，又问他有没有油石，就是磨那刀子的石头，我是成心的。他当时紧张极了，眉毛直跳，简直就认为一扭身我就会捅他一刀子似的。他就总这么紧张，要是精神上脆弱点啊，非得精神病不可。不过，一连两三年下来，他就挂相了，脸色不好看，人也瘦了，明摆着是给折腾的。还有几个打过我的，见我面能躲就躲，心虚啊！好家伙！给人家害下十年哪，能不心虚吗？不过还有些弟兄，对我还真不错，我逮进去以后，他们过年还偷着送我家里点白菜嘛的，我老婆、孩子有病，也去看看，照应照应。这些人咱永远不能忘，患难知人心嘛。

妻子：他不在的那些年，也就靠这些个朋友啦。不过他们也不敢啊，总是偷偷地，怕让人知道，这也算划不清界限。那些人也会找茬儿的。那会儿我只觉得我没有亲戚，所有亲戚全不见影儿了，想甩也甩不掉我们这家倒霉亲戚呢，又穷。等到粉碎"四人帮"以后，我们家没事了，退钱了，一下子好像亲戚全冒出来了，也不知打哪儿冒出来的，我对他们也客客气气，可感情一点也没了。不过我想这也是人之常情，那会儿谁不怕事呀，也难怪他们，我不记恨他们。

我想说，虽然那时我受了那么多苦，我不怨谁，怨也没用。就盼着像我们这样老老实实的老百姓可别再倒霉。老百姓没权没势,倒了霉没办法,只能受着。我自己现在挺满足了,人没死,一家人又团圆了,还有一个小孩,挺招人喜欢,我知足了。这么对待"文化大革命"行吗?

这十年毁灭不了的都能永恒。

笑的故事

1968年·30岁·男 \ F省S市某外贸公司干部

头一个发现他是个不会笑的政工干部——一顶宁静的小帐篷——"忆怪事"时被"忆"出来——面对毛主席像的表情像哭——工宣队土法上马——一个不会笑的人成了笑料——突然间竟然大笑不止

  这个千载难逢的好故事，本来是我自己想把它写成小说的。特别是昨天晚上发生了一个奇妙的情节，它自我就完成为一部绝对精彩的荒诞剧。可惜我不能写！一是因为这故事的主人公是我亲戚，二是这故事完全不用虚构，照原样写出来就足能把贝克特、尤涅斯库那些荒诞派大师们气死。我一想你的"一百个人"里肯定没这种典型，送给你吧！你这家伙，好运气总是自个儿去找你，而我总是到手又飞了，没办法！但你必须答应——事后还给我一个好故事怎么样？咱可谈妥了，君子协定？啊哈，当然我不要你还，我是因为你那"一百个人"里不能没这个典型，才拱手相让，白送给你的。我来讲——

一

我相信一个心理学家的说法：人的喜怒哀乐中，以笑的表情最多。

哀与怒，反应到人脸上，只不过有限的几样，可是人笑的表情就无穷无尽。你闭上眼好好琢磨琢磨人的各种笑吧，多丰富！比方大笑、微笑、傻笑、憨笑、狂笑、疯笑、阴笑、暗笑、嘲笑、讥笑、窃笑、痴笑、冷笑、苦笑……哄笑、假笑、奸笑、调笑、淫笑等等，还有含情的笑、会心的笑、腼腆的笑、敷衍的笑、献媚的笑、尴尬的笑、轻蔑的笑、心酸的笑、宽解的笑、勉强的笑、无可奈何的笑……对，还有皮笑肉不笑、止不住的笑或仅仅笑一笑，还有另外一类的笑——含泪的笑、哭笑不得、似笑非笑——仿效第八代评论家擅长模拟最新学科术语的方式来说，这属于"边缘的笑"、"交叉的笑"或叫做"包容多种内心机制的笑"。瞧，你也笑了，又是一种笑——蔫损的笑！

当今工具书热，单是各种笑足足可以编写厚厚一大本《笑的词典》，供给心理学家、精神病医生以及官场里察言观色和初学写作者挑选词汇使用。人这样会笑，富有笑，可是我姐夫居然一样儿也不会。这怪人，他不会笑！

头一个发现的是天才，这天才绝不是我姐姐。我姐姐是中学教数学的，她只对等号两边的数字最敏感，对人稀里糊涂，不然也不会二十六七岁才谈恋爱。我？不，你错了。在中国，对人敏感的并不是作家，而是政工干部。头一个发现我姐夫不会笑的是我姐姐学校的政工干部小魏。当他把这个天才发现告诉我那糊涂姐姐时，我姐姐竟然说：

"你只在我家见过他一面，可我认识他快一年了怎么没看出来。要说他人呆板，不爱说，倒对。说他不会笑，胡说！人怎么能不会笑？"

那时，我姐姐正爱他爱得发狂，天天一下班两人就粘到一块儿。那些搞数理化的人，理性思维的人，一旦堕入情网，比咱们更海阔天空、神魂颠倒。我对爱情有个解释：爱情既然是爱自己所爱的，实际上都是爱自己。对方都带着自己假想或梦想的色彩，把自己的笑当做对方的笑，将自己的感情放在对方身上来感动自己，对吧？要不那么多人为爱而殉情？它一完，自己也完了呗。所以我又认为初恋是人生中唯一的一段精神失常期，进入一种幻觉状态。小魏的话好像伸出根手指头把我姐姐从幻觉中捅醒。她认真一想，居然想不出他笑是副什么样子！她就决定试试自己的恋人是否当真不会笑。赶巧那天是我姐夫生日，他属猪。我姐姐还真有办法，跑到商店挑选了一只滑稽透顶的小肥猪，屁股上有个笛儿，一捏"吱吱"叫。她用彩纸包好，揣在衣兜里，当晚两人约好在海天门公园会面。她领他走到一盏葵花灯下，为了能看清楚他的脸。她说："我想送你一件特别的礼物。"说完紧盯着他的脸，心想他照理应该露出风趣的或者好奇的微笑，反问她："你要送我一个什么好宝贝？"

他确实也是这样说了，但我姐姐头次发现这家伙的脸皮就像结冰的河面，没一丝笑的微波漾动。太可怕了！难道他真不会笑？这还需要进一步证实、鉴定。

我姐姐沉住气，从衣兜里掏出礼物，还尽量装得挺高兴，说："给你，自己打开看吧！"

如果这家伙看见小肥猪再不笑，完了！世界上一副最不可思议的面孔就叫我姐姐拿命运撞上了。

后来我姐姐告诉我，当时她的心提到嗓子眼儿，好像他打开那包里装的是颗定时炸弹。难以想象的事终于出现了——这家伙剥开那美丽的花纸时，神气好比在拆一个陌生人寄来的信封。小肥猪露出来，他用手一捏，"吱"地一叫，任何人都会被这玩意儿逗得大笑，但这家伙只是连连说："嘿嘿，嘿嘿，太逗人了，逗极了。"那张死脸就像两扇关得严严的门，一动不动，门上还挂把大锁，贴封条，千真万确——是表情的残疾人！

我姐姐回家后大哭一场，把我们全家都吓坏了，以为她出了什么事，她一说，我们全蒙了，想劝她都不知该怎么劝。我不信他真不会笑，后来见面一试，果然真不笑。逢到特别该笑的时候，他只是咧咧嘴，"嘿嘿嘿……"像笑声，但嘴角绝没有半点笑意，脸上的肉像冻肉。

那段时间，姐姐很少见他，大概怕见他，怕他不笑。偶尔他来，姐姐不拿眼瞧他，局面挺僵。我为了缓和气氛，禁不住说几句笑话，我注意到，此时姐姐却又不甘心地瞥他一眼，巴望那张死脸上露出哪怕一丝一毫的笑来，但每一眼都是一次打击。我想劝姐姐算了吧，这样下去会犯神经过敏，再说和这怪家伙生活一辈子太没劲了。整天面对着一张"阶级斗争脸"，生活中一切欢乐都没反应。两个人之间"意会"的事多半都是用笑表达。笑是最好的呼应，笑还是生活中的一种溶解剂，人和人沟通的最便当的渠道……可没等我把这些见解告诉她，却发现她竟然离不开他，这事儿就麻烦了！

我姐夫人很实在——这是没说的了。大学念经济，在学校是绝对的尖子；他的英语，照我的话说，比中国话说得好。做事极认真，守信用，尤其遵守时间，又爱干净。虽然只有两件衬衫，什么时候看都像新的，补丁在他身上像装饰，这些都是我姐姐从骨子里喜欢的。

他是个孤儿，孤儿的感情世界好比一块荒地。上大学时赶上一九五七年的"鸣放"，据说他惹点麻烦，但那时政治决定人的一切，哪个姑娘肯沾他——这块地又碱了。要不是因为他出身没问题，绝不会分配到外贸公司工作。他是到我姐姐的学校教英语补习班时，无意中和我姐姐碰上的，两人之间一下就爱上了。这爱就好比一颗种子落到他这块光秃秃、遭殃的大碱地里，他便把所有的劲儿都使出来。他对我姐姐的感情好像是种感激报答的激情；我姐姐在这家伙身上得到的便是双倍的爱，双倍的关心和体贴。我从他俩的关系上还发现原来女人比男人更需要体贴。有一次，两人约好去看话剧，说好在剧场里见。吃晚饭时忽然刮风下雪，有人敲门，他来了。我姐姐说："不是说好都到剧场去吗？你怎么来了？"他脸上没表情，嘴在说："别忘了戴口罩。"我看见姐姐回屋翻抽屉拿口罩时，脸上有种幸福的微笑。女人要的就是这个！

我姐姐发现他不会笑之后，几次想和他分手，但每次下了决心，不出三天就坐不住了，鬼使神差地打电话找他，约他。当两个人下狠心也离不开时，那就必有真正的爱情存在。于是我改了主意，想撮合他们了。我悄悄问那家伙："我怎么很少见你笑呢？"我问得很巧妙。

不料他惊奇地一扬眼皮，没笑，却说："嘿嘿，你问得真有趣。"看来他并不觉得自己不会笑。既然这不是种病态，他身上就什么也不缺少。

一天，我看书——是哪本书，我忘了，书中有句关于爱情的话："不要看他的脸，要学会看他的心。"

我就把这页打开着，放在我姐姐桌上，等她看。第二天，我姐姐上班去，我再看，在这句话后边，姐姐用铅笔写了三个字："谢谢你！"我知道姐姐这三个字是写给作者的，也是写给我的，从此这场别扭就在他们之间不知不觉渐渐消失。后来他们结了婚，姐姐搬到他家，又有了孩子。有时我去她家串门，并不觉得我姐夫那张不动声色的脸使他们的生活缺少什么。不笑，自然也没有假笑；他为她做了什么好事，她对他报以感激的微笑时，他那张没有任何反应的脸反倒好像表示这一切都是他理所当然该做的。有时我姐夫和他们心爱的儿子在床上翻滚打闹，弄得小家伙哈哈笑得喘不过气来，我姐夫的表情却依然严肃得像个摔跤运动员。我发现姐姐在一旁笑眯眯看着，仿佛听到这怪家伙心里开心的笑声……一个能体会别人内心的人是幸福的。我姐夫这张无言的脸就像一顶宁静的小帐篷，我姐姐就躲在这小帐篷下，和他一同享受着人间的一切温馨。

听到这里，你肯定沉不住气了——我骗了你！哪儿来的荒诞，分明一个诗情画意的故事。别急，别急！人都是正常的，荒诞都是生活的强加。换句话说，荒诞是生活的本质。

二

我还相信一位哲人的说法：一样东西带给你幸福，你要警惕——它必然同时还带给你不幸。

一九六八年"文革"大揭发时,各单位不都在搞"忆、摆、查"吗?你还记得"忆"是什么意思吗?"忆"叫"忆怪事",就是发动所有人回忆平时遇到过什么值得怀疑的人和事,揭出来,好抓住线索,"深挖隐藏最深的反革命分子"。糨糊厂有个老工人平时跟人招呼,习惯将手斜举到额前,很像旧军官行见面礼的姿势,被人"忆"了出来,再经考察组调查,真的查出是一个隐瞒身份的伪满军官。这事被当做先进经验在全市传达,一时人们的精神头儿全提起来了,大忆怪事,掀起高潮,人人恨不得都能从自己床铺下面挖出颗炸弹。忽然一天,我姐夫单位有人给他贴了张大字报,题目是《他为什么从来不笑?》,祸找到头上来了!

这张大字报比一宗上百万美元的出口买卖更强烈震动了公司。全公司二百多人一同从记忆中搜寻我姐夫平时给他们的印象,果然没人见他笑过。专案组悄悄出动,查遍我姐夫的朋友和邻居,也没人能证明他笑过,问题就大了。后来他们专案组还来找我,我说:"我也没见过他笑,他在家里也从来不笑,可能不会笑吧!"专案组的人说:"你别包庇他,不会笑的除非是死人。我们调查了他孤儿院的老师,还有小学、中学、大学的同学,都说他会笑,笑过。我们有一堆证明材料!他不是不会笑,这里边有政治原因!"

我听了一怔。说实话,我并不怀疑专案组这些证明材料。一个人怎么可能不会笑?是不是反右对他的挫伤,使他性格变了?他这个人很内向,沉闷,从来不谈自己,更不谈自己的过去。

专案组以他一九五七年留在档案的右倾言论为根据,断言他不笑的根由是对新社会怀有刻骨仇恨。但他们必须有现实依据,才好把他定成反革命分子。可是从他日常的工作和言论中找不出新的问题,看来他真属于"隐蔽很深"的那种,便把他列为运动重点关在单位里,逼他交代思想,同时抄家。把他家里的私人信件、工作笔记,连同我姐姐的数学教案都搬去,派一批人从中查找。但他所有文字除去记事就是谈事,连一句谈感情甚至谈天气的话也没有,最后只好用压力挤他的口供。他呢,居然不承认自己不会笑。他们叫他笑,他还是我见过的那样，咧嘴，"嘿嘿"两声，根本不能叫做笑！一到批斗会上叫他笑，他就这样。他没笑，反而逗得大伙儿想笑，成滑稽剧了。眼看着运动搞不下去，专案组里有个机灵鬼儿，想出个挺绝的法子，问他："你对党和毛主席的感情怎么样？"他说："我从小是孤儿，党把我养大，从小学到大学都拿助学金，当然对党和毛主席充满感激之情。"那机灵鬼就指着墙上的毛主席像说：

"你对他老人家应该笑，还是应该哭？"

"当然应该笑了。"

"好。你笑吧！我们看看是真还是假的！"

我姐夫面对着毛主席像要笑，大概他自己也不知自己怎么笑的。听说他当时一咧嘴，牙花子都龇出来，硬堆在颧骨上的肉痉挛般地狂跳起来，扯得眉毛直抖。样子像很疼，很痛苦，又像吓唬人。专案组的人朝他喊起来："你就这样对待伟大领袖？这是笑吗？是哭！是刻骨仇恨！"罪证这就有了。现行反革命行为，批斗，批判，运动也就推向了高潮。人人义愤填膺，恨不得吃了他。

那一年多里，我姐姐成了反革命家属。我姐夫的单位还总去人到她学校，逼她揭发我姐夫。学校待她还不错，虽然尽量保护她，但她也饱尝了世态炎凉、人情淡薄的滋味，整天灰头灰脑，回家做饭都没心气儿。一次，我去看她，儿子问她："我爸爸为什么不笑，啊，妈妈？"她突然"啪"地给儿子一个耳光，然后娘俩全哭了。这是我见她第一次打她心爱的儿子。

等到落实政策时，我姐夫这案子成了难题。写材料的人说，单凭一个表情怎么好作为反革命罪证上报，又不能叫他再表演一次，拍张照片放进档案，又不是杀人现场的照片。过了半年多，上边派一支工宣队帮助他们公司搞政策落实。专案组就把我姐夫这案子作为"老大难"推给工宣队解决。

工人比干部有办法。琢磨个办法，土法上马。把我姐夫叫去，进门就叫他脱衣服，直脱得只剩一条三角裤衩，我姐夫以为要挨揍，吓坏了。谁知他们上来一个人，让我姐夫举起双手，像投降的姿势，然后拿根扫帚苗子，搔我姐夫的胳肢窝、脖子和脚心，只见我姐夫嘴一咧一咧，"嘿嘿"出声，胳膊腿乱摇乱蹬，叫着："不行了，我不行了，痒痒死了，痒痒……"可是他一点不笑。工宣队员把扫帚苗子一扔，说："专案组怎么搞的，这人哪是不笑，根本不会笑！"

经过这次鉴定，罪证被否，我姐夫就被平反、落实。由于不能否定前一段运动的成绩，结论是"事出有因，查无实据，按人民内部矛盾处理"。

政治上平反了，可是他又从"不笑的敌人"变为"不会笑的人"，成为全公司人好奇和注目的对象。每逢该笑的场合，总有一些人把目光抛向他，并不是巴望他笑，而是巴望他不笑，好证实他们身边确实存在着一个世所罕见的不笑的怪人。还有些年轻人搞些恶作剧，弄只死耗子放在他的抽屉里，或者突然朝他做个怪脸，好像不把他弄笑，永不死心。他们还背地给他起个绰号，叫他"死脸"，他也听到了。一个不笑的人，反成了人们的笑料。他依然不动声色，内心却变得十分敏感，时时觉得有人不客气地拿根针刺他，那张脸就更无表情，有时看上去像块冰冷的岩石。

一天，他忽然对我姐姐说："你能教我笑一笑吗？"

我姐姐流泪了，对他说："你就这样吧，我喜欢……"

从此我姐姐自己也很少有笑容了，大概她有意控制住自己的笑，怕引起姐夫的自卑。从我看来，一个没有笑容的家庭好像永远阴天。尽管他们仍旧相依相爱，但总感觉有种压抑感使他们的屋顶也矮了两尺。后来我还发现，只要到他们家串门，我自己也不会笑了。奇怪，我怎么也不笑了呢？有一次，我坐在他们家，桌上有个裂成两半的小镜子，我无意面对镜子想笑笑，一时竟然不知脸上的肌肉怎么动，嘴一咧，哟，我竟然和姐夫那神气一样。我吓了一跳，这真是不可思议

三

我更相信一位荒诞派剧作家的话 生活比荒诞的艺术更荒诞。

自从"文革"被历史一脚踢开，生活又换了一套新解释，包括对我姐夫的不笑。

领导们的能耐从过去表现在揪出多少人改为现在能赚多少钱。外贸公司的书记兼任起经理来，还要干个外向型"子公司"，搞引进、出口、合资和海外投资。子公司需要一名能干的人挂帅，原先那帮红人都过时了。多年搞运动，培养的人专长都只会搞运动。人到用时方恨少，于是想到了我姐夫。第一，他精通业务，第二，外语呱呱叫，跟外商交往得心应手。可是领导班子里有人提出异议，说他不会笑，怎么能接待好外商？谈生意准砸锅。但除了他再找不出更合适的人来，只好拿他将就一时。

我姐夫走马上任，没一年，天知道这公司怎么就叫他干得热火朝天。原来跟外商谈生意并不需要笑，需要本领。外商也不管你笑不笑，有生意可做就行了。

几年里，我姐夫已经俨然一个大老板。企业创汇相当于全公司的两倍，成了公司那帮头头向上卖好邀功的资本。我姐夫的名字经常出现在报纸头版上，被选为市人大代表，天天出入各大豪华宾馆和市领导的高宅深院。时不时出国一趟兜生意。还搬了家，住进一套三居室外带大客厅的公寓房，当今中国富裕家庭必备的器物应有尽有。姐姐经常穿着他从国外捎来的新款衣装，佩戴小首饰，高高兴兴去亲友家，因为他是个有钱大经理、有权的领导，领导就不能总笑，愈不笑，下边人愈要哄他笑。他像上帝一样活在人间，可是恐怕连上帝也不知道这个人怎样一下子如此显赫！

下边就要讲到昨天晚上发生的那件怪诞的事了——

昨天晚上，他和我姐姐、我外甥在客厅里看电视。二十四寸大屏幕上是两个人说相声，相声说得平平，并不特别可笑。可是忽然间他喉咙里"咕"地一声，就像母鸡下蛋前，受身体里什么东西惊动时那一声。跟着"咕、咕、咕"连着响起来，好似有东西在喉咙里憋着，很难受。我姐姐以为他得了急病，一看他脸还滑稽，随着"咕咕"响，两个嘴角像有根线往上扯，一挑一挑，脸上的肉乱扭，那双从没弯过的眼居然弯曲成一对打卷儿的小柳叶儿。

我那傻外甥一叫:"瞧爸爸多像唐老鸭!"

这话像引爆物,我姐夫像死火山一下子爆发了似的,大笑起来。他竟然笑了!而且不是以前那种怪样,而是真正开怀大笑!我姐姐说,当时他脸上的五官就像花开那样,所有花瓣都和谐地张开……真是不可思议。但这真的笑了,反而把我姐姐吓傻了,以为他疯了,问他到底出了什么事,我姐夫摇着手,笑得不能回答,而且只要他看电视上那两个相声演员一眼,笑就会加剧一阵,直笑得捂着肚子,眼泪、鼻涕流下来。我姐姐扶他上床,赶紧打电话给我,我赶去了,只见我姐夫蒙头裹着被子"咯咯"地笑,整个身子在抖,摇得床架子"嘎吱嘎吱"响,好像得了寒热病。我掀开被子看他,确实在笑,但枕头上洇湿了一片。

我问他:"你怎么了?难受吗?"

我姐夫一边咯咯笑,一边告我说:"我止不住了。"

我给他吃了两片镇静药才平静下来,呼呼大睡。今天早上,姐姐告我一个奇迹,他脸上竟然出现很自然的笑容。怪不怪,简直不可想象。你说这究竟是怎么回事?

连一个表情也不放过——它显示了"文革"的绝对权威。

我不是右派，是左派

1966年·43岁·男＼U市S县文教局留用人员

我就是不请他们吃饭——梁山大寨主——这边是共产党员，那边是右派——老子才不摘帽子呢——在房顶上的一段自白——写给中央的信全打回来了——我咋是唐·吉诃德

老子是右派？谁是左派？他们？他们都是共产党的败类，是丑类！老子才是堂堂正正的共产党员，你问问那些把我打成右派的败类去，敢不敢跟我嘴对嘴辩辩？现在不敢？哼，当年他们也没敢过！从根儿上说，我祖祖辈辈连一个中农也没出过，全是贫农，老子十二岁就当儿童团员，那时日本鬼子把长城脚下控制得密不透风，还在长城上修炮楼子，监视八路。我在儿童团岁数最小，常给八路军买东西、送东西。传鸡毛信、捎口信、站岗放哨，我全干过。往后又加入了八路军冀东十五分团，扛过枪，打过仗，我口音好，腔音高，在"长城剧社"当司仪，演过宣传戏，在八路军里学的文化。老子是干革命起

家的，把我这种人打成右派，你说是不是瞎了他们的狗眼了？！

为啥把我打成右派？他们结党营私、溜须拍马、损公肥己那套我看不惯！我顶他们！我解放初就在A县县委工作，是省委派我到S县一所中学当头儿。那时中央有《中学管理暂行规程》，中学归省委管，我当然不买县里那帮假共产党员的账！他们三天两头把亲友子女往我的学校里塞，都想不经过考试就插班上学，这不要乱了王法？有个区长，他兄弟十九岁，长得像条汉子，居然还报考中学，又托人在全县四千多份考卷里查他兄弟的考分，结果三门分数加起来也不够五十分。他非叫我要，我咋能要？一个小小区长就这么厉害，更甭说县里那帮土皇上。我他妈火了，对他说："你弟弟这成绩，人又超龄，老实在乡下干活儿吧！"气得他大红脸，一声没吭甩袖子就走了。这都是些什么东西！不正之风可不是现在才开始的。共产党打天下时这些东西显不出来，打完天下后全暴露出来了，咋办？我是共产党员，能由着他们胡作非为吗？县里、区里、乡里那些头头到我学校来，我就是不请吃饭，要吃自己到食堂里买去。八路军不吃人民小米，这规矩到共产主义也不能变，变了就不叫共产党。你当初咋骂的人家国民党的？咋得了天下也弄这套！我不能光说别人，自己一步两脚印，从来不拿学校一点点东西。逢到干活儿劳动，背砖、抬土、挖沟，我带头，背砖背得最多！那时年轻，能拼。再和老师们坐在一起，他们咋能不服气你？这学校原本只有两个班，硬叫我给成立个全专区的重点中学，一百二十个教职员工，我是校长兼书记，党政一把手。县委那些假共产党看得眼红了，变着法儿想插手；你要干正事，我叫你插，弄邪的，没门儿！来了就撞回去！我脾气不好，一顶就是重重一家伙，不给他们面子！给了一次，他们二次还会嬉皮笑脸再来。你想，他们咋不恨我？

一九五七年借着形势就把我弄到县里整我，说我是"梁山大寨主"，搞"独立王国"。当年扩建这学校时没老师，叫我自己去找，这些教师都是县教育科从各乡摸底上来的。好样的知识分子不多，破烂多。净是些少爷羔子，念过几年私塾，要不就是做过些伪事的，哪有历史特别清白的？太清白的也念不起书呀。这就说我是"敌、伪、党、团、特"的"黑头子"。想拿这些大帽子把我扣死。一下给我降了五级，从十七级降到二十二级，工资降下几十块钱，党内处分是留党察看。我咋能叫他们这群败类制服了呀，非要跟他们争争谁是真正的共产党员。再说老子是省委经地委派来的干部，凭啥由他们整治。官司打到地委，地委派工作组下来一查，好，老子没事。结论是："×××同志工作中虽有缺点，但不予处分，恢复工作和待遇。"

你想县委那帮假共产党哪肯轻易地放虎归山，对地委工作组阳奉阴违，等地委这些人一走，压住结论不落实。我人就给挂在县文教局，没等我再闹，反右开始，他们又得手了。在县里开文教系统大会，把我们学校很多人都叫来，每人必须揭发我十条罪状才准离开会场。一家伙就几百条罪！等他们把这些罪状梳好辫子跟我在大会上见面时，我火了，骂他们："你们都是歪嘴子，捏造，一条罪状也不能成立。要说罪，你们整我这共产党员才是有罪，反革命罪！"

他们把我撵出会场。怕我在县里打不成右派，就派我下乡组织生产，还叫老子当工作组组长。今天派到这儿深翻土地，明天到那儿灭蝗，修水库，修路，抢收。无论在哪儿都是干革命，老子都是好样儿的，防汛堵口子时我带头第一个往水里跳，差点叫洪水卷走。但我有一条，在任何地方干完了，都叫当地党组织给我写一份鉴定。我相信组织，按组织原则办事。这期间我两次被评为模范，还有一次被评为优秀党员，这是按优秀党员八项标准评上的。看吧，看谁是真正的共产党！这是实打实的，哈哈哈哈。

可就在这时，他们已经把我捏造成右派了，是在万人大会上宣布的。开会那天，所有被定成右派的都非去不可，唯独不叫我去，说怕我一去把会场闹乱，你说他们兴这么干吗？我在这边是优秀党员，在那边是右派，我是一个人还是两个人？

事后他们来人了，叫我回县文教局。对我宣布右派结论，叫我签字，履行手续。县委没出头，怕我骂他们，是由文教局人事部门的小干部们宣布。我进屋数一数这天被宣布的人，除去我，还有十五个。

一个小小县文教局就有十六个右派！那些人都灰头灰脸，耷拉着脑袋。我昂首挺胸不在乎，吓得这帮龟孙子不敢先宣布我，怕我闹，把我留在最后一个宣布的。我一听说我"右派"两字就火了，还说开除了我的党籍，什么？娘的！我猛地一拍桌子，桌上的水碗、墨水瓶、钢笔都蹦起来。

我大叫："无效！要真的这样，共产党就不叫玩意儿了。那就用不着你们开除，老子加入都不加入！"

这群王八蛋！不吭声，指指"结论"那张纸，叫我在上边签字，我一把就撕了，骂他们："老子当年当教育科长时就管你们！你们现在一手翻天，想治死老子，滚蛋！丑类！"他们被我骂得脸没处挂了，还想打我。我伸出手给他们看，我说："你们看见没有，我两手都是横纹，自古以来，两手有横纹的，打死人不偿命。谁不知道我手黑？日本鬼子反动派，老子全打过！镇反时老子是专区审判小组的，几个人一定反革命就崩了他，老子有枪也敢崩你们！打我右派，你们敢叫中央知道吗？"吓得他们尿了，哈哈哈哈。

我从来就没认过这右派。他们也不敢当面说我右派，但右派是定了，工资再降下四级，三十一块钱了。可我知道自己是怎么回事，不发工资，老子也是堂堂正正的共产党员。开除党籍？不算，除非中央说话！那时我只要见到县委书记，就嘴对嘴跟他干，吓得他不敢跟我说话，一碰面就躲开。地委也没办法，就把我调到另一个县的中学当劳动教员，我在那儿干得不错。这学校的党支书是毕业军人，见我不是右派那样人，冤枉了，一九六一年给右派摘帽时，他提出给我摘帽。我说："谁干的，谁自己来解决。你别管！摘帽右派还是右派，不过多两字，一摘我反而就等于承认自己是右派了。我不是右派，我是左派！"

我手没闲着，写了无数申诉信寄到省委和中央，中央忙，未必能有时间看我的信，我就不停地写，不停地寄。早晚中央知道了就会过问我这事，不会不管我。我相信中央政策是好的，俗话说，经是好的，都叫下边歪嘴的和尚念坏了。

"文革"一来抓走资派。说实话，我想毛主席肯定知道下边干部这些问题了,确实应该教育教育干部,清除那些变质的假共产党员了。中央英明,这是发动群众,想把党搞好。后来"文革"闹大了,我一直认为又是下边那帮人搞的,搞乱了好浑水摸鱼,保护自己,打击好人。从心里我没有反对和抵触过"文化大革命",中央发动的就不会有错。

当时北京传来消息斗黑帮,学校的书记、校长、教师尖子都被弄进牛棚。我这个名牌右派当然也进牛棚,叫我做黑帮大队长,带领这些人学习、干活儿。有一次,学生们把我们弄到县里的集市上批斗。被斗的人一个个拉上屋顶,在房上斗,交代问题,群众在下边喊口号,他们把我也弄上房,叫我认罪,我想这正是我说话的机会,我对群众开口说道:"我是××地方人,贫农出身。你们由这儿打个电话到我的村子,就能问出我的根底。共产党不是讲阶级路线吗?咋不斗争地主、富农,斗我这个贫农呢?这是第一条。第二条,我是共产党员、共青团员,咋不斗国民党反动派,斗我呢?第三条,我当年是儿童团、八路军,打过日本鬼子、反动派,枪毙过反革命,咋对革命有功的人被批斗呢?我有缺点错误,可我受过表扬,玩命干活儿,斗我有啥好玩呀!我爱护学校,现在这么乱,有人偷学校东西,偷凳子、铺板啥的,我就跟他们抢,保护国家财产,咋还斗我呢?"

我有理,一讲,下边的人立时就泄劲儿了,学生们便胡乱喊些口号造出气氛,把我弄下房来。

事后学生们对我说:"我们知道你根子红,这些人里数你最好,出身历史最过硬,要不咋能叫你当黑帮头儿呢?!"

哈哈哈哈,是啊。我说:"我知道现在正在'文革',《十六条》里明文规定,历史问题运动后期解决,我耐心等着吧!"

可没多久,上边说有问题的都遣送回老家,多半又是那些人使坏怕我闹吧!我临走时说:"我的材料请你们保存起来,两三年后我还会回来解决。"

谁知他们嘿嘿笑,奚落我说:"回来个屁!哪儿还有你的天下,别说梦话了!"

我说:"我是共产党员,这天下是共产党的!"

他们说："美的你，共产党早不要你了，滚吧！"

真是翻天了，这群王八蛋！

我就被遣送到长城脚下，回我的老家。在老家，乡亲们对我都知根知底，谁不知我家祖祖辈辈贫农，是小八路，又是老八路，没人逗我玩儿。我在家干活儿呗！庄稼活儿也是干革命，我天天出工，没偷过懒儿，还是一步两脚印，一年里出三百多工。我一直保存着刘少奇写的《论共产党员的修养》，晚上偷偷拿出来看，这本书是我的精神支柱。有些人说"文革"中遭陷害怎么痛苦，干啥痛苦？你是不是真正的党员？掉脑袋都不怕，怕啥诬陷？可我心里堵块石头，气出不来。我必须叫中央知道下边这些事，一直没断了给中央写信，可还是见不到回信。一天，公社书记把我叫去，他一拉抽屉，我怔住了，满抽屉都是我写给中央的信。

我急了，说："我必须叫中央知道下面的情况呀，你咋都扣起来呢？！"

公社书记说："咋是我扣的，是上边打回来的。信上还写着要我们组织群众批斗你呢！这叫我咋办呀！大哥啊，你听我一句吧，别再写这信了。"

我泄气了，可还是不服。不信共产党天下变成这样了，我不信！就是天下变，我这个党员也不能变。再说中国上上下下还有那么多好党员，党的事业就得靠好党员支撑着。我挺得住，还得斗争。

为了我这个信念，个人牺牲真是太大了。我老婆没随我回老家，带着一个闺女在T市里当语文教师，背着右派家属的黑锅受的那些委屈就别说了。我那丫头是好样儿的，中学毕业后分配到砖厂摔坯子，冬天累出的汗把棉袄都湿透了，等于劳改。可她居然当上了团支书，如果她爹不是右派，她政治上不是更红？我一个儿子好打乒乓球，在宣化跟日本名将荻村赛过一场，荻村说他很有前途，解放军队得信儿去要他，一查我是右派犯嘀咕了，说只要我摘了右派帽子就调他去。公社书记找我，说他给我摘帽子，别耽误了孩子。我偏不摘，一摘咱就等于认输了。我儿子一直没调成，我知道他恨我。大地震时，我老婆被砸死了，我赶回家亲手把她埋在院子里的，她到死还是蒙着我这个右派的阴影，我知道她心里一直怨怪我，她没说过，但我心里明白。我是两面受委屈，为了啥，还不是为了给共产党争这个理吗？再没这个理，共产党不就真完了吗？

直到一九七八年，我才平反。我跑回到原先那个县里，一见当年给我捏造的那厚厚一本罪行材料，上去抢过来"刷刷"把它撕得粉碎。我对他们说："我要是有权，一准把你们这些败类全开除出党！"

他们干瞪眼，没话讲。二十年一场官司了结了。嘿，老子对了！党籍也恢复了。一说这党籍，我还有气。我一九四九年入党，一九五八年开除党籍，一九七八年恢复党籍，现在是一九八九年。整整四十年党龄，可我人在党外边却整整一半时间，二十年！咋能不气？反右时我说过一句过头话吗？贴这一张大字报吗？论成分，论革命历史，论革命工作，论人品党性，哪一样能找出根据打我右派？要说我这双手，可以说沾满反革命的鲜血；要说左、中、右，只能说我有点"左"呢！上边的话我不但字字照办，还都做得过一点，忠诚啊！把我打成右派，便宜谁了？

有人说你这老头子真行，居然顶了二十年不低头。哈哈哈哈！我凭啥低头，我是替共产党争真假，分黑白，不能叫那些假共产党把江山改变颜色！现在不是讲反思吗？我反思，下边的干部政治素质问题严重，以权谋私，你说没权咋搞不正之风？这就不择手段地争权。过去打天下是和反动派夺权，现在跟自己人夺权。中央的政策到他们手里全变了，变出好处往自己口袋里装。你反对他，他就想法把你钉在棺材里。真凶呀！这么多年，我顶，顶到今天，并不是为自己，今天自己的问题虽然解决了，他娘的那帮人不正之风搞得更凶了，叫你看得睁不开眼，你说咋办呀！我说应该全国到处设绞架，凡是祸国殃民、给党抹黑的，就除了他。我这当然是气话。孩子说我这是极"左"。我还说，我要给中央写信，重印《论共产党员的修养》，每个干部发一本，不符合要求就开除，鲜桃不要烂的。我孩子又说算了吧，你这套过时了，行不通了。我问你们说咋办？他们说你就傻乎乎当你的左派吧，早在二十年前你就是唐·吉诃德了。啥？啥叫唐·吉诃德？一个串门来的老教师听我问,找来这本书叫我一看,把我肺都气炸了,娘的我还是不服。

月亮发光是为了证实太阳的存在。

失踪的少女

1974年·20岁·女 \ S省T地区插队青年

被大雨困在泰山上——一个女孩子突然跪在面前——她把命运压在我手上——一人一根"发烟卷"——她和他走时中间隔着两三尺距离——北京西直门草打厂根本没有这个——新疆业务员——一幅无济于事、自我安慰的画

我先说,我得给你的工作来点"突破"。我要讲的不是自己的故事,是别人的,可这是我亲身经历的。咱别生拉硬扯,非说这就算我的经历。其实在"文革"中,我自己真的受过不少苦不少罪,有一次我差点疯了。倒不是因为我怕说了受不了才不说,我这个人心里呀,往往碰到别人的苦难比我自己的记得还清楚,尤其这一桩。这人——我想你再有本事,中国这么大,十亿人,你未必还能找到她。我认真寻找过,但没找到……我说这事行吗?行,那好,我说。

一九七四年吧,那时我在一个工艺美术学校教绘画。那年春天,挺凉的呢,要外出给学生们上写生课。我和另外一个老师负责。那老

师教花卉，我教山水。他带着学生们先去菏泽，牡丹之乡呀，在山东。春天牡丹正开花。他先带学生去那里，画完牡丹，再去泰山，由我接着教山水写生。他们走后，我就自个儿上泰山等他们。我住在中天门的一家小旅馆里，风景当然挺棒呀，上边险峻，下边幽深，往西边还可以山前山后转来转去，可不巧赶上了下雨，春雨没有利索的，下起来没完没了。我只好隔着窗子天天画雨景，一边等学生们，可怎么也等不来。我听说菏泽那边雨更大。照理说牡丹遭雨一打，全败了。怎么他们还不来呢？是不是返回去了？山上没电话，写信一个往返不知要多少天，还得托挑山工把信捎下去，有了回信再捎上来，那可就没准儿了。我算给困在山上了。过了几天，雨不但不停，还愈下愈大，可是景儿就出来了。满山全是泉水声，瀑布也有了，这在春天是很少见到的，先不说这太美的事情了，因为这个故事本身挺惨。

我在山上被困了整整十天。第十一天，云彩开了，见到了蓝天，我赶紧下山。如果不赶紧走，再来场大雨就够呛了。我身上没剩多少钱，必须赶紧走。等我到了山下边，天竟全晴了。我就到泰安车站买了票，车是下午三点的。我随便吃点东西，在车站外找个太阳地歇歇。连日下雨，候车室里又阴又潮，待不住。我找到一面大墙的墙根，搬块石头坐下来。太阳一晒挺舒服。旁边还蹲着几个等车的人，有的拿棉大衣一裹打盹，有的打扑克，不知都是等哪趟车的。还有个卖烟的老头儿摆个小摊，挺静。春天倒是干净，没有苍蝇跟你捣乱。抬眼瞧，正对着泰山，起起伏伏，挺有气势，好像大地掀起的波浪。闲着也没事，我刚要支起板子画一画，就觉得一个人朝我走来。

下意识抬起头一看，是个女孩子，穿得挺破，头发很乱，额前的头发把上半张脸盖住根本看不见，何况她又是低着头。她一直走到我面前，看来是直奔我来的，我还没弄清怎么回事，她"扑通"一下就给我跪下了。我蒙了，你想我能不怔吗。她干吗给我跪下？我说："你、你这是怎么回事呀？"她不说话，也不动地儿，跪在那儿。旁边那个披大棉袄的，看样子像个复员军人，还有那几个打扑克的，卖烟的，全都怔住了，然后围过来。我说："这姑娘，你是不是有难处？是吧？"

此话一说,女孩子的头还是没抬,可泪珠子下来了,像下雨的雨点落在地上,很快"噼里啪啦"全是泪滴,一片。但她没哭声,好像是憋在嗓子下边,发出"咕噜咕噜"的声音。我可有点受不了这场面,急着说:"这姑娘,你到底怎么回事?是不是没钱了?我可以给你,我的车票已经买完啦,剩下的钱全都可以给你。怎么,你说话呀!你需要什么我可以帮助你。"旁边的复员军人开口了,说:"这姑娘,人家问你话呢,你别光哭行不行。你有难处,我也可以帮你。你的难处未必是我们的难处,你痛痛快快告我们成不成?你不信我们能给你解决问题?"一听这复员军人的口音,一听他说话的口气,就知道是山东这边人,一股子义气劲儿,梁山英雄那劲儿,叫人一听心里就发热。另外那几个人也都安慰她,叫她快说。女孩子把脸一扬,挺清秀的一张脸,挂着泪珠,像叫急雨淋上去的。脸上没一点血色,眼圈是黑的,一看就是熬得够劲儿,一副受难的样子。

她说了,说得很简单,字字句句都像枪子儿打在我心上。

她说她是济南人。出身不好,打小就没了父亲,母亲守寡带着她,但都受了父亲牵连。母亲偏偏太直,为死了的父亲辩护几句话,被关起来。家里的亲戚朋友没人敢沾她,她就自己过日子。她没收入,靠卖家里的东西过日子。一个家叫她快卖空了。她不懂价钱,受了不少骗。直到上山下乡就报名,被分配到泰安这地方的山区里。后来母亲死在牢里,也不准她回去见一面。单位处理了结后给一张通知单就算完了。感情上虽不叫她和家里连着,政治上却把她和家里拴在一起。

她说:"当地那些人和一块儿下乡的人都欺侮我。大队拿我当四类分子看。我有慢性肾盂肾炎,犯起病站都站不住,大队偏不派我轻活儿。在农村能干活儿还好一点。我常没的吃,找人借粮借不来,借了也没法还。我实在没法活了,就跑出来。刚跑出来时觉得自己自由,可跑着跑着才知道自己根本没地方去。回济南吧,没人肯收下我。要是返回农村去,大队他们肯定不会饶我,起码打个'革命的逃兵',今后更没好。我在车站上碰到一个人,他是个业务员,新疆来的,他说他是北京人,现在父母还都在北京。这人三十多岁。他说他是从北京支边到新疆的，没娶老婆。他看我可怜，说可以带我去新疆，但必须嫁给他。他今天就返回新疆，我要是同意，他就带我走；要是不同意，他就自己走了。我没主意，请你们给我做主，我该怎么办？"

我完全蒙住了，一个女孩子怎么可能把终身大事随随便便交给一个陌生人做主。可是那时候，就这情况。细一想，她无亲无故，没来路也无去路，走投无路。她又没社会经验，找谁去商量？她肯定是看我的外表像个有点头脑、有点文化的人，选中了我替她决断。这就叫我非常为难了，这是关乎她一生是否幸福的选择，我的一句话也许就要把她推向一条生路，或者是一条绝路。我一向以为自己有点主意，我的朋友们遇到难处，都喜欢听我的分析和判断，但我头一次感到自己无能。我扭头看看那复员军人，意思是向他求援，可是他的眼睛正看我，也是一对问号。看来他那股侠义劲儿也使不上了，我又不能不说话，可是她把她的命运压在我手上了，这分量实在太重。

我拿不定主意，半天说不出话来。女孩子直怔怔瞧着我，好像非我不成，好像无论我怎么说她都会去做。再想一想，那个新疆的业务员要是走了，她怎么办？她活一天，就得有地方睡，就得一天三餐。现在要饭都没地方要去，到处搞阶级斗争，不知你底细谁敢把东西给你吃？摆在面前的既是她的前途和命运，又是极现实的问题呀！

我一急，来了灵感，对她说："你把那新疆的业务员叫来，我们看看他再说行吗？"

复员军人看我一眼，好像称赞我这办法。女孩子一听，脸仿佛都亮了，马上点头答应，去了。我、复员军人，还有那几个打扑克的，都蹲在一块儿，等那新疆业务员来。我们说好，他来了，咱就好好盘问他，别客气，别叫这姑娘不明不白地毁了。

不一会儿，那女孩子就领来一个男人。这人和那女孩子差不离高，腿挺短，有点罗圈，上边一件蓝布大棉袄，提着个黑人造革的手提包，皮肤被风吹日晒得又粗又黑，眼珠很大，很精明，一看就是业务员，没错。他说他三十多岁，我看起码四十二三。还没等我们站起身，他就蹲在对面，打上衣口袋摸出一盒"墨菊牌"烟卷，飞快地抽出一根给我，又拿出几根，一人一根扔过去。这在业务员那行叫"发烟卷"。我们刚要谢绝，他龇着牙笑道："烟酒不分家。"凭我的观察力，他是业务员丝毫不用怀疑了。不等我仔细打量他，他的眼睛在我们每个人身上来回扫过两趟，可每一眼都好像把我们看透了。我看这人过分精明，有点不放心，就问："你是新疆什么地方的？"我刚一说，他立即从口袋里掏出一张证明信，打开，还用手指"嗒嗒"弹落里边夹着的烟末子，递给我，又掏出一个红塑料皮工作证给我。一看，确实是新疆乌鲁木齐市的，一个叫"红卫印刷厂"的单位工作证，证明信上说是来买圆盘印刷机。工作证上还有他的照片，盖过钢印。照片就是他本人，不仅没有任何破绽，还叫人心里踏实了。我们几个把他的工作证和证明信都传着看了，这下不但没有任何疑问，也没话可说，有点犯傻。

他却说话了："咱们素不相识，我的话信不信由你们。可还得说一句，我和这姑娘也素不相识，她的话我都信了。我可不是硬要把她带走。我是在这儿等车，看她坐在旁边哭，哭得挺可怜，我以为她缺钱，要帮她，谁知她一说，是在生产队受气跑出来的。人心都是肉长的，对不？我挺同情她。我家在北京，生在西直门草打厂七号。爹娘和一个姐姐现在还住在那儿。我是十年前支边到新疆去的，原先干车工，厂里看我能干，能跑能颠，叫我出来干业务采购这行，吃苦受累呗。我一直没结婚，你们不知新疆那鬼地方，内地的女人大都是男人带去的，单身女人也不愿嫁当地人，想嫁到内地，好回内地呗。当地的女人跟咱习惯和不来。我在内地找不到媳妇，谁都明白，嫁给我就等于充军了。条件再差的、瘸的、瞎的、有毛病的也不肯，我就一直没结婚。可你们别以为我非有老婆不行，光棍也有光棍的自由，各有各的乐儿，我也习惯单身生活。要不是碰见这姑娘，我根本没打算结婚。当时我看她怪可怜，无亲无故，便产生了一个想法，带她回去。可我总不能不沾亲不带故带一个姑娘回去，算哪门子事？我说是我妹妹行吗？单位人会说，你哪辈子的妹妹呀！怎么以前填表从来没这个人呀！是吧。我又不忍心看她这样，就说你要嫁我，我管你。说实在的，她一没户口，二没粮食，跑到哪儿也没法活。我还好，跑这些年业务，地面上关系都熟，再说那边也没这边严。起个户口，弄个口粮，不成问题。我说这些你放心，我要你就对得起你，我今年三十六七了，她说她才二十，差着不小呢。我这么大人了，也不会欺侮这个小姑娘。我这么好心待她，她将来也不会对不起我。对吧？她说她得找个人可问去，就找到你们了。你们几位看，这事合适不合适，要是合适我们就走，反正再过半个小时火车就来了；要是不合适的话，我走我的，反正我对得起自己良心了。我刚才说过，我不是非结婚不可，就是同情她。说老实话，我也是看这个姑娘是个老实人，娶了她也算是福气吧。我一口气把心里话全掏出来了，成不成你们说，她既然信得过你们几位，我也信得过你们几位。我没话了，你们说吧！"

复员军人和那几个都看我，等我说，大概他们听了这些通情达理的话，也无话可说了。我说什么呢？我翻来覆去把那工作证和证明信看了又看，愈看愈没话说。当然，从形象上看，他们绝对不是一对，完全不合套。一个文气的、没有任何社会经验的少女；一个是老练甚至有点油滑的业务员。年龄几乎差着一代。可是如果我说不合适，这男人走了，这姑娘又该怎么办？我们几个不多会儿也要各奔东西，她一个人没吃没喝没有住处，留在这里，还不如一只小猫。难道我们中间有谁可以把她带回去？吃喝先不说，谁家都是一间屋子半间炕，住在哪儿？户口又怎么办？没户口不就是窝藏黑人了？我实在没办法了，只好问那女孩："你觉得怎么样？"她一直低着头，不言语。我想，是啊，她找我，不就是叫我拿主意吗？

我只好对这业务员说："如果她本人真愿意，要是真跟了你，你无论如何得疼她。你想想，她一个女孩子，没父没母没亲人，那么老远跟你去了，一下子几千里地以外，你要是……要是对不起她，她找谁去？"

业务员马上伸出一只手拦住我说："您可别这么说，您说您同情她，我更同情她。您同情她只是嘴头上同情，我得带回去养着她。要不您带她走，您要能把她带走，我佩服您。怎么样，不成吧？我可不是跟您呛火，是说您甭拿咱好心当别的。您想想，我给她买一张车票回去得花多少钱？到我们那儿也不能马上工作，她这身子骨，我看只能料理家务，我得管她吃穿。当然，我认头，她是我老婆了，我的人，我不疼谁疼？我把她弄回去，欺侮她，整天惹气，我撑的？我放着光棍一身轻的日子不过，找别扭？咱再把话说远点，我已经快四十的人了，还指她生儿育女，还得一块儿过一辈子呢。尤其在那么老远的鬼地方，只有亲的热的才是自己的，您说对吧？"

他说得眼珠直冒光，好像犯火气了，我给他说得闷住口，不单没话，一个字儿也没有了。

旁边的复员军人把话接过去对业务员说："哎，我说，这同志劝你，也是为你好。虽然这姑娘跟你，是你的人，可你们俩不是还没说定吗？我们不认识她，也不认识你，为什么管这事，是看这姑娘可怜。你要是明白人，就懂得我们这些话不仅为这姑娘好，也是为你好，对吧？"

业务员不大情愿地点点头，还有点气哼哼的，好像我们冤枉了好人，旁边那几位也连劝带说。

业务员站起身说："那我谢谢你们几位了。你们看这事怎么办？"眼瞅着我。

我问那姑娘："你说这么行吗？"

姑娘一直低着头，听完我的话，轻轻点了一下头，但还直怔怔站着，好像不知该怎么做。

业务员对她说："要是说定了，咱就得走了，还得补一张车票去，再晚怕没票了。"

姑娘还是没抬头，对我说声："我总记住您。"转身跟着业务员去了。

这句话可有点撕我的心。我忽然灵机一动，拿笔在纸上写了几个字，叫住她，跑上去说："这是我的地址、姓名，有什么需要我帮助，写信给我。"她接过纸条就哭了，哭着走了。我一直站着看着他们走远。姑娘一直跟业务员保持两三尺远的距离，中间空的那块地方是远处的车站。两个气质、经历各个方面完全是无关的人，就这么走到一起去了。她和他保持这个距离，不愿和他挨近，大概是出于少女的自尊，还是出于什么别的心理，就捉摸不透了。我看着，心里不是滋味。

事过之后，一直没有收到这女孩子的来信，我想她肯定在遥远的边疆生活或生存了，也许在操持家务，也许已经生儿育女。但愿那个其貌不扬的业务员心地还好，能在这艰难世事中给她一点点温暖。不知为什么，偶然这女孩子的身影在我眼前闪过时，我总带着一点担心，一点不安，好像还有一点点内疚似的。

一九七五年秋天，我去北京出差，忽然想起那姑娘，很想知道她的情况，想到那新疆业务员在北京家的地址是西直门内草打厂七号。我去了，找到草打厂，非常奇怪，那儿根本没有七号。我以为我记错了，再找十七号和七十七号，都不对。我就找到居委会，问一个街道代表老大娘，她说这儿从来没有这家人，也没人去新疆支边，根本没这个人。我再往深问，她起了疑心，反而问我姓甚名谁，找这人干什么，还向我要工作证看。那时到处都搞阶级斗争，好像到处都有阶级敌人，我要是再追下去，她就会把我带到派出所去的，我只好应付一下走了。

走出草打厂我才意识到，我被那所谓的新疆业务员骗了，那姑娘也受骗了，我竟全傻了。已经事隔一年，那姑娘可能被卖，可能受到更悲惨的命运，甚至可能不在人世了。我深深地后悔起来，如果当初我制止，那姑娘即使被迫无奈回到生产队，也不会落到这处境。都是因为我！在人家把命运压在自己手上时，自己却轻易地处置了，这究竟不是一个人问路问道呀，可是我又想，如果当时不那么办，又该怎么办？接着我又觉得这是为自己开脱。我这是没有人性，够不上一个男人。每逢此时，我会自己给自己胸脯来上几拳。

我不想往下说了……

我现在只想知道这姑娘如今在哪里？

我画过一张画，从泥泞通向远处的阳光，这画是我为这姑娘画的，但愿有一天能把这画送给她。当然，这也是用来安慰自己罢了。

那时，一个人的命运往往也是千万个人的命运。

我变了一个人

1967年·27岁·男 \ T市某小学教师

我非常注意"安全系数"——四月四日是我生命中倒霉的日子——钥匙链儿上的小手枪——我快成"核武器"了——里边与外边的一切刚好相反——后天的一对儿

　　每个人一生中都有一个日子永远记着，生日不算，那是必然会记住的，没生日就没有你呀！我说的是另外一种——比如初恋、结婚、离婚、爹妈故去的日子，等等。这日子与你的生命紧紧相关。我也有个日子，是四月四日。

　　四月四日是个倒霉的日子。拿破仑倒霉是四月四日，阿里·布托被绞死是四月四日，张志新被枪毙是四月四日。我被逮进监狱也是四月四日，一九七〇年的四月四日。

　　我被判刑二十年，刑满到期应该是一九九〇年四月三日。按年算的刑期，释放出来的日子都比抓进去的早一天，否则就多押一天了。

所以四月四日这天，注定我倒霉。

直到现在，一到这天，就像我的死期来临，浑身不舒服，发冷，心里什么也不敢想。

这日子就像一个钉子，曾经把我钉在十字架上；如今我被摘下来，可这钉子还在，深深地、死死地钉在我心里。

我在监狱里蹲了十年，一直不知我为什么入狱，也不知为什么判刑。当法院念过我的《判决书》后，我惊讶地问："这是我的吗？"直到我被放出来后才明白。不明白还好，不明白还觉得人家总有点什么道理，哪怕因为我踩死过一只蚂蚁。一明白，完了，人空了，好像不是在地球上，而是在无边无际寒冷的宇宙里。

十年就像一把刀，把我切成两半，一半过去，一半将来，永远连不成一个整体。这感觉你不会体味得到——拦腰两段，还活着呀！

我过去像个傻子，活着好比做梦。

我本人的历史再简单不过了。你写吧——一九四一年生的，小学、中学，中学毕业那年十八岁，没考大学，服从分配到一所小学教书。我一直没离开过学校。一条小溪没拐弯儿就流进社会，这小溪清澈见底儿。我活得真诚和认真，可是上帝事先给我制造点麻烦，叫我投生在一个狗肚子里。

我父亲是个大资本家，盐业公司总经理，但他解放后就不做事了。他喜欢书画古籍，整天在家看书，玩字画，很少出门露面。由于他名气太大，当上政协委员，便做了一身严肃的中山装，逢到开会来车接他，就换上中山装，拄根拐杖去开会。他收藏的字画都是上乘珍品，一辈子赚的钱大多用在这上边了。很多大书画家，比如张大千、齐白石等等都是他的好友。我出生时，张大千还为我画过一幅画——一块朱砂画的红石头，趴着一条石绿色的小蛇，因为我是属蛇的。解放后，他把这些珍藏一批批捐献给政府。比方那幅八大山人惊世之作、四十四尺长的《墨荷图卷》、恽南田二十四开的《没骨花卉册》，都是极精的精品呀！还有文徵明的《横渡春江图》，上面有吴门十八学士每人一段题跋。祝枝山以楷书名天下，但在这幅画后边有他一段一千多字的草书跋款。这些画全让我父亲捐献了。他这样做,一是真心做好事,二是想买一点政治资本吧。那时资本家都是这种心理。

这种心理也遗传到我身上,就给我的真诚加进点复杂性。一方面,我虔诚地进行自我改造。"血统"里有问题,便决心给自己"换血",时时事事都争取好的表现。另一方面,我非常注意自己的"安全系数"。吾日三省吾身,几乎每天都要想想,今儿自己说了什么话,做了什么事,惹领导不高兴。如果有,就觉得这个系数降低了。如果今儿说的话、做的事被领导表扬了,就觉得这个系数猛增,心里就稳当、踏实,有了安全感。我这样做,确实收到了很好的效果,上学时入了团,工作后当上团组织委员、工会主席、核心组成员。被领导视为"核心",真叫我受宠若惊,报答之心就异常强烈,更加积极表现。我喜欢历史,对书画也着迷,随一位老先生读古书,学书法,这事也主动先向组织汇报,争得同意才去做。比方我有套西装,淡蓝色的,只穿过一次。那次是元宵节,家里来了许多亲友,我穿上它对着镜子一照,也觉得挺好看,可事后就觉察这是潜伏在血液里的资产阶级意识露头,必须防微杜渐,消灭它在萌芽中,这套西装便一直挂在衣柜里,再没动过,直到"文革"抄家时被抄走。

我找到一种适合我的生活方式:在单位积极工作争取领导表扬+尽可能普通平常的衣装+谨言慎行=安全系数。再用这安全系数+业余时间潜心诗文书画的享受=我的全部生活。

每天下班回家,最大的快乐是读书、背诵古诗、习字、作画。打开一个大漆黑柜子,把家藏的古人字画一件件搬出来,沉醉在那笔精墨妙之中……现在年轻人恐怕会认为我活得可怜,是可怜!可怜得像只家禽。但最可怜的是我当时觉得这么活得蛮不错,平静、自足。你看,这是我那时写的字,恬静、清雅、谨慎,这就是我。这是我的照片,很文气吧,还有点拘谨,嘿,就这傻样儿。

一九六六年八月二十三日,红卫兵开始抄家。我正在学校写标语,宣传毛泽东思想。当时我还是"核心组"成员。忽然一个老同学骑车来转告我:"你们家抄了。"说完转身就走。我只觉得天旋地转。接着就被放在一帮有问题的人里去了,交代家庭问题,挨批判。家里被抄得一空,那些字画珍品,石涛、高凤瀚、任伯年、任阜长的名画全烧成了一堆灰。你知道"生活没有了"是种什么滋味吗?突然一下,全部生活全没有了,好像一条鱼忽然从水里拉出来,放到空气里,就是这感觉。什么安全系数?都是自己骗自己!安全系数——零!我就抱着这个巨大的零,其他任它什么,一点意义都不存在了。

一无所有的家。家里只剩下几个人,父母兄弟和我自己;自己只剩下吃喝拉撒。整天念语录,做检查,一遍遍重复地交代问题,大字报上常出现我的名字,开头我总怕看见我的名字,可是这一切到了一九六八年,我已经相当习惯了。包括那些没有问题的同事对我没有笑容的表情,呼叫我名字时冷冰冰得像喊牲口的声调儿,我都习惯,这世界已经没有什么不能接受的了。当亲眼看见一批批人挨打、被捕、坐牢、自杀,我想,平安就是自由。或者说很具体、很实在的自由就是平安无事。

我获得这"自由"大概没问题吧?可是突然有一天,我被扣起来。

事情弄明白后,我并不害怕。起因是一九六七年初最乱的时候,我弟弟一个朋友的父亲是北京一所中学的党委书记,他被作为走资派斗得死去活来受不了,逃出北京来躲躲。我见他困难,留他在我家里住。我会烧菜,有时来几个老同学一起吃吃聊聊。一个多星期后,他就南下去扬州亲戚家了。运动高潮过后,他回到了北京的学校。他比较有经验,为了争取群众团结他,就告发我,说我家有个黑组织。什么?忘恩负义,不不,忘恩负义在那时候是常事儿。

我想,这事我有根,因为叫我组织什么我也不敢。折腾一段时间,内查外调弄不出证据,就给我下了结论,说我属于那种"推一推、拉一拉的可以教育好的剥削阶级子女",应该"按人民内部矛盾处理",把我放了,还发给我一枚毛主席像章。这是一种由市革委颁发的毛主席像章,只有属于"革命群众"的人才发给一枚,相当于一种公民权,或者是现在的身份证。我就戴着这枚像章高高兴兴和一个姑娘结婚了。

结婚那天,望着我爱人,我还在想,从今天起,我喘口气儿也得想想别犯着什么,要不就会对不起这个肯跟我这个穷鬼做伴度日的女人。可是没想到四月四日这个倒霉的日子正等着我呢,我连这口气也没喘过来,结婚整四十天,一九六八年四月四日,公安局革委会突然来人把我抓走,关进监狱。这回我怕了,我没犯任何罪,怎么会抓我入狱? 我想是不是他们抓错人了? 我也不敢问,因为那时抓人是没错的。人好比养的小鸡、小猫,抓起来,怎么能是错?

一进监狱,就必须穿监狱的衣服和鞋子。一大堆鞋子扔在那里,我挑一双大小合脚的穿。穿鞋时发现鞋帮上用红漆写着一七一号。我的心一激灵,心想坏了,我的犯人编号恰好也是一七一号,命中注定我进来,这叫命运的暗示。

当然,我还心存侥幸。因为我知道自己没犯过任何罪,谁知生活严峻得连侥幸也不给你。

我一连接受六次审讯,提审都是在深更半夜,问的问题极其奇怪,始终追问我一个问题——叫我交出手枪来。我想,这事肯定搞错了,不是我。我说:"你们就是现在叫我出去弄一支来,我都不知道到哪儿去弄。我从小在学校,出来工作还是在学校,除去在电影上,见都没见过这东西。"

六次审讯后,不再问我任何问题,好像只这一件做梦也想不到的怪事。

我被放在狱里,天天学习。这种监狱的设备挺特别,屋中间摆着一条条矮长凳,白天犯人们一排排坐在上边读毛主席著作和政治宣传材料;晚上把一块块大木板往地上一铺,睡觉。门上有个巴掌大的小门,是看守的监视孔,只要小门一动,犯人们立刻正襟危坐。后来小门改成一块水银镜子,上边划上道儿,镜面朝里。看守在外边看得见里边,里边只能看见亮光光的水银镜面,看不到外边,挺妙吧? 这样一来,犯人们谁也不敢再稍有懈怠了。有一次,我站在门前一照镜子,吓了一跳,我的脸色好难看,惨白,腮也凹进去,左右两个明显的坑,胡子老长,不像人样儿了。后来才知道,我传染上了结核病。

我想只要他们查出我根本没手枪,就该放我出去了。一准是弄错了人，除非有人诬陷，谁呢？我是从来不会也不敢得罪人的，谁会忍心将我置于死地？再说北京的中学党委书记那件事已经结案了。

一天，忽然提审我，还是手枪的事。

我有点急了，说："这事没什么可考虑的。"

这是我有生以来头一次敢冒犯官方。谁料这预审员没发火，反而态度温和下来，他说："你别过早关门。我给你提个醒，你从玩具上想想。"

我可奇怪了，这种生死攸关严肃的事怎么扯到玩具上去？我说："玩具手枪我倒是见过，可您想想，我是当老师的，我也不能整天身上带个玩具手枪呀！"

今天预审员真有耐性，他说："别急，你再想想，能带在身上的。"

我再一想，有！是钥匙链儿上那个小装饰物，两厘米大小，一个朋友送我的，是法国货，紫铜上嵌有银丝，很好看。我说："有一个，是钥匙链儿上的小坠儿。"

预审员说："你呀，你怎么不早交代呢？"

我听傻了难道为个钥匙链，抓我入狱吗？难道我能用这小玩意儿犯罪？家家都有菜刀，是不是也全都得关进监狱？我冲着他张着嘴，说不出话来。

他说："你就把这问题写下来吧！"

问题？满天乌云了，脑袋里也糊涂一团。我就把这小钥匙链是谁送我的，哪年带在身上的，哪时抄家被抄走的，全写了。他还叫我照原样画个图。他看看我这份"问题交代"，点点头夸奖我说："你这态度多好！"

从我被捕到判刑，只问过这么一件事，再没问过别的事，一放就放了八九个月。

开头我觉得这事弄清就该放我出去了，日子一久便纳闷，再久就觉得不对劲儿，有种灾难感，好像我被一种很古怪的魔手死死钳住。这手是谁的不知道，只是一种感觉，我逃脱不了。

果然，十一月二十六日，那天下小雪。有人叫："一七一号。"我一出屋，许多全副武装的警察就上来用绳子捆起我，把我押上一辆大卡车，车上还有别的犯人，弄到一个大戏院去公判。到了大戏院，我被命令站在一排犯人的头一个，那时头一个都是量刑最重的，大都枪毙。我想，我完了，没意思了。说什么，喊什么，也没用。我是一只该宰的鸡。

那天有两个小细节很特别，在捆绑我时，一个小警察捏着我的手腕在袖筒里转了转，说："勒得太紧，你就说话。"车子在路途中常遇到树枝，又是这个小警察对我说："低头，小心树枝。"那时是决不允许同情犯人的，但他说这些话并不背人。因此我想，我多半要被枪毙了，按常规，枪毙前总要对犯人客气一点儿。事后我才知道，这完全出自他本性的善良。可惜我当时那心情已经不可能注意地看他一眼，记住他的面孔。

法院宣判我的罪行，总共三条：

一、思想极端反动。

二、攻击无产阶级司令部和文化大革命各项政策。

三、"文革"中，以其家为据点，收听敌台广播，为刘少奇鸣冤叫屈，企图组织反革命集团。

这三条，哪一条都是死罪。在我一片虚无时，只听台上叫着："判处有期徒刑——二十年！"

我一听，才二十年？噢，又活了，没事了，那时并不觉得二十年多啊！

判刑后，我被送到×××监狱服刑。先要对我进行伏法教育，问我有什么想法，我说："我就感觉，这张判决书是我的吗？这些事我一样也没有，你们怎么也从来没问过我呀？"

我总这么说，就是顽抗，被送到监狱里一个非同寻常的学习班，叫做"血肉横飞学习班"。再不服罪就要挨打，血肉横飞，就这意思，凶吧？

可是老实说，我并没挨过打。因为我的结核病已经开始大口吐血，天天戴两个口罩，手拿一个密封的塑料痰杯，一个多钟头吐一杯血。

每次吐血时都想，这大概是最后一口了。

关了我四个月，我还是没法认罪。一天，军代表和管教科长把我叫去，我身穿一件空心大黑棉袄，手捧痰杯坐在一张凳子上。

管教科长说："今天你有什么只管说，想说什么说什么，都可以。"

我说："为什么预审时从来没问过我的事儿，都写在判决书上了？说我偷听敌台广播，可'文革'时我家被抄得光剩下地板了，到哪儿去找无线电听敌台？要写上这条，还得叫我现在去听才能算一条呀！我怎么认罪？您说。"说完我又咳嗽，一咳嗽喉咙就发痒，就吐血。

管教科长递给我一杯热水喝。他"哗哗"翻我的材料，然后一推给军代表，也不避我，说："看，又是这个！"

军代表看了，没吭声，两人沉了半天。管教科长说："判刑有出入，我们解决不了，现在也不是解决这个问题的时候。你必须要过认罪这个关。怎么办？我说个办法，从今天起不再提这个问题好不好？"

我说："不是我提，是你们天天总对我提这个。"

管教科长说："好，今后我们也不提了。我问你，你有没有资产阶级思想，能不能批判自己的思想？"

我说："这有，能批。"

管教科长说："好，你回去准备准备，抓紧点儿。"

转天，监狱召集所有犯人听我批判自己的资产阶级思想，什么家庭问题呀，白专道路呀，想成名成家呀，然后给自己上纲上线，扣一堆帽子。完事，管教科长表态说："他的自我批判很深刻，挖掘犯罪根源嘛，你们给他提提意见，说他挖的深刻不深刻？"

管教科长已经说深刻了，谁还敢说不深刻。这就算我认罪伏法了，从"血肉横飞学习班"回到监号里。从监狱里的监狱解放出来，虽然没出铁牢，终究大不一样，好像从十八层地狱上升到第十五层地狱。

我挺感谢这位管教科长的。在那时，那个地方，人性就这么表现。没多久，他调到市公安局，可是我能被平反放出来，多亏有他帮忙，那是后话了。

一个人被判刑二十年，根本想不到活着出来的一天。何况我的结核病已经扩展到了全身，肺结核、淋巴结核、腹结核、附睾结核……我快成"核武器"了。监狱里的大夫倒是给我认真治病。只要我不吐血的第七天，我就去挖防空洞。为什么？我也说不清，既不是为了积极表现争取早出来，也不是为了毁自己好早死。我已是四大皆空，心里相当平静了。你问我靠什么为精神支柱，我没支柱。虽然我是政治犯，我却根本不懂政治，那时的政治犯都不是为政治而去"犯"什么，而是政治需要的牺牲品。我连自己为什么坐牢都不明白，哪儿来的精神支柱？死活听凭自然罢了。

老婆跟我离婚了，妈妈来探监，我从来没掉过泪，不动感情，也不是故意不动，奇怪，没了，这倒挺好。在那里边，有什么感情、希望、信念，都会成为自我折磨。我什么都不相信了，人活成这个样子，有什么意思。唯一的消遣是写写字，把自己能背诵的诗文默写出来。我叫家里人送些雪莲纸，打成线装书那样的八行格，用正草隶篆各种字体一张张写，自称《古调陶然录》。

陶然，也不是自得其乐。无所谓乐，有乐必有苦。想乐，也是追求；无追求，一片自然。这是种以生为死、以死为生、生死相融的境界。没有这境界，我活不到今天。我身边多少人疯了，傻了，病死或自杀！哎，我这些话，你听得懂吗？

坐牢近十年，唯一给我印象深的是一个犯人，他原是公安局的一位预审员。

他告诉了我他坐牢的原因——

一次，他接受处理一桩很特别的案子，是轮奸案。被告都是"文革"群众组织的一派要人，其中一个还是市革委会委员。

预审过程中，他发现原告诉说被害事实时一次一个样儿，前后对不上，他就以"证据不确凿，不能立案"，向上报了。没过几天，上级一位大人物找他谈话说，根据形势需要，哪个人定什么罪，哪个死刑，哪个死缓，都已经定了。上边有要求，要他执行。叫他不要"反其道而行之"。谈话过后，他回家对老婆说："我可能要出门很久，你别问我去哪儿，也别找任何人打听我。"然后就带着被褥到办公室，打开那案卷，在上边写了四个大字："刀下留人"。然后坐在被褥卷儿上等着。马上他就被作为"现行反革命"抓起来。在那些所谓"轮奸犯"被判刑之前，他先被判了七年徒刑。

我原先还总觉得自己的案子冤，不能成立，总猜想到底是怎么回事，听过他的话，我连猜也不猜了。

天下如此，何谓之冤？

连冤都不觉冤，这才叫真正的超然世外。日子也过得顺溜了，以至感到"狱中才一日，世上已三年"。不知不觉，"文革"就过去了。

一九七七年的一天，我正在院里放风，贪婪地晒太阳，掐虱子，拔胡子。那扇上边架着机枪的大铁门旁有个小门房，有人在里边隔着窗子叫我名字。我走过去，他走出来，原来是当年把我从"血肉横飞学习班"救出来的管教科长。他看左右没人，就说咱们走走，走了半天，他也没吭声，只是用手不断搓着他肌肉沉重的一张脸，搓得胡茬儿"嚓嚓"直响。待离人群远了，他低声说了一句："你赶紧写份申诉，我明早来取，还在这地方。"说完就走了。

我怔住了，站了半天。你看，这事儿有意思吧？我写了份申诉，转天塞在他手里。

我呢，遇到这事并没有多大震动。石落古井，波澜不起了。

那申诉给了他一年多，没动静。如果我要是从那天起就满心欢喜，日盼夜盼，不是白白折磨自己吗？

这时我已经不干力气活儿了，在监狱的建筑设计室给一位当过建筑师的犯人当助手。我会画画，帮他描图。突然有一天，管教人员来对我说："你把东西收拾收拾，你们家里来人接你来了。"

我去到管教科，哥哥、弟弟都在那儿，见我就乐了。法院念了我的《裁定书》。就几句话，说我"在'文革'的言行，构不成反革命罪，通过申诉和复查，宣告无罪释放"，然后把《裁定书》恩赐一般递给我，又给我十几块钱，一些粮票，一叠证明信，用于到派出所报户口，到粮店登记粮食配额，到工作单位报到等等。别的什么都没有，人就出来了，简单得和当初进去的情况一样，而且一样不清不白。

回家的一路上,看到人流往来久别的人间,熟悉又陌生,亲切又奇怪,我想宇宙飞人回到地球上也是这种感觉吧。到了家中,亲人的气息,一切旧时旧物,所有眼见的细节一下子都勾起回忆,忘掉的又都唤醒,我心里有点骚动。我终究还是凡人,没成仙。可我没掉泪,不是我心硬,而确确实实是心淡了。我的平静,大概叫家里的人吃惊不小。也许正因为我这从外到内整个一个人全变了,才使得家里人"哗哗"流泪吧!

一周左右,法院来人给我一张传票,蓝色的,叫我去一趟,并告诉我:"你可以请公假,可千万别误会,是我们领导想找你谈谈。"

我一进法院,这位领导异乎寻常地热情,上来搂着我的肩膀说:"来了,来了,这回头次见面,咱们得好好谈谈,要是不谈,你怎么死的都不知道呢!"

我好奇怪地等着他说。他说:"'文革'中有个《二二一讲话》,你知道不知道?"

"不记得了。"我说。"文革"初期,我对社会上谁斗谁一直都搞不清楚,也不大关心。

他说:"《二二一讲话》后,江青批判这里的军管会说:'你们的阶级斗争搞得不好。上海、北京的资本家子女都有组织反革命集团的,都及时抓了。你们城市有那么多资本家子女,怎么会一个反革命集团没有?'于是,这里的军管会就赶紧抓了一批资本家子女,你算其中一个,因为你不是在这之前有过北京一个中学党委书记揭发过你的事吗?可是在调查中又找不到你和其他人之间的任何联系,没法打成集团,也不能放,总得搞出一两个来往上报,所以《判决书》上说你是'企图组织反革命集团',既算集团,又不是真正的集团,所以你没有同案犯,是不是?这就是你真实的情况。"

不明白便了,明白了更是一片空茫。

他接着说:"我是从北京来的,我比你更惨,你坐牢十年,我十一年,不过比你早放出来几个月。中央派我来查这里的冤假错案,我调查时发现有两个奇怪的案子，其中一个就是你的，材料和判刑没一点相符的。我也看到你一年前写的申诉，所以我很快着手把你的案子平反处理了。算了，都是过去的事了。你还年轻，前边的路还长着呢，对吧？对于你们单位，千万别怪怨他们，连他们也不知道究竟是怎么回事。再说句老实话，县官不如现管，聪明点儿，别再找麻烦了，我对你说的全是肺腑之言。愿意听我的这些话吗？"

他的热情带着一股冲动，要是十年前，我会拥抱他，可是此刻不过微微一笑。嘿嘿，我早已听其自然了。

人在监狱里和在外边正好相反。在外边，盼好不盼坏；可在里边，盼坏不盼好，如果有好事找你，你就嘀咕了。比方叫你换件衣裳回家看看去，好事吗？坏事！多半是你爹死了，妈病危了，老婆怎么样了。要是反过来对你特别凶，斗你，没事儿，很正常，监狱里还能请你喝啤酒吗？可是如果你在外边挨斗不正好，是坏事吗？

再说监狱里的大门，锁着的时候，里边准有人；开着的时候，里边准没人。外边不正好是开着时有人，锁着时没人？要不小偷为什么都会撬锁呢？还有，监狱外边的锁全在门里，监狱里的锁全在门外，也完全相反吧！你想想，是不是？

在监狱里，要认为你管教得好，就睡通铺。人多时，一个挤一个，最窄时每人只有七寸宽的地方，夜里撒泡尿回来就会找不着自己的铺位。但要是认为你不老实，危险性大，反而叫你睡单间。待遇也是相反的。

吃饭，在里边是永远吃不饱的，饥饿感特别强，我一顿吃四个窝头还不觉饱。每天分饭时，眼睛都瞪绿了。可是如果今天让你尽情吃饱，这一下不知出什么事，照顾照顾你，这一照顾准枪毙！

最奇怪的是，我被放出来后，总做梦被关在监狱里出不来，撞笼啊！可是在狱里从来没做过一次困在牢中的梦，梦里哪儿都能去，名山胜景，世界各地，哪儿好去哪儿。有的梦现在还清楚极了，比方一次做梦，在曙光电影院门口，乘一辆大汽车，车上都是熟人，是谁不知道。车开了，两边全是花园洋房，讲究，漂亮，哎哟，像童话里那样一幢幢尖顶小楼，各式各样，亮着灯，好看极了。我走进一个小拐角，青草小道儿，挺黑，模模糊糊有个中国式亭子，式样挺特别，是两个半个的亭子连在一起的，大柱子，花格扇，里边卖吃的，都是我最喜欢吃的，我就吃呀吃呀，可香啦……但这种梦，我放出来后，想做也做不出来了。

直到现在，我还是怕遇到好事，不忙坏事。人家告诉我说，要把我的书法送到全国展览，我忽然莫名其妙地犯起嘀咕来，不知有什么坏事、麻烦跟在后边。

我并不麻木，而是很少有事使我特别激动。你激动是为了什么好事吧，可你怎么知道它一定是好事？你激动是为了坏事吧，但它真是坏事又该如何？又能把你怎么样？你看我，那些年在外边费劲挣"安全系数"，好像系数挺高，其实屁用不管。人家对你真的怎么样，等到揪你时才能看出来。当把你放回来，落实政策了，人人对你笑，挺好吗？假的。因此……因此什么呢？因此我的老同学说我现在比较任性、放肆，做事、说话都任自己的性子，很少考虑别人。这看法我承认。任由别人的结果我尝到头儿了，现在只能任由我自己。

我的前妻已经跟别人结婚了。她有个孩子，不是那人的。我是在和她结婚四十天被捕的，那是四月四日，倒霉的日子。这孩子是十月底生的。我前妻说是她抱来的，不是我的。孩子的模样很像我妹妹，我也不深究了。我有时去看看她和孩子，像老朋友一样来往，这孩子和我有种异样的亲近。当然，亲近并不能说明什么，我也不要求说明什么，亲近就足可以了。事该如此，就是命该如此。

我自从在监狱里得了附睾结核，性功能完全丧失。监狱里的犯人闹滑精、手淫，我全没有。出来后也不想再结婚成家，当一辈子人间高僧吧。后来碰到一个离了婚的女人。我公开说，我这方面不行了，没料到她说她以前生孩子难产，腹腔发炎，动手术把女同志乱七八糟那些器官全摘完了，也没这方面要求。我们就结合了。两人都没这种需要，谁也不惹谁，相安无事，互相照顾，反而更是谁也离不开谁。这才真正进入了无欲境界，也叫做"天生的一对儿"，不，认真点儿说，应该叫做"后天的一对儿"。

有一天,翻腾落实政策后发还的旧东西,忽然碰到"文革"前我写的一幅字,很令我惊讶。好像我写的,又像另一个人写的,我这才意识到,我完全变了,变成了另一个人。无论如何跟以前接不上气了,回不到那趟道上去了,我却并不伤感。我很清楚,伤感是帮助命运害自己。干什么再跟自己过不去?就照自己现在这样活吧。别害别人,也别害自己。

我只相信谁也无法把我再度变回去。

创造了人的上帝曾经被"文革"战败。

牛司令

1966年·32岁·男 \ T市某局设备处业务干部

我的事是怪事——害怕诱敌深入不敢造反——马季相声《牵牛记》牵上我爸爸——这外号又转到我身上——堂堂一个"造反"司令——别别扭扭背它背了十年

要说那十年，我这个人真没吃多少苦，也没挨过揍，可也不比吃苦挨揍抄家批斗好受。我这事怪，是怪事。忙，咱长话短说。十年，要顺着说，别看咱没嘛大事，要把心里的疙疙瘩瘩都铺展开，也得一天两天。我就单说这怪，行吧？

我的事为了一个外号。这么说您不会明白，还得打头说。

我这个人参加革命比较早。这"革命"不是老同志打游击抗日那意思，我们那会儿把参加工作就叫参加革命，现在不这么叫了，我是一直叫惯了。

我参过军，当过文化教员，当过干部，还在技术学校学习过，成绩不错，后来搞基本建设，我还坚持自学。技术、管理、行政，咋都行，人缘也不错。我姓牛，上上下下都管我叫"小牛"。我说那外号不是这"小牛"。"文化大革命"前历次运动，"反右"、"四清"，什么都参加了，表现一直较好。但我出身不好，我父亲在国民党军队里当过官，给我就撤劲撤大了。可是我呀，确确实实是吃共产党饭长大的，确确实实是共产党培养的，可我也知道组织上对我一直不信任、不放心……不是我哭，也不是我委屈，为嘛哭我也说不好。

"文革"开始的前一年，我去"四清"了，直到市委书记自杀，我们工作队就撤回了。"文革"已经来了，局里边已经面目全非。我们这个处跟别的处不一样，这个设备处相当一个公司，是局里的第二大处，直接管着下边好多厂子。"文革"前因为下边厂子太多，管不过来，就筹建了一个总厂，厂里边的党组关系还没打公司转下去，搞起"四清"就不能动了，"文革"一来完全瘫痪，许多杂乱无章的行政事就摊在我们处。等我回来时，处里边群龙无首，处长叫下边厂揪去批斗，连一个管事的干部也被拖拉机厂揪走了。处里头没人，属我岁数大点，文化水平高点，局长就叫我暂时管管处里的事。反正那阵子没人有心顾什么业务了，有的怕丢乌纱帽，有的想当头儿，要不也轮不上叫我抓业务。我作为一般干部接下这个破摊子，整天抓东抓西，拆东墙补西墙呗。这会儿，各个单位都闹着成立"造反队"，好像没有组织人就没保障。我们局里各个处也都闹起来，唯独我们设备处没动，因为处长不在，主要干部又揪去了。可目标就集中在我身上，闹着叫我出头。我一来胆小，怕事；二来我说了，出身不给劲儿，先渗着，能不干就别干，一动不如一静。

根据《十六条》，巴黎公社式选举"革命委员会"，非常荣幸，荣幸嘛呢？我们局成立"革命委员会"要选四个成员，一个正主任，三个副主任，原来的党委办公室主任当上了正主任，我被选上了副主任，要不是巴黎公社式，我当不上，咱这出身哪行？这就非常荣幸了。"革委会"成立，搞牛鬼蛇神，揪呀烧呀斗呀都是他们三个同志操持。那三个同志出身好，算红卫兵。可他们工作素质不行，就光搞运动，我领着十几个干部搞业务。说实话，我心里觉得这一次来势凶猛，早在工厂搞"四清"时就觉出来，可并不了解毛主席说的大权旁落是要把刘少奇这些人搞掉，还没认识到这么高，只觉得一九五七年"大鸣大放"，不过是诱敌深入。一九六二年听到陈毅的报告，更明白这里边有深浅，接受历史教训嘛。再说出身不好，折腾不好就折腾自己了，我这叫明哲保身。我就闷头干实事，可光搞业务不搞运动也不成，人家说你不忠于毛主席，咱就接待红卫兵小将。这也是苦差使，外地串联来的红卫兵一拨又一拨，有的客气，有的穷横，不管他们嘛样，得管吃、喝、住，弄毯子、弄席子、稻草帘子，叫他们住；给他们买绒衣、棉帽；他们白吃白拿，就往账上记，反正上边精神，支援小将们。管这种事儿，又苦又累，那些小祖宗那么好侍候呀？！我们设备处三番五次挪地，给他们腾住处，没窝儿了，最后只好搬到局长办公室外间的会议室里办公。这时别的处都成立了"造反队"，唯独我们没成立，这样就像我们不革命，对文化大革命有情绪、有看法、有意见，无形中就有压力了。我想了个办法，天天下午坚持两个钟头学习，念文件，念社论，两报一刊社论，学语录，唱语录歌，唱国际歌，唱《大海航行靠舵手》。可风言风语就来了，说我们设备处是"逍遥处"。那时不是有句口号叫"不革命就是反革命"吗？一个老局长对我说："你们怎么这么保守呢？人家都成立队了，你们这样不怕人说？"还有一个老技术干部，人不错，也悄悄劝我："你们也别叫人家有看法，总得有所表示。"我琢磨了一下，就找来一份传单，是别的"造反队"成立的宣言，基本上词句不动，改改后边的署名，起个组织的名字，叫"东方红造反队"。刻钢板印传单，还是老局长帮着我们翻片儿印的，贴出去，就算成立了。我们这个组织是这局里最后成立的，这个局里也是山河一片红了。

其实成立了也麻烦，因为整个局，包括下边的各个公司各个厂已经形成两大派。而我们处在局里人数最多，下边又管着十几个厂，有些厂没厂长，我们直接管，被人认为有实力，各厂的人加起来几千号，所以两派都争取我们。

我当时的想法是，成立"造反队"只是应付一下，千万注意别像一九五七年'反右'最后把自己拗进去。运动总是一时的，应付过了这关，把处里的同志们安全带过去就得了。不管怎么说，不抢先，不冒前，别武斗，别闹事，别掺乎进社会上的两派就行。

一加入'造反队'，明白的事就更多。过去是在"造反队"外边看"造反队"，现在是在"造反队"里边看"造反队"。真心说，关心国家大事都是胡扯，不能不这么喊罢了。有的有捞头，挣命；有的像我，也是明哲保身，稳住劲儿。这么大的运动，谁知自己一个闪失栽在哪里。这绝不像"反右"那样掏心掏肝，谁都不拿真心的，谁都有自己的一盘算盘珠儿，谁都留有余地。搞运动搞得人精了，比老家贼还贼。我的原则是不参加辩论，别卷进去，稳居中游，只做边边沿沿没风险的事。比如管管牛鬼蛇神，组织学习，贴贴大标语、大字报。"君子动口不动手"，不动武。幸好我们局里没发生什么武斗。要说我们局的两派，都因为人际关系的背景，所谓观点，不过是借口。这两派以两位局领导为分界线，谁是谁的人，互相都清楚。原先不清楚，一闹也清楚了。一派是局里的老人，原先的干部班子，再一派都是后来调进来的新人，大都是政工干部，跟随一位后来调来的领导。这些干部都有斗争经验，习惯暗斗，不善明斗，别看运动激烈时也吵吵架，可天天中午还一块儿吃饭，打打岔。就这形势，还不错，没有你死我活，后来大联合也不费劲，二十六块牌子往门口一挂就算联起来了。我主要抓住一点，就是抓业务，那时叫"促生产"，最保险，运动后期秋后算账，也算不到干活儿的人头上。直到后来搞万名干部下放，我们一直也没停顿工作，我想这样就保平安了吧。可没想到，你不找事，事来找你，居然找到我头上来了。

一个"造反队"头头，一天拿个本本来找我，给我看，这大概是一九六七年的事。他说："这个本是五月三十号打市里'革干联'头头家抄来的，上边有咱主任在他家汇报局里运动情况时说你的话。"我一看，大吃一惊，又莫名其妙，竟然写着我爸爸是国民党的司令。我非常恼火，没影儿的事，我怎么成了国民党司令的儿子了？等到两派大联合时，我当众问他是怎么回事。基建处一位同志说："我知道是怎么回事，几年前，有个同志在我们处里说，马季相声《牵牛记》的牛司令是小牛的爸爸，是句笑话，这话后来传到设备处处长耳朵里，笑话就成了半真半假。处长向上边领导汇报时，就说《牵牛记》里的国民党司令是小牛爸爸，成真的了。"

当时两派在场的人听了都哈哈大笑。我又气又急，质问这主任。他挺硬，他弟弟在北京当大官，是个高干，以为自己有后台，不但不认错，还当面骂我："狗崽子，你算什么东西？！国民党来了，你准反攻倒算。"我气愤得上去要抽他嘴巴，他戴着眼镜，我摘下他的眼镜，给他来了脖溜儿，没打嘴巴，离得太远，就用手指头尖扫着他一下，可打那儿以后，我就落下个外号叫"牛司令"。先是给我爸爸的外号，又落到我身上了。当然，这是个取笑的外号，我也不介意，有时还挺得意。我行政上挺行，又管一摊事，叫我牛司令，等于尊敬我。天天和人一碰面，就是"牛司令"；打电话找我，也是"牛司令"。局里没人不叫我"牛司令"的。下边有些人也知道。不知我姓名，也知道设备处有个"牛司令"，只是不知道这外号的来由。叫我外号，表示热乎，好找我办事。后来干部下放转工人，有的到干校去，有的到新单位去，我就背着这外号到基层工厂，倒觉得是个爱称了。无论谁这么一叫，倒觉得挺近乎。这不该完了吗？不！

到了一九七六年拨乱反正，清理文化大革命，不知怎么，糊里糊涂，不知打哪儿造出来的，新单位的人竟然都以为我是原先局里的司令，"造反队"的头儿，成了造反司令了，冤不冤？不知哪个王八蛋造的，可这不是儿戏，上下都当真了。

我那次不是扫了主任脖子一下吗？那主任一口咬定说我打他了，说打砸抢就占了一条，一直暗地里审查我。我的职称问题、定级问题、提拔副厂长问题，总受这事牵连，改革方面提意见也没人敢采纳。糊里糊涂一个外号，好像"文化大革命"我有什么罪恶似的。要是当初在局里我闹一回，谁再叫我这外号，谁就是王八蛋，就好了。更倒霉的事是嘛呢，在局里时，一次两派联合斗当权派，在人民礼堂，不知打哪儿弄来市委副书记陪斗，架市委副书记的人个子太小，站在旁边没气势，管专案的一个同志说叫我上去，因为我个子大。我就上去了，还叫摄影记者拍在照片上了，后来翻出来，算我"文化大革命"的一个错误的证据，无形中又和"牛司令"这外号连在一块儿了，倒霉不倒霉。

我们局里"文革"后新组成一个班子，我们那一派，那些老人都走了，另一派为了回避问题，就把事儿都推到不在场的人身上，不但没人替我解释，反而恨不得我有事才好。我这"造反司令"就被默认了，弄得我很痛苦，一次次清查，又不当面问我，查也查不出什么来，还总暗地查。

每到清查一紧，局里有的好心人就打电话通知我："告诉小牛，最近又要清查了，叫他别到局里来，躲一躲好。"好像我真有问题似的。你要真去问他们，他们就会说："谁查你了，你难道心里有鬼？"弄得我有工作也不敢到局里请示。在单位里上不上、下不下，当面没人说我，可是常常感到有点事似的，就这么背着这外号背了好几年，难受不难受。

直到前年，市委组织部调查整理情况，才有人正式告诉我，你的问题查清了，不属于打砸抢，那次是那主任骂你，你打他又没打着，不算打人。去年市纪委找我谈话说，这几年你是受了累，原来准备安排你当副厂长，就为这些事，经过反复核实，清了。嘿，这才了结，好家伙，一个外号弄到市里去，厉害不厉害。

对这"牛司令"，他们说这没什么，也别向单位群众解释了。因为没立案，也就没有落实问题。

现在不知道情况的人还有的叫我"牛司令"；知道这些情况的不再叫这外号了，大概知道这不是好事，这事怪不怪？

生活超出人的想象那部分是荒诞。

一个老红卫兵的自白

1966年・20岁・男 \ S市某师范大学学生

"文革"初期的反动学生——《十六条》公布那夜起义了——"八三一"见到毛主席——北京作家协会批斗田汉——大串联——拥军派抢劫弹药库——工宣队一人手托一个芒果进校——修教路线的典型——看了《红都女皇》后完全消沉下来——"我做红卫兵并不后悔"

  来时，几个当年老红卫兵说，你去把咱闷在心里的话冲他说说吧！我找你不是忏悔来的。我感觉直到今天对我们也是不公平的。你要敢写，我就敢说。当然，按你要求，我还要从自己的经历讲起。经历本身就是一切，这么说行吗？
  我说的可能前后不衔接啊，我先简单把"文革"前一两年的情况说一说，因为这是基础。我是一九六四年的高中毕业生，那阵子我考学的目标就是"南大"，我比较喜欢古典文学。可当时到处都在宣传侯隽、邢燕子、董加耕的事迹，处在"文革"前高潮的预演，上山下乡的不是叫先锋吗。我这个人历来就听党的话,因为我从小学一直受着正统的听党的话的教育。我出身挺好,父亲是个拉三轮车的工人,我的母亲是在农民家庭长大的,我的二姐还是由政府给找回来的呢。解放以前,我这姐姐就卖给这里十大资本家之一刘襄九他们家,卖去之后,我妈妈就去给他家当奶母了。

要讲这个还有一段故事呢,这是题外话啦,就先不说啦。政府经过周折把我二姐找回来了,我对党的感情就是很朴素啊,共产党说什么是什么。可是中间有个岔头我记得特别清楚:在一九五四年的时候,我当时上小学二年级,有一个女老师对我特别好。到了一九五七年了,她突然间就成了"右派"。当时我很小,但挺纳闷儿,女老师挺好的吗?怎么成了"右派"了呢?从那阵子后,我就隐隐地感到领导非常厉害,不能得罪他们,同时也不应该得罪他们,他们就是党啊。后来,我偷偷地去看我们那个右派老师,她已经疯了。她姓严,是教语文的老师。我记得那女老师还穿着旗袍,留着短发,就像电影里"五四"时候那样子。我到她家,她抱着我就哭,她说她真想喊。现在看起来呢,她当时成为右派无非就是直言不讳地提了些问题,可是从那以后我的思想很矛盾。在我的心灵里埋下了两个根子,一个是上级领导了不得;另一个根子呢,就是不能反对党,党永远是正确的,党是不可能出现错误的。后来上中学,就是一直听党的话,党让干什么就干什么,一直到了一九七〇年大学"毕业"分配。历年来,我在分配的志愿书上从来都不填什么志愿,就是坚决服从党的分配。可是现在想起来就是谁听了话,谁活该倒霉,那些不听话的现在混得还挺好……现在把话再接上一九六四年。

一九六四年到春天、夏天之后,我突然间决定不考大学,上山下乡。家里当然反对喽,还有个语文老师也不乐意,但她也得支持我呀!那个时候谁敢说不让上山下乡啊!那时形势还不能不表态呀!不表态不就是反对么!不乐意还得说乐意,特别赞成。我就到宝坻县去了。一共去了七十一个人,那真正就是革命去的。在八一礼堂开的欢送会,市长欢送。

到了宝坻县，那儿正发大水，都是老百姓把我们背过去的。一进村，一看根本跟想象的那个农村不是一个样，不过去了还是高兴的。第一个月，第二个月，头两个月干活儿，还有那种虔诚的革命劲头鼓舞着，干来干去觉得枯燥了。最严重的就是吃不饱，因为下去之后给四十五斤粮食，十几岁的青年啊，四十五斤粮食，而且是任何副食没有，光是棒子和麦子。后来麦子也没有了，就是棒子。等到了冬天的时候，连棒子都不够了，就把花生皮子推了掺着吃。说老实话，这点儿真受不了。所以当我看了张贤亮那个《绿化树》讲的挨饿那段情况，我觉得人真是一饿急了就什么办法都没有啦。这个还没有动摇我上山下乡的红心，糟糕的就是后来开始的"四清"。唉呀，我记得一次下雨刚从地里收了高粱回来——在宝坻县收高粱，怎么收啊，就是从水里捞高粱。它这两边地呀，是沟，人下地的时候得从沟里走，蹚那么深，高粱从水里冒出来二尺来高。怎么收呢？两个人拴根绳子，中间弄个杆，叫拉杆。一走一拉，正好把高粱压下去，手里拿个铁片，叫把镰，卡下来往胳膊上一放抱成一捆。我们这些不会干活儿的呢，就一捆一捆地背出去，很难走哇。高粱砍完都是一个茬一个茬的，就有点像越南布的那个竹雷阵什么的，根本就不能踩。苦哇，累呀！一天，我到村里一个小学校去找一个老师借点书看看，一推门，哎呀，几个干部正在屋里喝酒，这是在一九六四年，那时正在看《夺印》嘛，就这时候。当时思想很简单，阶级斗争都是图片式的。其实现在想起来又算什么，那些干部也挺累的，喝点酒呗。炒三两个鸡蛋，中间有个茶缸子，倒点白薯干酒，七八个人来回这么一轮，叫把拼锅，"拼盘"的"拼"么，就这个意思。可是当时一看他们干部背着农民喝酒这个劲头，马上意识到这是坏事，下意识不由自主地说出来了。可没想到整个那村里就两姓，一是书记的姓，姓孙；一是副书记的姓，姓姜，都有宗族关系，没几天很快传出来了。这天收高粱回来，那个书记就站在街上骂街。当天晚上，连团支书，再加上妇女主任等等一块儿历数我的罪状。其中一个罪状就是，你为什么不服从分配？干活儿的时候你为什么老抢着重活儿干？重活儿你干得了吗？出了事你负得了责任吗？这下我就在村里待不住啦。这时候呢,"四清"工作队就进村啦,我一下就跟"四清"工作队在一边啦。但是当时那个"四清"工作队叫"粗四清",也叫"粗线条四清",搞了两个月抬屁股就走啦。他们一走,我可倒霉啦,哎呀,那简直就受不了啦!书记叫我去拔麦子。宝坻县那阵儿不讲割麦子。他们为了把麦地弄干净,再种第二茬庄稼时省事,就用手拔。这是惩罚呀,咱们根本就拔不了哇,连夜地拔呀,我就动摇了。

到了一九六五年春天,国务院对各专署有一个通知,特别招收历届上山下乡知识青年上大学。公社找我说,保送我去,我问保送还考不考哇,公社说就考考语文和政治,我说我太愿意走啦。后来,我走的时候,村里给我做的鉴定居然非常好。在"文革"当中,我们搜黑材料哇,在学校里搜出来这个鉴定,上边写着我阶级感情深厚呀,吃苦耐劳呀,讲得非常好,太出乎我意料啦。为什么?是村里那帮人用这法儿赶我走。现在想起来,大概我这人还有命上大学。因为一九六五年我要不走的话,就永远不可能再上"文革"前的最后一期旧大学,一九六五年是最后一拨呀。

但也不一定命就好。我一九六五年九月进大学,到一九六六年六月就开始"文革",这还不到十个月哪。去了之后,学校对我这个"下乡知识青年"挺感兴趣,当了班里的劳动委员。那个学校是新建的,什么都是由几个学校凑起来的,从师大、北大呀等校。再说进了学校,首先就是学王杰。读什么书呢?现代文学只讲了一个《白毛女》,后来讲了一个关于大寨的报告文学;历史还没来得及讲,就革命啦,就尖锐啦。再尖锐我不怕,主要觉得自己出身好,没辫子,不在乎呗。另外,我历来就是听共产党的话,是吧?听党的话就不怕。从来也不用多想,根本不用什么"曲线思维",靠条件反射就行。我好虔诚呀。真是认真地写自己的日记呀。哪天哪个事做得对不对?学王杰天天问自己五十个"为什么"之类的,完全写给自己看,不是给别人看的。不像有些人,打一写日记,就惦着将来发表,沽名钓誉。

系里却有一些人总认为我不对头,主要因为一些出身不好的同学跟我谈得来。而我们有个苦大仇深的同学,那真是几代贫农,可也真是蛮不讲理——我在农村待那一年，特别感到在农村里真正捣蛋的不是地主、富农，是那些贫下中农。因为地主、富农根本就不敢捣蛋，不捣蛋还跟他没完呢，他怎么捣蛋哪！所以我对这人印象非常不好。学校里有个政治辅导员就找我谈话，说你得注意什么阶级路线，啊，你得注意跟哪些人来往。我说："他们怎么啦？"你说我这样老顶撞他，他对我的印象能好吗？再加上我每天四点起来上楼去读书，我被他们暗地算个"白专人物"。我跟图书馆的关系特别好，为了跟图书馆搞好关系，好借书，经常去图书馆扫地。图书馆有个管理员，是一九五九年的右倾机会主义分子，也叫"老右"吧，老家伙学问特别深厚，他读英文版的《毛泽东选集》。我对他特别崇拜，这也是一条问题。不过这问题要不是"文革"的话，还不明显，这样就说到一九六六年"文革"的话啦……

开始的时候，咱们根本就不知道"文革"怎么回事，由天而降，一哄而起。叫我们揭发系里头，揭发什么呢？刚刚去了这么几个月，而且那个学校建校时间也特别短，所以只好不贴大字报。不贴，又不是不积极，是吧？党让贴大字报就贴。在《横扫一切牛鬼蛇神》社论之前，还只是贴了点这个没什么用的大字报，可是后来哪，系里头斗争就开始啦，再不干真落后了。我记得是在六月三十日前后，我因为不知道什么情况，只写了一张大字报，针对我们系的主任。谁知这成了真正重要的大字报，主要是针对我们系主任兼党支部书记总压制别的教师，麻烦就来了。一天，学校里传达一位领导人的报告，中心内容是，什么"好人打好人是误会"，什么"好人打坏人是应该"，"坏人打好人是报复"。喇叭里叫着，说全体党团员都去听，我很快地从四楼下来，奔礼堂去啦。刚走到礼堂门口，我也是团员嘛，是吧？门口一个政治部的女老师，戴着眼镜，胖乎乎的；还有一个政治部干事；还有一个人是我们学生会主席，往外推我，说你不能听，分批。我当时还是听党的话，心想党不让现在听，必是有安排，就走开了。可是自己往教学楼走到半道，越想越不是滋味。晚上，我回去一夜没睡着觉，预感到有点不太好哇。因为这时候北京有同学来信，北京运动开展得比较早,已开始在学生中间揪人啦,抓爬虫、抓右派之类的。转天我就去找学校党委书记,一个十二级的干部,可他说你的情况不了解之类的往外推。我特别纳闷,回去我就很气愤,顺手写了张大字报,就是关于不让听报告的事。当天下午,我正在宿舍里躺着哪,没睡,躺着呗,突然来了个同学,俗话说就是系里的狗腿子之类的,找我说系里叫你去一趟。我预感到有事了,赶紧去了四楼的系办公室。当时去的时候说是不害怕,还是怦怦地心跳。不管怎么样,他们是强大的呀。进去一瞧,屋里坐的那阵势吧,几乎围成一圈,有系主任、系副主任、副书记、政治辅导员,还有院党委派到系里进驻的工作组,几个老师,阵势非同寻常,不过太害怕了反而豁出去了。老实说,现在的学生碰到这场面都无所谓啦。那阵儿当学生很少到领导办公室云。那地方好像去不得呀,特别森严、特别伟大的地方就是啊,所以自己作为一个学生还是第一次去。害怕过了分就不害怕了。他们连让座都没让座,我自己拉过一个凳子坐下了。我问:"你们找我有什么事呀?"平时不敢这样说话,是吧? 这时有一个历史讲师——这个人是很有水平的,口才非常好,当过志愿军。他坐着的姿势非常优雅,他说:"你为什么不从你自己本身找些原因哪?"我说:"你们不让我听报告,剥夺我政治权利,啊?"这时,他们之间交换了眼色。那个李老师也不提听报告的事,他说:"听说你看过《燕山夜话》,还买了一个本做了笔记,是吗?"这是事实,我承认。这个教师又说:"你还跟许多同学宣扬,女人的长发之类的,宣扬过吗?"这也是事实,我叫他们抓住了。不过,我马上就冷静下来,我说:"您是教历史的,读了多少翦伯赞的书哇?"他说:"我读翦伯赞的书是我的工作需要,你知道邓拓是干什么的? 邓拓反党、反社会主义,那么你今天看了这书不应当从这个角度去检查?"我问:"从哪个角度去检查呀?"旁边的政治辅导员接上茬儿了:"从反党、反社会主义检查。我说那老师就应当从反党反社会主义角度上检查自己读过翦伯赞的书吗?"院党委工作组的就说:"你怎么能这样跟我们说话呢? 小伙子冷静点啊! 哎,他又迂回过来说,啊,这个事不扯啦,不扯啦,你自己认错不是就很好吗?"他开始向我交代政策。下边政治辅导员又说:"听说你还讲过'全世界资产阶级联合起来'啊,嗯? 你不知道这话的分量吗?"我记得这政治辅导员是个女的,非常漂亮,是一个著名大学毕业的高才生,挺有水平,我真对付不了她。不过我从那次一生也忘不了,一个人真正豁出去了,那他也好办哪。我说:"这个事您提醒我一句不行吗? 从感觉上我没说过这个话。"她说:"需要吗?"我说:"需要。"她说:"在农场,你对同学说的。"那时我的记忆力呀,二十来岁的时候相当好,一下想起来了。我说:"纯粹是污蔑! 咱这样说吧,确实有个同学,无知,草包一个,在农村干活儿时问我,为什么马列的书开头都有一句"全世界无产者联合起来"呀? 当时我们年轻,是非常骄横的啊! 我说你连这个都不知道? 想听吗? 想听我就给你说两句吧。这句话是从《共产党宣言》开始的,《共产党宣言》是马恩合著的第一部书。那时整个欧洲资产阶级有各种反动党派呀,他们之间也是四分五散,一旦无产阶级起来的时候,他们就会联合起来对付无产阶级。那时无产阶级除了团结一无所有,明白了吧? 我就给他这样讲的。"这个话不知怎么汇报上去的,而且走味儿啦,以后这就成了我的第二个罪状。第一罪状是宣扬《燕山夜话》了。这些罪状最后都整理成材料,一直上报到省里。后来把我打成反动学生,也是第二个根据。第三个根据,他们说:"你还想当党委书记,你说过这话吧?"我说:"没有。我自己不知道我吃几碗干饭,我还当党委书记?!"这时那个政治辅导员说:"你咋啦? 我可以提醒你,在小树林!"我们学校西边有个小树林,是个读书区。哦,我想起来啦,我说:"有这么回事。那个院党委书记呀,他一进校就松松垮垮,有一天哪,我们早晨起来在读书,他拿个小口径枪打鸟。我就跟同学说,这书记也够好当的啊,天天用鸟枪打鸟就行了啊。"这话后来人家也汇报啦,再一上升呢,就是"篡党夺权"这意思,这是第三条。第四条呢,说我说了"造反有理"这句话。他们当时还不知道"造反有理"是毛主席说的,是我听北京的老同学影影绰绰传说的。他们问我:"啊? 造反有理,造哪个阶级的反哪?"可后来,毛主席那条语录"马克思主义的道理千条万绪,归根结底就是一句话:造反有理"发表出来，整材料时就没加进去，没当罪状。这样，我就内定成了学校中文系三个反动学生之一。那两个，一个学生呢，因写了一篇不同意陶铸的文章；还有一个同学因酷爱柴可夫斯基的音乐，没事天天就好拉小提琴，在屋里头，他出身于资产阶级。看来呀，我们三个人，一个是直接进攻无产阶级司令部的，一个就是属于资产阶级孝子贤孙喽，我这个人大概就属于无产阶级的叛徒啦。

这个事出来之后就把我软禁起来。第二天气得我都不能起床了。连夜里出去上厕所，都有人偷偷跟着。我当时心里非常难受，自己背地里哭过好几次，心里话，我怎么反对共产党呢？不会。我反不反，我最清楚哇。可是自己又虔诚地检查自己。这时我妈妈给我写了一封信，其中说："咱们可是穷人出身，你文化大革命当中可千万别怎么样呀，好好地跟共产党走，热爱毛主席。"她并不知道我出事呢，还给我寄了二十元钱。当时二十元钱是很难得的了，我一接到这封信那就真难过啦，难过什么呢？当时真是每天吃不下饭。奇怪的倒是我吃不下饭去，系里动员了好多人到床边看我。这次我就火喽，我说："你们别来这一套！我今天躺在这儿起不来，原因就在你们身上。"系主任说："身体归身体，啊，问题归问题，是吧？共产党还优待俘虏哪。"这就是一个共产党书记说的话啊！就是啊！哎呀，我一听这个我就想啦，既然他们这么不讲理，那就有嘛是嘛啦，就是右派有什么了不起的？我身体好能干活儿，能干活儿养自己。我最难过的，要是家里人也说我反对共产党，我跟家里怎么解释？为此我一天比一天消瘦。这时我们系里有个女同学，名字我不说了，她的姥姥是慈禧的一个宫女，她爸爸是国民党党员，所以她在系里的地位可想而知啦。在"文革"以前，我根本就不乐意理她，在我后边坐着，娇小姐一样，当然是咱们这么样看。记得一天我到楼上去了，楼上有一个平台，我站在平台上往下看，那城市不大，一看就看到边啦。我朦胧中有死的想法，这么一跳下去，就全干净了。可是我又想啊，我这么一跳下去，全说不清楚了，而且我对我母亲感情特别深厚。我母亲这一辈子太不容易啦，所有人吃的苦她都吃啦。她曾经跟我讲过，在卖我二姐之前就曾经跑到解放桥，几次想抱着孩子跳下去。我爸爸当时拉三轮，当时正是强化治安的时候，一九四二年。拉了一天的车钱不够买一斤高粱面的。我正犹豫，这时候那女同学来啦，叫了一声我的名字。这个人平时跟男的总是那么个劲儿。当时我二十岁，她十八岁，嗯，长得非常清秀啦，体形也非常好，她是我们系舞蹈队的。我说："你招呼我干吗？"她问："你干吗在这儿？"我说："随便看看。"她说："听说你病啦？"我说："就你没去看吧？"谁料她说了一句话，这句话我记得非常清楚，因为这事情是咱们当时的事。现在四十多岁啦，说这有点不好意思啦，当时是很动感情的了。她说："我怎么觉着你不像坏人哪！"在当时那种情况下，能够说出这么一句话来，我就觉得心里边——好像一下就把堵着的东西给捅开啦，就那么一个劲头，一下子就那么觉着。因为这时谁都不理我，跟我特别好的同学更不理我。过去吃饭的时候都是八个人一桌子，四大盘子，现在都躲开我。我可是从那时候体会到"墙倒众人推"的感觉的。我的一生中总是追求肝胆相照的朋友。我总觉得很多人都是顺境中的朋友，逆境当中全完了。人哪，真是不好体会呀！所以她说这句话的时候，我当时真是……可那毕竟是一九六六年哪。我说："你别拿我逗着玩啦。"她说："我多咱跟人说瞎话呀，你把我看成什么人啦？我知道你看不起我。"这意思是我知道你看不起我，其实我跟他们不是一路人。说老实话，这姑娘当时长得很动人，尤其这句话呀，就引起我特别的，怎么说呢，这个这个，感情吧就是。我说："明天你有时间吗？我想出去玩玩。"她问道："上哪儿去？"我说："你不一定敢去。"她说："哪儿我不敢去？"我说："咱们上白求恩烈士陵园吧。"她问道："怎么走哇？你这么多保镖。去那儿干吗？朝拜去？"我说："你怎么这样说烈士呢？"当时尽管我认为她这个人对我特别好，这个思想跟我还是两路。转天我们去了。她什么也不怕，我们好上了。哎呀，我永远忘不了啊，这女同学真机灵，在批判会上批我，她总是抢着第一个发言。她说的比左派们还过分，一过分，到头了，就批不上劲了。再有，她一见人家把我逼得够呛，就拿话岔开说："你再说说刚才那个问题。"这家伙特别爱用这手作战。

她说:"你想好了呀,打今儿以后,你可跟我这个国民党的闺女挂上啦。"我说:"我不在乎。都到了这个份儿上了,我还在乎什么?反正共产党也不要我啦。"说老实话,要按形象来说,她不可能喜欢我,我也不知这是怎么回事。不过到后来,我和她也不过是同患难不能同安乐就是了。我感觉到用现在的观点分析,她当时好像追求那么一种传奇式的感情,可能是,这认识对不对,到现在我也说不清楚,嗯。但当时如果没有她,不知心里多么空虚。我被她的勇气打动了,自己更能豁出去了。完啦,我想已经都这样啦,还有什么呢?再加上这里还有这么大一个吸引,力毕竟是个感情吧。有了她,我就不是一个人了,成两个人了。再批判我也不在乎,好像从事一个特别伟大的事似的。一天,我们坐在白求恩墓后的松林里,我说:"真想不到,你对我这么好哇。"她说:"嘻,我算什么呀!你别把我看得怎么样。其实有的时候我们女的比你们男的要刚强多啦。这算个什么事呀,我背了国民党闺女的身份多少年啦。"当时我也不知道怎么表达。不过我毕竟也是老高三毕业啦,一些外国文学的书也看过,小资情调呀也有,我觉得这是自己一生中真正萌动感情的一次。那时我想得特别天真,觉得当然她这一辈子就跟我啦,不会有什么变化啦,所以斗争起来就更有劲啦,觉得自己不是孤立的啦。这是跟她这一段,这就是我"文革"初期这一段,在受压制这一段,还伴着这么一个小小的罗曼史啊,这大概就是初恋吧。当时我记得看了苏联的一本小说《多雪的冬天》,里边好像有句话,是说人的初恋永远不会忘记的,即便以后两次、三次啊,这第一次每次提起来的时候还是……还是怎么样呢?

这一段日子过去,我就被送到农场去了。跟我一块儿劳动的有老右派分子、右倾机会主义分子、国民党的什么人,司徒雷登的马弁什么的。这时北京已经开始斗老师了,我们这里的运动比北京的运动慢半拍。八月份地里的花生老高了,白薯的叶子也都挺茂盛的。艾呀,那时候我心里不知为什么突然想跟老右派们接近了。有一天晚上,我就偷偷地上一个老右派住的地方去,这人就是我前边说的图书馆里的那个,他住在猪圈旁边一个屋里。我一进去,他正读英文版的《毛选》

呢。我也不知为什么找他。说老实话,我这人也怪事,就是对他们这些人始终恨不起来。他问道:"你到这来干什么?"他还挺紧张的。我说:"我来看看您啊!"他说:"不要到这边来呀,我是右派分子,你知道吗?"我说:"正因为您是右派,我才想来。右派不能接近吗? 右派也是人哪! 您读什么哪?"我主动跟他说了我的简单情况,他先拿眼看着我,一句话都不说,什么都不说。等我要走了,他还是什么都不说。第二天再去,还那样,什么都不说。第三次我到他那去,这是我一生不能忘记的。我说:"我已经第三次到您这儿来啦,我就想问您一句……"他马上说:"我有罪,我有罪!"我说:"我不想听您这个,我就想知道,怎么才能不犯错误?"他看了我半天才告诉了我。他说:"你不是爱看书吗? 你记着啊,今后要想不犯错误,凡是你特别爱看的那本书,那本书准有问题。"我听这句话像禅语似的,根本就不明白呀。他说:"咱们脑子里修正主义的资产阶级的东西太多了,所以只要是你爱看的那本书,只要是你特别欣赏的那些地方,你批判准没错。"到后来我一直拿这话来衡量,特别是写批判稿子,一写准成功。

八月十日,农场里突然间要听重要广播。那阵儿就是凭着社论办事啊,后来就是凭着语录办事吧。这天是《十六条》下来了,这个社论有几条真说到我的心坎里去了。我现在连播音员的声音都记得特别清楚,我觉得"文革"时期播音员的声音特别高亢激扬,跟现在不是一个味儿。其中有这么两段话,就是说在这场斗争当中,革命小将的大方向始终是正确的,他们尽管有这样那样的错误,但是谨防有人把他们打成反革命,还要严防什么政治扒手。而且提出这次运动的重点是整党内走资本主义道路的当权派。说老实话,真是字字句句说到心坎里啦,一下子跟毛主席的感情那真是深得了不得啦。听完广播的当天晚上,我们就起义了。我自己一个人从农场走到市里,是三十多里,再到我们学校是十里地,四十里地呀,当天晚上我就跑回学校去啦。那四十里地是非常荒凉的,好家伙,我记得走那滹沱河岸边坑坑洼洼高低不平,可越走越高兴。到学校,立刻就跟别的系的同学串联起来啦。我也不知道怎么认识一个政教系的学生,他也是跟我这个类型一样，也是不断地给系里提意见，挨整。那阵儿就"同是天涯沦落人"啦，就是"相逢何必曾相识"啊。我说："你看透了没有？反吧！"当时对中央文件领会得特别深刻，就在那天晚上，我们跟机械系的几个同学就成立了一个组织，四张大字纸贴在一起写一行字，从四楼往下放，就是"舍得一身剐，坚决把黑帮拉下马"。当晚，我还写了一张大字报，叫《控诉系主任对我的迫害》。说老实话，这个大字报其实没有什么内容，都是列举的事实：几月几日干什么，几月几日干什么，怎么整我啊。哎呀，这张大字报贴在楼上并不显眼的地方，可一贴出来，全系都炸了。我们这一拨就是公布《十六条》那天晚上闹起来的。那时发表重要新闻大多是晚上，不是早晨。不是有个《新闻联播》节目吗？消息比早晨的还早，晚上八点，全国都听。第二天白天，我们系里就翻了天了，系里毕竟还有暗地里支持我的，这下都找我来啦。说老实话，咱那时候就没有无产阶级革命家的那种策略，马上你还不把他们团结起来啊？当时觉得自己早就是正确的，你们现在来这一套啦！我自认为只有那女同学是唯一的战友，跟她的关系也公开了。贴出大字报是早晨五点。写完了之后把我累的呀，就在写大字报的这个乒乓球案子上铺上纸，摊开身子在上边躺着，那简直是一种解放的感觉。裆子上到处都是墨汁和糨糊，乱七八糟的。她来了一下就把我的头给抱住啦，不像原来男的女的顾及怕给别人瞧见，根本就没有那个啦。她说："可把我揪心死啦。"那种狂乐的心情啊，不光是一种政治上的解放，好像觉得我是真正革命的，而且比他们都革命得早，连自己过去的害怕都忘了。全系形势一下子扭转了，声援的大字报像雪片似的盖过来。很奇怪啊，原来那些左派也反过来支持我啦。我呢，最死恨的就是学生会主席、团支部书记两个人。我这个人有时候也是非常骄横的呀。我说："鹿死谁手，现在大概能见分晓了吧！"我强烈要求系里马上开对证会，我们当时没想到把系里领导揪出来。说老实话，我这人是人情味儿比较足的，报仇就完了呗。当时一看系主任也耷拉脑瓜子了，就有点费厄泼赖了。没想到对证会这自发的会议，不用任何召集，不月喇叭喊好几遍，全校的人就都去了。地点在礼堂，大会也没什么程序，由谁组织呢，这阵儿造反者还不懂什么呢，还由团支部书记组织。你说这思想禁锢得多有意思呀，到这时候还不敢踢开他哪，好像觉得只有他的领导才顺理成章。在会上，我讲了事实经过。再说一句，开始摆桌子的时候都不敢摆台上，我觉得那个台上不是我们应该上去的，结果就摆台下。用麦克风，这麦克风还是基建系的同学给扯出来的线临时安的。我在上面讲了，坐了那么多人，一上去自己也害怕。那天也真热，是八月十二日。我把整个过程讲了，越讲越委屈呀，那真是声泪俱下。因为这一下子勾起自己多少心思来呀，连妈妈的事，连这个事，连那个事，这一讲确实有很强的效果，那不是人造出来的效果，大家感到气愤啦。而且这个《十六条》一公布，大家的胆子也都大起来，口号声就响起来了，喊着"坚决抗议系主任同志对革命小将的迫害"！开始还叫"同志"，喊着喊着，"同志"两个字就没了。这也有一个过程吧，不是一下子就把干部弄倒了。对立面一看，好家伙，不行啊！半截给制造故障，把喇叭线掐了。坏事就成好事啦。那时候正处在革命的高潮，"巴黎公社"刚刚起来，你竟敢制造故障？这时根本用不着我上手，机电系的小伙子就上去啦；中文系还没有那么粗野。一会儿玻璃"哗啦"就掉下来了，群众运动往往都是酿成的，不是预谋的。这天晚上，全校革命达到高潮，立刻宣布说，革命造反团占领广播室；跟着我们发布了第二道通令，院党委书记、院领导立刻都到会场来。现在想起来都不知道胆子从哪来的。以前根本不敢招呼他们的名字。叫他们来，他们老奸巨猾，不敢来呀，来了弄不好让学生打一顿。实际学生还没那个胆量。说老实话，这还只是跪着造反。他们来了一表态，支持学生就完啦，我们还没有批斗什么的。不来，这个会就开不下去啦，整个这帮人就拥进院党委办公室。一层楼是办公区，从来都没敢进去过。这一次真有点像《湖南农民运动考察报告》里那个劲头，一下就冲进领导办公室里啦，根本也没见过这么豪华的场面。现在看沙发再普通不过，那阵儿沙发却是高贵的象征。进去之后，一看都有点胆怯了。那个院党委书记是个挺瘦挺瘦的老头子，问同学们干什么，我们走在前边的都想往后退了，可是后边的倒有点勇敢。后来在两条路线斗争检查的时候,说我这人还不是一个彻底的造反者,因为对他们恨不起来。他还是党嘛,对不对呀?! 可是他说:"你们的情况我不了解。"这下可激起火来了。我说:"你们不是不了解情况,马上都到会场去。他们一走之后,那个屋子就归我们啦,都上了沙发,咱也坐坐这个。就是这个情况,小姐的牙床也要滚一滚哪,就是那种感觉。那屋就成了"文化革命委员会"临时待的地方啦。我总觉得这事就完了,对"文化大革命"真还不懂。这个树欲静而风不止啊,或者说无风树也摇哇。我们这个学校是一个新建学校,老师们来的时候就分三派势力:进修学校的、工业学校的、师范大学的,还有各地的志愿兵,各地来的领导,来一个领导带来一拨人。我们一闹好像扔了个炸药包,他们互相干上了。他们互相知底细,愈闹愈大,愈升级。这时候,到了"八一八"了。毛主席接见红卫兵,全校的斗争就开始高潮了。这个时候,我们更是左派啦。不能不革命呀! 就开始批斗党委书记。实际上我现在认识到,我们学校的这个"文革"是怎么回事呢,学生的这个革命跟老师宗派的派性斗争搅在一块儿了,而我们呢,就成了人家利用的工具。可又身不由己,整个时代往前发展,也许只能那样做了。你上了台,你就下不来了。可是这时我有点腻了。因为学校斗争一到高潮之后,开始有打人的了,打得厉害呀。我从来在"文革"中没打过人,我对你这么讲,当然也没用是吧。我就这样说,你就这样听吧。那阵儿越是保守的人起来造反越是打得厉害,这就是"文革"当中的现象。这样说,我也不知你爱听不? 这是说原来你没造反,保当权派的,现在起来造反,打得反而最厉害。他们只有用这个来表现他们最革命。本来他们就是"左"的根子,本来他保你,等后来一看大势已去,不行啦,批斗你比我还凶还左。这是"文化大革命"我见到的一个现象。就拿斗系主任说吧,我总觉得他就迫害我那一段。但我知道他是三八式的老革命,是华北联大出来的人。再有他学问特别好,对鲁迅的杂文很有研究。我在业务上崇拜他。我这人也怪事啦,一看见能耐人那真是不管别的怎么样,也崇拜人家。再说他又跟我道过歉,恨不起来了。打人这叫什么呢。我记得那次斗系主任,"啪"地一下弄个大纸篓扣上了。纸篓糊帽子好糊哇,就着那个纸篓的空间,一糊纸就成啦。说老实话,这时我再批判系主任已经没嘛新鲜东西啦,没什么新词啦就是。可不能不批呀,只能在原来的材料的基础上上纲。你再老说那段,人家也不高兴听啦。批得连我自己也底虚,没底气也得批。所以我发现革命也会促成人的品质上发生变化。当时,系主任高血压,五十多岁的人啦,他们一边斗,一边叫他站在椅子上转。你可怜他是不行的,当时我发完言之后就走了。说老实话,我总是下不去手,你下不去手还得装得特别狠,因为那阵儿谁越凶狠,无产阶级感情越鲜明,要不为什么斗得特别厉害呢。有一个女的,别提她名字啦,是班上的团支部书记,上去拿手指一戳就戳到系主任的脑门上,那女同学的指甲盖子多尖啊,一戳一块肉就下来啦。我实在压抑不住啦,人有感情啊!我跟你说这些不是美化自己,美化也没用,我还不知道我怎么回事。完事我到系主任屋里,他正在哭。我进屋还得保持那无产阶级革命作风啊,我先说有嘛问题自己好好交代。实际感情很复杂,是吧?我又说:"对你的事当然都得实事求是,如果谁要不实事求是,我们也不答应。"这都是好话没好说。他说:"你们要真批我,我口服心服,现在这样下去,我可真受不了。"我一听心都发酸。我想想,就说你把语录拿出来,啊,记住语录多少页多少条,我们应该相信群众相信党,是吧?有了这两条革命原理什么都好办了。实际只能拿这个当安慰话了,别的都没说,因为不能说。他当然明白。这就是为什么后来等我毕业的时候,系主任解放了,专门约我到饭馆吃顿饭。哪有系主任请学生吃饭的呀?这是插进来后来的一段事。

到"八三一"的时候,我们的人都开始串联了。大概现在我也不后悔,这一生串联是最美好的时候。我们先到北京,长征到延安,又去武汉、长沙,一直到新疆南边的阿克苏。从北京到延安是走着去的,总共走了二十多天吧,连玩带走,也不感到累,挺有劲的。出了娘子关往西走的时候,风景特别好,一天最多能走八十里地,有时走五十里地。首先到北京,到北京时正赶上吃饭不要钱,那全是陶铸同志做的好事啊。嘿,我记得大桶里是猪肉熬土豆,米饭随便盛。睡觉不大好，教室里头铺一层草，但那阵儿谁也不骂街，因为那就是革命。那次见到了毛主席。好家伙，后来通知我是河北省五个观礼者之一。就是坐观礼台上，在天安门两边。实际上我在那还不如在长安街。那次毛主席在下边走，不是在天安门上边。每次毛主席见红卫兵的方式不一样，先是在天安门上，后来步行过金水桥，再后来毛主席坐车，大伙儿都坐好了，毛主席从人群里穿过，为的是让大家看主席的形象吧。我到北京，一个是听说北京作家协会特别热闹，一个就是看毛主席呀，也想见林副主席、江青同志——那时就这么称呼呗。我看毛主席一共是三次。第一次就是做观礼代表这次，激动得不得了啊！从清华出发，在出发之前，那阵儿啊都等一夜一夜的。真的，也不知是怎么回事，那阵儿啊人们的自觉性特别高，什么流氓、小偷的也特别少，搞什么活动太方便啦。可能那种非正常的恐怖把这些流氓、小偷也给镇住啦。群众专政确实厉害，你好歹会念段毛主席语录就管用。整个中国就像打篮球的人盯人，你这边打个哈欠，那边都听得见，我总觉得比现在好管。那天黑夜三点喊起来，在清华大学里头，多快就集合了呀。喇叭里喊着河北省站哪边，湖南省哪边，内蒙古站哪边，人们纷纷黑夜里从草里爬起来，热天呼哧哧地也不注意什么形象啦。当时是谁要能找个军便服那就了不得啦，尤其是那老式的，肩上带眼的，革命时代的衣裳嘛。那夜我们徒步走，从清华一直走到天安门。我记得走到新华门就等着啦，一排一排，从夜里三点一直等到下午三点，也不饿。后来有用大筐送面包的，上面贴着"向各地红卫兵小将致敬"的文字。我拿了一个，样子特别有意思，特别长，特别细，能直接插到兜里头，一会儿掰一口，一会儿掰一口的，等着毛主席。就这样等啊等到三点。我怎么说那时人们心里都特别纯洁呢，在观礼台上，我旁边有个江苏的小姑娘，挨着我特别近，我们就开始聊天，说这个，说那个。我爱跟南方人说话，因为这个南方人的普通话别具风味，有种吴腔软语的特点。后来毛主席就出来啦。要说真纳闷啊，毛主席刚一出来的时候没声音，镇住了呀，你说天安门多大地方啊！上百万人，大概有这么几秒钟，一点声音没有。毛主席刚一过金水桥，有人第一声一喊，整个声音就起来了，乱哄哄的也没有什么规律。周围的人全哭了，我也哭了。这时我旁边的小姑娘个子矮，她看不见哪，观礼台乱挤一气，我有力量挤，看毛主席看得特别清楚，毛主席的身体确实非常好，毛主席那面皮呀，就跟这桌子色似的，黑红黑红的发亮，我觉得作为一个领袖，在身材上真是无与伦比。后来就等着林彪，紧跟着后头。我们心里也都哭哇，心想，林副主席怎么这么瘦呢？那时就是这样想啊。我记得后来回去跟我妈妈也这样说，说林副主席这么瘦，将来怕熬不过毛主席呀，就是说怕接班人先完了，那怎么办呢？我身边的小姑娘看不见毛主席，她急了。我说："怎么办呢？"她说："你抱起我来吧。"那个小姑娘跟我岁数差不多呀，我没办法，就把她抱起来了。她叫着："我看见啦！看见啦！"高兴得乱扑腾，语录本也掉下去啦，那阵儿就没想到男女的事，根本就没有这意识。唉呀，后来喊得嗓子都哑啦。毛主席转了一圈，那喊声一直没停。那次大概有十好几分钟吧，看得最过瘾了。这是我第一次看见毛主席，后来"九一五"，还有一次是十月份吧，记不清了。

　　见到江青，咱就说老实话啊，对江青讲的内容很高兴，对江青那调儿简直太不理解啦。后来说相声的模仿江青那调儿就是那味。这次回去更增强了造反的野心，更觉得自己正确了。原来不敢做的事，这回也敢做了。但大串联又使我的思想变得复杂了，在北京时，我到作家协会去一看，竟有茅盾的大字报。我说茅盾怎么也不行了呢？全都不行啦？还有贴杜鹏程的大字报，说他们在北戴河抢鸡子吃；说茅盾家里不知养了多少人侍候他，他像个吸血鬼似的，有多少小护士侍候他，就这类事吧。我心目当中好些神圣的东西就全毁啦。尤其在作家协会的后院看一帮人斗田汉。我是最崇拜田汉的，田汉的剧我最爱看。哎呀，斗田汉斗得太厉害了。田汉跟现在少林寺那个护寺的大和尚差不多，挂着大牌子，上边写着"反革命修正主义分子田汉"。旁边一位是民间文学研究会的贾芝，还有一位就是阿甲。田汉哪，对头下弯。那阵儿北京斗人的水平真高，对头下弯就是人跪着，背弯下来，脑袋贴在大腿上。哎！再一看哪，田汉脑袋上有三条血筋，他光着脑袋，可能是刚剃的，当然原来头发也不多。批判他的人都是四五十岁的人，不是红卫兵，像干部似的。所谓罪状大多是闲事。"文革"批人，都是把正事与闲事相结合。中国人越是闲事越感兴趣，越能搞臭一个人。光批判他怎么搞修正主义，鼓吹反革命分子，老百姓听了上不了劲儿，实际上先把名声搞臭了，政治上也就不打自倒，好办了。

那时大串联，坐火车不要钱。上车之后连厕所里都是人，有人躺在行李架上，人在车上不敢下去。我先插一句，后来去武汉的时候，我旁边坐着一个湖南的小女孩，三天没敢动地方。我说："你怎么不下去买点吃的？"一下去就没座啦。尤其车门一开，"呼啦"就进来一大群。那时人们比得上铁道游击队的水平。最高水平的就是在座椅靠背上把铺盖卷打开放好，人躺上去，还睡觉，你能想象吗？可那时真高兴。

从山西到陕西一路上看见人民，穷啊，心情就不一样了。路过一个村子，一个孩子看上我胸前的毛主席像章，上山采了一天草药，拿药跟我换。哎呀，我这泪一下子就下来啦。人民对毛主席的感情多深呀！我不要药材，干吗用呀？我赶紧把那像章，还有我们一块儿来的同学的各种形状的像章，都给他了，他如获至宝。他妈妈说了一句话："别瞎玩，好好供着。"那村里呀，凡是贴毛主席像的地方，原来都是贴灶王爷的地方。这不是把毛主席神化了吗？代替灶王爷啦。这实际上已经成了悲剧了。到延安的时候就更加失望了，根本就不好看，什么宝塔山呀，而且陕北人跟想象的也不一样。就说白羊肚手巾吧，脏极了，跟抹布差不多。人民根本不那么高兴，低眉顺眼，不像舞台上戴着红兜兜跳舞那样，对我们串联的学生也没啥感情。我们住的都是红卫兵接待站，也许人太多了，什么都没看，就看了毛主席跟江青三口人的合照。回来的时候，思想反复就更大了。我说："这是什么革命啊？人民太穷了！真穷啊，我刚才说拿药材换像章的那个村，好几家的姑娘穿的裤子补都补不上来呀，把中国人弄成嘛样啦？！我心里非常压抑。延安不是革命熔炉吗？共产党发迹的地方啊！它怎么还是这样啊？

十一月份,大家都串联回来了,也都有了经验。各派组织加强了,争着斗黑帮。这就是一九六六年冬天,学校的斗争已经跟社会上的斗争联系起来了。社会上对驻军问题产生了两派。我那个组织为了替一个挨打的工人造反组织说话,莫名其妙成了拥军派。对解放军我是有感情的,支持驻军理所当然。当时我们叫"拥军兵团",七军团二八班。夜间巡逻的时候,每个人都戴一个柳条帽。对立面贴解放军大字报,我们干吗呢?每天夜里出去,不管多冷的天,推着小车,上面扔一桶糨子,偷偷摸摸地到大街上拿手电照,凡是攻击驻军的大字报,看看没人,马上就糊上,然后再写上"坚决拥护解放军,谁要毁我长城就砸烂谁的狗头"!你说那阵儿多认真啊。我觉得怎么反也不能反解放军呀。解放军解放了全中国,军队在我心目中最神圣。我们好多战斗支团都是用毛主席的诗词命名的,如"反到底战斗团"、"丛中笑战斗团"、"卷巨浪战斗团",我那战斗团就叫"冷眼向洋战斗团"。毛主席不有一句"冷眼向洋看世界"吗?这时社会上有个"狂人造反团",他们的组织性、纪律性特别强,袖章上"狂人"两个字不是一般写法,写得"人"字就像风刮的那样子。"狂人造反团"善于抬死人上街游行,都是两派武斗时打死的。他们进攻军事管制委员会啦。我们这个兵团接到通知行动好快,从桥西跑到桥东,只用了二十分钟,从近道跑,然后整个二十几排的学生啊,把军事管制委员会保护住啦。

我先插几句别的。当时我一直是干动态的,负责跟全国各地联系。所有材料都从我手上过,所有传单都经我过目,有时还拿大喇叭上街辩论。大喇叭放在车上边,十好几个喇叭捆在一起,扩大机搁在车里。还有一个备用喇叭,随时准备被砸。我们那时训练的广播员,现在电台都不可多得。我那个相好的女同学,声音极好,连讲四五个小时都不累。讲话也没纸稿,用嘴说出来还特别合乎逻辑。我们兵团还培养了一个人,专背语录。马、恩、列和毛主席语录,他都会背。辩论时需要语录,只要说:"快,来点!"他肯定给你来一条语录,还特别合适。他是学物理的,脑子好。他不光是背,光能背语录那不算嘛。语录那阵儿我也能背得下来,"老三篇"都倒背如流,《毛泽东选集》四卷的第三卷，我都背得下来。那阵没书就看那个。比方对方攻击我们，我需要条语录，说他们搞阴谋，他马上就给写出几条来，说当时在第二国际斗争的时候，列宁驳斥考茨基时曾经说过，在政治斗争中最卑鄙无耻的事无异于把自己的话强加在对方的头上。那些犄角旮旯的话他都背得下来，我们就管他叫"马列主义弹药库"。

再说那次保卫军管会，我们挨揍了，狂派人太多。我从那时体会到了挨打时只要大家都不松手就垮不了。有一个人一退，全完，那真是兵败如山倒啊！结果怎么办呢？我们女同学那儿出现了薄弱环节，一打开缺口，对方就冲到军管会里去了。冲在前边的是几个工人，我们一下给工人跪下了。我叫着："咱们工人怎么能冲解放军呢？没有解放军，有你们这些工人呀！"头前是老工人，那几个工人正在犹豫时，解放军出来了。解放军都拿着语录。解放军挨的那顿打——那次我可真是亲眼见解放军"打不还手"。大嘴巴子真打呀！解放军把两手放在胸前，他怕被人照相啊！因为手一动就像打架的。这都是事先交代过这样做的，打得鼻青脸肿直流血。可是那时我们哪知道后边还有别的背景，有人操纵呢？那次我看了真感动，都哭了。我们就举着袖章往前走，后边的人也就跟上来，浪一样往前拱。打这一次我们学校就和社会上的斗争搅在一块儿了，以后社会上的斗争更加激烈。实际上大规模的武斗都在一九六七年夏天。哎呀，全国武斗最厉害的是四川，出现了高炮、飞机，其次是我们这儿，武斗一开始是拳打脚踢，我也参加了一次武斗队。学校两派各占一个楼，说来说去糟践国家东西真不少。占领一个楼，就拿铁棍子把窗玻璃"哗啦"打喽，怕对方扔东西，被碎玻璃扎着。把楼梯都给拆了，自制成活动楼梯。全楼里没吃的就去抢食品厂汽车上的东西。有时开车的故意从我们楼过去，停在那儿任我们拿，不管，因为是一派的。

有一次武斗，我摔破了腿，解放军一直把我送到白求恩国际医院。其实我还不是作战打伤的。好家伙，第二天，好多红小兵来给我送鲜花。有些女将真英勇啊！两派互相投石子，在休战的时候，一人背一个大背包跑到战场中间捡"子弹"。我看我也不是武斗的材料，眼也不行，就专搞动态了。搞动态挺带劲儿，主要通过潜伏在对立面组织中我们的人搞消息。这些人大多是收买来的，不用钱收买，当时也没钱呀，靠挑拨。说你是个老造反，现在勤务组都没你。领导班子叫勤务组，一把手叫勤务员，这是巴黎公社的叫法。这样就慢慢地拉过来不少人。还打到对方组织里去，派人带假情报过去，参加他们的组织，很重要呀。这是我们的地下动态员。对立面组织内部有个四个人组成的"契卡"，经常开展肃反，有时肃反出来，也真揍。我们也搞肃反。我为什么对武斗腻歪了呢？记得我们逮了一个女的，是化学系的一个姑娘，戴眼镜，身体特别弱。她是单为探听消息来的，被带进学校一小屋里去啦。我们这边一个女将，长得特别魁伟，是邯郸人，狠打她。化学系那女的真英勇啊，大皮带这么宽，"刷"就抽下去啦。这姑娘别提多坚决了，坚持自己的观点。那大皮带真狠哪，一溜一溜抽呀，一下子一道红，胳膊上，脸上，打完，这姑娘把头发一甩说："我再说一遍，打死我我也是这观点。"说老实话，我现在认为那时红卫兵百分之九十以上真是当革命搞的。师大死的一个女同学，她曾对我说过，"我觉得我就像保卫巴黎公社的战士似的"。那是一次武斗，两边拿小口径对打，人都往后退，这女同学自己硬顶上去，一个流弹打在头上。你说她要有私心杂念能那样干吗？想起"文革"，说老实话吧，我不后悔，我可以忏悔，但我不后悔。因为当时我们不是怀着卑鄙的目的参加的。当时正经八百当革命来对待的，你说我们受了那么多罪。第一次参加武斗的时候，黑夜都不敢睡觉，每天鞋都不敢脱。外边一声哨响，一骨碌就起来。没黑夜，没白天，不能退缩，退缩耻辱。也有逍遥的呀，那时逍遥的简直像狗屎堆一样。现在有些人把罪责完全推到红卫兵身上，我就觉得特别不公平。一个路线错啦，就像井冈山上第五次反围剿，对那些红军战士怎样评价呢？能说他们死得狗屁不如吗？对不对呀？一场战争指挥错啦，战士死了就不算烈士？

到了六月份，武斗就更升级了，动枪啦。那天晚上被布置了，说坏人都武装起来了，我们不武装起来不行。江青曾说文攻武卫，没有枪不行。就决定到解放军那去抢枪。实际那是解放军让抢的，到军工厂啊，大门敞着，没人管，哪里是抢？纯粹是"周瑜打黄盖——愿打愿挨"。武器库也开着。管库的人说："你干吗呀？你干吗呀？一边说一边往里领。还拿手电给照着，这边来，这边来，原来是军队布置好的。抢了枪，也不能打，试打结果连一环都没打上，这枪后来没使上。

我总觉得整个"文革"的过程是毛主席领导的，后来他领导不了了。人们开始投身这场文化大革命的时候，还都是由衷地参加革命，以一种虔诚的水晶般的心，跟着领袖去干，去进行一场反修防修的斗争，可是随着"一月革命"风，"文化大革命"日益深入的时候，这场革命就不纯洁了。已经明白了革命就是这么回事，于是有些人有意识地、能动地利用这个革命，这就决定了这场革命越来越肮脏。这是因为夺权以后涉及到个人利益，党内派系斗争日益明朗化了。有些政治扒手、政治掮客就开始有意识地把自己的东西塞进这场革命，所以这革命就不好办了。如果说"文革"初期的时候还可以说是一场圣战，那么后来完全是一场权力战了，一场权力的再分配了。

一九六七年十一月，我们学校是全省最早成立革命委员会的，不久省市革命委员会也成立了。成立革命委员会，都是我起草致电。当时叫"三结合"，一个工人，一个解放军，一个红卫兵。革委会是权力分配，开始争权夺利了。红卫兵的命运越来越不好。红卫兵是第一梯队，解放军是第二梯队，工人是第三梯队，所以越到后来红卫兵越不值钱。到工人宣传队进校时，红卫兵简直就是臭下三滥了。解放军进校还好，表态支持我们，那是我们的大恩人，所以对他们顶礼膜拜。但后来使我们非常懊悔，这就是一九六八年初。那阵儿不许提'业务'两个字，我们觉得"文化大革命"已经差不离了，该念书啦，要求复课闹革命。解放军对我们讲："是啊，复什么课啊？！只能复毛主席思想之课，复马列主义大批判之课；业务课的词都不应该用。业务应该叫什么呢？应该叫为人民服务的本领。后来报上发表了一篇社论，对业务问题讲得非常左。当时我也仗着自个儿是老造反，纠合了两个老造反派，加我一共三人，写了篇大字报，直接贴在报社门口，大题目就叫《三月二日社论的问题》。我身边不是有一个"马列主义弹药库"

吗? 由他提供语录。谁知一天之内就出现了无数围攻我的大字报,还来了好几汽车的人堵在学校门口,要和我辩论。驻军专门约我谈,说造反派要立新功,老造反就会犯错误,现在正是小将犯错误的时候。毛主席那套话又来了。校革委会就把我抛出来,意思说你跟人辩论去吧! 亏得这时候我们还有几个确实从白色恐怖杀出来的,保护着我。从此以后我就退出一切组织,跟学校的关系特别拧。参加一个创作组写话剧,题目叫《春到长城》,大意就是走资派厂长怎么迫害工人,后来文化大革命时打倒了他,工厂就好啦。那时的小说、戏剧都是这么个意思。

学校里肃静不下来,又抓起"三反分子",尤其是反毛主席的。一个同学没事的时候在窗台上写字,"大海航行靠舵手,干革命靠",后边的"毛泽东思想"还没写,有人招呼他,他就走了。后来,不知谁擦了没擦干净。过了两天,不知谁又在后面写了"当代最大的修正主义",结果话就连上了。有个女同学见了大惊小怪地叫:"哎呀,你们看,这是反标!"那时候人人战战兢兢,已经动用专政机关啦。当天下午就把我们那个同学揪出来了,反革命啊! 我跟他在一屋睡了两年多,怎么会是反革命呢? 全系一个接一个开批判会,驻军在上面喊着:"严重的阶级斗争已经深入到我们班里来,搞阶级斗争就是要六亲不认,马列主义的实质就不能有任何私情。"他胡解释,我接受不了,可是不敢言声呀,言声要揪出去怎么办? 结果好多同学站起来说:"我揭发!我揭发!"我纳闷你们都揭发什么呀? 啊,一九六八年那阵儿,我觉得是开始革我们红卫兵的命了。结果那同学判刑十年,到处游斗啊! 还有一个同学也被揪出来了,为嘛呢? 他写大字报,写完涮笔水那么一甩,甩在毛主席像上一溜儿,吓坏了,他赶紧叠巴叠巴,也不敢烧,压在自个儿褥子底下了。过些日子,他给忘了。后来学校闹臭虫,挨屋打药时被发现,当场就揪出来了。驻军真狠呀,往公安局一送,马上进监狱,马上就判,快极了,也是十年。那真的太厉害了,比白色恐怖还厉害! 对这"文化大革命",由于这么没有良心的胡批乱斗,出自个人私心的胡打乱凿,再加上白色恐怖,我真腻了。腻了这里边可能含着有更高的觉悟吧！再说岁数也大了，面临毕业，差不多大家都有一种厌战的情绪。那个和我要好的女同学忽然和我吹了，大概怕我这人容易出事。忽然一个烈士子女，五大三粗的，找到我说："我挺崇拜你。"那时女子说话都跟男的一样，好像女的要有女子样儿就变修了。说话都是"你奶奶的"，才有劲哪。袖子卷起来非得卷到胳膊肘上，这是那时候的审美观点。想起来那阵儿也是够飒爽英姿的。看来我这件事也染上了"文革"色彩。我们非常密切的时候，已经到了"文革"后期，岁数也是二十四五了。人们没事干，这种事就很自然地发生了。可是临毕业的时候，我跟她又活活地让工宣队给拆散了。

到了一九六九年，工宣队进校了，工人阶级领导一切了，工人阶级再一伸进腿来真坏事呀！说老实话，驻军凶还讲点政策，那工人宣传队进校实在是毛主席最失策的地方。工宣队什么东西呢？天不怕，地不怕，觉得自己是老大。这时候，红卫兵已经是老三位了，到后来就是老九了。我记得工宣队一进校就说："我们工人阶级是占领学校的，是毛主席派来的。"一人手里还托着一个芒果，是用塑料做的。讲话时说："我们工人阶级就是大老粗！""唰"地扣子开了，一条腿蹬在讲台上。说起来难以置信。当然，他们中有个别苦大仇深的老工人，而这种老工人正成了他们工人阶级占领学校的筹码。有个老工人忆苦，那是真苦，伸出手来没几个指头。忆苦为了嘛呢？还得进一步斗知识分子，全被利用了。工宣队一来，马上与驻军闹矛盾。而工宣队一进来，准有一拨人去哭诉，怎么受压，这个那个的，工宣队就有事干了。工宣队头头出了个主意，把我们拉出去，到农村改造思想，解放军的军训队、军宣队和工宣队也跟着。哎呀，那时真是活活要把人给折腾死！一声哨响，一二三，"唰"地下稻田。好多女同学都来例假，都不敢言声，腿肿得一按一个坑儿。累得每天早晨都起不来，大家还得站在毛主席像前说，毛主席，毛主席，今天我想干什么，我想遵照您哪条思想怎么干；后晌儿回来，临睡之前，累得根本直不起腰来，还要对着毛主席像说，毛主席，我今天又犯嘛错误了。早请示，晚汇报啊！工宣队说要搞"红海洋——毛泽东思想一片红"，全校能刷的地方一律红油漆，大家什么也不干，天天不是刷漆就是刻葵花。黑夜没事总备战。你刚睡熟觉，就被喊起来急行军。不许开灯，摸着黑打背包，一跑就是三十几里地。我真火了，第二天没起，我说这不是折腾死人了吗？是不是？你们看不见女同学她们怎么受？我仗义执言地说了。我说我不干了，你们爱怎么办就怎么办吧！我这一讲，军宣队的连长还算通情达理；工宣队就急了，"啪"地一下把手里的镰刀柄撅折了，愤怒地说："你太猖狂了，我看你比修正主义还修正主义！"我说："你呀，甭来这套！告诉你，我爸爸当工人的时候，你还不知道在哪儿呢！"那连长吓唬我，把我拉到一边儿，对我说："明天上午写检查，一定写，我保你没事。"我说："不写！"他说："你混蛋！"一拳就打我肩上。我明白他这是为我好，要不是他，那次非把我揪出来不可。那次要被揪出来就坏了，罪名小不了：反工人阶级啊！我们这红卫兵多窝囊！

一九七〇年春天临分配时，学校里突然间没头没脑地传来这么一件事，说我爸爸是特务。这一下工宣队就直接渗入，找我那个烈士子女的女朋友，不下十几次谈话……这是我的隐私啊，当时在一个老师家，她跟我整整哭了两个小时，我也不能往深处问。据别人悄悄告诉我，她和一个工宣队好上了。唉，我的一切一切啊，都挂上了"文革"色彩！他们多强大啊！又是工，又是军。那工宣队说："这人不可靠，他爸爸是特务。"你有理受屈也没法争。分配的时候哪，工宣队定了一个原则，叫做"远分对，近分赘，不远不近分光棍"。"远分对"就是如果有恋爱关系就照顾你俩，远处干革命去；"近分赘"，"赘"就是"累赘"，有残有疾的；"不远不近分光棍"，他们就把我搁到"不远不近分光棍"这一类了。那天晚上念分配名单，简直跟宣判一样，张三哪个村，李四哪个县，决定你的命运呀！那阵儿毛主席不是有指示吗？统统分下去。临走的头天晚上，那女朋友又跟我谈了多半夜。说老实话，我这个人总觉得素质还比较好，历经这么多事从来没因为什么神经错乱，为什么事死了活了的。我说："咱是合则聚，不合则散。你去跟你的工宣队吧，我回去榜地去。"说完扭头就走，眼泪总是掉了。

我拽着几个纸箱子，穷学生没有什么别的财产，都是书啊！老师送了送我，我说："我要到贫下中农那里接受再教育，好好干活儿，好好表现，争取加入中国共产党，回来再见你们。"总是有那么一股劲儿。如果说前边这几年是被动过来的，后几年遇见的呀，真更不可思议了。

我们一下来就分配在县里。真虔诚啊，我自己打天津过，把书都搁家里了，把自己一点的衣服都放下了，专门买了一双拖鞋穿上，以示和贫下中农没有区别。还叫我妈专门拿白布做了一个钉襻子的褂子，那是真坚决呀！一到县里，七十个大学生，交大的，科技大的，北大的，清华的，复旦的，说老实话都是人才呀！那里不光有我们七〇届的，还有六七届、六八届、六九届的，有的真棒呀！县里没留一个。县革命委员会副主任讲话说："同志们要到最艰苦的地方去，要到东边的大洼去！"那是真穷呀，房子都盖在河坡子上。一到那里，我们非常虔诚地找到大队革命委员会主任，主任就说了："大家在这儿都要好好表现，不好好表现上边追下来我可不好办啊，要批谁一通儿，我可负责不了。"哎呀，这意思就是我们不比四类强点儿。住的那屋满是乱七八糟的渔网。晚上在炕上垫几层厚草根子，睡不了觉啊！各种各样叫不上名字的虫子往上爬，蚊子就像轰炸机似的"嗡嗡嗡嗡"地叫。到了那种地步，你还想什么？还是虔诚地想，我呀应该这样改造。第二天，我们几个男的小裤衩一穿，一下跳进坑里就挖河泥，可根本干不了！挖河那苦就别提了，反正干过这活儿的不止千千万。我现在反而特别感谢那一段经历，虽然苦，我觉得只有在那段时间里，我才特别体会到中国农民受着世界上最重最深的苦。他们得到的最少，而且最没有怨言。有时候我跟农民们谈心，我问他们心里觉着怎么样？他们说："嗐，又不是咱一个人，不都这样吗？"听到这话，真是千万种滋味涌上心头呀！县里听说我挖河比较卖劲，还听说我以前写嘛写嘛以后，教育局就调我去写东西。我这人生来就没有留在机关工作的命。上来以后干吗呢？给学毛主席著作的积极分子写讲用材料。先把积极分子请来座谈，我再编。比方一个小伙子烧战备砖，你就说他烧砖怎么苦，手上烧出多少燎泡，还要写他烧战备砖时从窑里看到了五洲四海风云,看到世界革命烈火。纯粹是胡编乱造,这叫嘛玩意儿呀? 我心里这东西憋不住露出来了,教育局的头头就找我谈话说:"你啊,工作还不错,但还是要下去锻炼一阵子更好。"我心里当然很明白啊,我说:"我的铺盖卷都卷好了。"又回去了。

那阵子农民知道我爱看书,天天叫我后晌讲一段。我不敢跟他们说《济公传》呀,《薛仁贵征东》呀,《三峡剑》呀,就变着法儿把它们变成现在的事,每天刚吃完饭,那个炕头啊就围满了人。我一开口,就有人给我弄热水,还有的打家里带来炒瓜子,实在没瓜子时就弄点儿棒子花子炒炒。有的时候讲到半截停场啦,他们就拿一块纸给我卷一根烟。农民非常纯朴,卷完后给你舔好了,他不懂传染病之类的事,到那时你根本不用犹豫,拿过喇叭筒子来就抽。人到那时候,不会有多大上进。我也没书看呀,就马列和毛主席那几本,再有就是看《人民日报》,有时候连犄角旮旯的地方都看了,要不怎么会买《朝霞》、《虹南作战史》那些没劲的书看? 精神上真是很饥饿呀! 农民也精神饥饿。可是我一跟农民在一块,盘腿上炕一讲,好像互相都满足了。这事就有人汇报到大队主任那里,主任找我,问道:"你讲啥了?"我说:"讲两条路线斗争史啊,你也听听呀!"一天,打完草,大伙儿在草场上一躺下,我说:"主任哪,您过来。"这时他提过来一桶水,人们就像马喝水似的喝了一通儿,我呢抹抹嘴就开讲了。原来主任也爱听,后来他说:"再讲咱就在屋里讲,别上外边讲去啊。"那天讲的全是瞎编的,我把那古人都变成了现代人。里边再插上走资派啊,再插上地富什么的。说老实话呀,我给他们讲,自己也是享受,因为我这个人精力特别旺盛,没有发泄的地方啊!

往后村里号召学哲学。你说那时候真是拿农民糟改着玩儿呀,农民知道啥哲学呀! 主任学哲学回来了,召集农民传达,愣怔了半天就是一句话:"大伙儿学大寨,好好干,完了。"然后就叫我讲啥是哲学,我说:"我没改造好。"主任说:"你别扯淡了,快讲讲。"我就开讲哲学,可没讲两句,底下纳着鞋底子的妇女就说:"咱不讲这个啦,接着昨后晌的讲吧!"

在村里叫农民开会可不易,大喇叭叫,打六点钟叫到八点,一会儿叼着烟袋出来一个,一会儿又出来一个。农民不怕上纲,因为农民在最底层,你说开除他到哪儿去?公社大队就决定每天开会给"两成"。一天十分,晚上算两分,所以开会就是挣两成去的。坐着瞎扯淡呗。干部也是两头糊弄,他也知道上面是胡折腾,对下面呢又不敢深说,就支撑着吧!那阵儿没有一个村子不瞒产私分的,粮食不够吃啊!上边净是瞎指挥,一律种"反修七号"。那"反修七号"不好吃,可公社叫种不种不行啊!农民也有法儿,外圈全种"反修七号",里圈种本地高粱。上边检查的干部一来,大队早把酒肉准备好了,不堵他们的嘴,自己嘴里更没嘛啦!

我在这儿改造完了,临走时,主任对我说:"我看你还真不像个大城市的伢子,你心直口快,不行啊这个,到哪儿恶赈的话别说,叫人膈应的话别说,犯忌的话别说。"这是这一段。

一九七二年,我分配到一个公社的中学教书。说老实话,在农民里头呀,要是弄错一步,几十年都翻不过身来,因为这里比较封闭。大城市一下班,大家到点蹬上自行车人就散了;彼此住在单元房子里,人与人没啥联系。在农村,多少年来都是守在一堆儿,连你祖爷爷那辈的事都知道,你祖爷爷尿炕不尿炕的事都能考证出来,所以那阵你要有一步走不好就不好办啦。再有,长期对知识分子有偏见,就是那些年留下的根。认为你自高自大,能言善辩,不好斗,群众关系不易弄好。说老实话,这几条对我的评价也是够准确的。我在公社中学教书时赶上"修教路线回潮"。有一次,班上有个女生没上课,问她原因,态度还特别蛮,说:"谁家娶媳妇,大家随几元钱的份子,就到人家云吃饭,叫'吃干饭'。"农村平时吃不上白米饭,吃一次也算享受吧,可我不懂,我说:"你为顿饭就不上课,怎么那么没羞没臊呢?""没羞没臊"是我老家的口头语,搁这儿就相当重了。那女生哭得没完没了,好家伙,这可坏了,当时正是闹"黄帅事件"啊,好多同学围着我批我哟,学校领导逼着我一次又一次检查,我就成了"修教路线"的典型。师道尊严啊!我的命运始终跟"文革"连着,"文革"有嘛事都能跟我连上。学校农场有八十亩地,校革委会主任说你种地去吧,我就把铺盖卷上去农场了。种茄子、辣椒、西红柿、莴笋和菜花,倒也不错。可是到一九七五年我就完全消沉了。因为私下借了一本《红都女皇》,是手抄本。看完之后马上还给人家,可我心里感到迷惘。本来林彪事件一出来后,说老实话,我好几天都没睡好觉,感到好多过去那么神圣的东西,那么崇拜的东西,原来都是假的,但那时对毛主席的感情还没变。那阵儿一看报纸就琢磨,自打林彪死了后,毛主席老的速度就别提多快了。这时在看江青的事,再加上社会的丑恶现象,真是迷惘呀,也就完全消沉下来。我想,自己都三十岁了,这么功不成名不就,干点什么呢?

一九七六年地震时差点没给砸死。全校的房子都倒了,大家都睡在一块儿。地震之后反而莫名其妙有点解脱感。我说这叫神鬼怕恶的啊。我说反正我一无所成,到处碰壁,也入不了党了,该怎么办就怎么办吧,逮谁闹谁吧。结果这下人们反倒害怕你了,横冲直撞倒嘛事没有了。可是每次闹了之后,自己思想里就特别空虚,这是干什么呢?我又觉得累得慌,特别没劲。自己背地翻《聊斋》,反正都是文言,别人都看不懂,看来看去就看出鬼、狐、神、怪,整天半人半鬼,不明白不糊涂,倒也不错。打倒了"四人帮"之后,我才第一次明白这是特别巨大的受骗!没等清醒,又到了清查。清查呀,还是两派,一派整一派。原先那一派打人凶手都没事,结果给我们来材料共有五条,又是一些捏造的假东西。清查本来是为了安定考虑的,可是一拨人又利用这个整另一拨人。这个历史欠账将来谁再来还,而且挨整的这拨人都是我这个岁数的人,从三十五岁到四十五岁。当时红卫兵就是初中、高中、大学这部分人。所以这几年哪我的思想还是沉闷的。有时我就想,地球那么大,天天你跟我斗,我跟你斗,有什么劲呀?!不累吗?可是我这个人天生精力特别旺盛,说老实话,我还没给国家使出劲儿来呢。近几年,我开始另找一条路。我就想,搞语法太枯燥,搞文学创作自己又没有才华,可是我爱看小说,有文学底子,我懂语言,于是给自己定了一个五年计划,一定要在修辞上打出一个局面来,挤进修辞界。这几年,我读了很多书,发表了一些语言方面的文章。但是写来写去呀感到苦恼,因为我底子太差了。我特别感到我没有受过完整的高等教育,可是还顶着大学毕业的牌子。现在修辞学开始向立本发展,需要社会学、语言学、心理学、美学,需要好多知识,而且向各个边缘学科发展,孤立的、静止的过去那种考据式的研究根本没有前途。有时我觉得有压力,这个压力就是觉得国家养我这么大了,我总得给国家干点什么。我不想飞黄腾达,只想我自己的位置呀。说起"文革"中自己那一段呀,到现在为止我也不后悔。从政治上彻底否定这场"文革",我没有任何异义。但是作为一场运动不能简单地否定,不能简单地政治画线。我觉得中央呢,我是这样理解的,说老实话,中央现在也是够难的,难在哪儿呢?难在中国的封建主义基础太深厚。我在农村待了这么多年,深感到现在农村上上下下的官儿们都结成了网。我不光说我们那县,哪儿都是结成网。只要你撞上网,再也择不清楚啦。你择网时,别人的枪已经过来了。所以我感到中央改革非常难。再说对"文革"的评价呀,中央出于拨乱反正的考虑,从政治上彻底否定,这是必要的。因为政治这个东西应该这么干,政治不能讲人情,政治斗争是没有诚实性可言的呢,这是需要。就好像一个屋里原来住的这家走了,你进来好好收拾,但怎么看怎么像过去,必须连好的带坏的都扯去。可是我觉得不该否定的就是红卫兵,对红卫兵应该做历史的分析。我感到对红卫兵的历史分析不用我们这一代人考虑了;说老实话,对一场伟大的斗争,或者对一场错误的斗争,不是一个很近的距离就可以做出正确评价的。我对这点充满信心。就是现在,评价好"文革"也不可能。说老实话,我现在看一些电视剧和电影,还有一些文艺作品,把红卫兵描写得像国民党兵似的,这不公正。那些作家,如果他们没参加"文革"可以谅解;参加了"文革",还要那样描写,纯粹就是不讲作家的良心。有的电影,来了一辆刑车,一群红卫兵上去,男的被拽出来,女的眼泪"刷刷"地就下来了,那孩子还追了两步,也不知怎么一绊倒下了,妈呀,爸呀!伴着音乐效果走去了,哪有那事?红卫兵哪有那事?红卫兵那阵儿也爱孩子着呢，是吧？红卫兵运动是个历史悲剧，但有人拿它跟党卫军相比，太不公平了。红卫兵是自发运动，党卫军直接受纳粹操纵，完全是两码事呀！对于当红卫兵，当然不能说我不感到惭愧，可我也不后悔。然而有些东西可以忏悔，到了我这个岁数，反思得特别厉害。我觉得我们这拨人也可能是国家最稳定的因素。他们深知两种路线不同的苦。他们受过那种集中听党的话的教育，而且在当前这种开放局面，这拨人一般都比较稳定。他们既不像老的那一代盲目地反对，也不像年轻的一代准备全部接拿过来。那阵子毛泽东同志给我最大的是阶级感情，我到现在为止，到什么时候不至于胡作非为，不堕落，困难时也不堕落。但我也恨，恨那时教我们盲从，教我们单线思维，不会多项思维，不会逆向思维。今后，我是这样想，我还可以给国家再干三十年。我只想规规矩矩地把国家交给我的工作认真搞好，活得不也好受点吗？就是！

世上最大的悲剧，莫过于圣徒受骗。

硬汉子

1966年·18岁·男＼T市某起重设备厂工人

清理阶级队伍时，家里翻出"变天账"——墙倒众人推，遭恶邻欺辱——到派出所有理也没理——哥哥的小血块——都为了×××"文化大革命"——想当军属写血书——每月干四百个小时也于事无补——一硬汉子的丧气话

咱说实在的，这十年把我们家糟践得够惨。可是咱不是窝囊废，咱是硬汉子，要换平时，咱能豁出去拼啦！可那时候不行，算你再硬的汉子，也得耷拉着脑袋。

人就一口气，不是吗？我是憋着这口气过了十年，今儿找您也是撒这口气来的。

一九六六年，我刚打中专毕业，分配到起重设备厂，那年我十八岁。跟您说说家里边的情况，有父亲、母亲、奶奶、哥哥、弟弟和妹妹，就缺一个姐姐。奶奶那年八十岁，和我岁数正倒个个儿。父亲精神有点病，虽然算不上神经病，反正有点那个，那个是嘛呢？也不是

傻，也不是疯，缺根弦吧。哥哥原先是棒小伙子，一次工伤砸坏了脑袋，他倒是真正的神经不正常。弟弟、妹妹还小，家里家外唯一能顶齣的人就是我了。我家这样儿，就算不"文化革命"也够劲儿。可"啪"一下又来了个"文化大革命"。

开始我心里就犯嘀咕，我家虽穷，可出身不算好。我父亲解放前当过交通警，他名下又有房产，实际上是奶奶父母的房产，奶奶没兄弟，由她继承，爷爷做代理人，爷爷去世后，就由我父亲代理。总共三十来间，五十年代房屋改造，交公十间。那么多年，房子早破得不成样儿了，就这么一个二十间破房的"代理的代理人"，"四清"时就查过一通儿，没划上资本家，可也没定下成分来，一直挂着，毕竟出身不是"红五类"。"文革"一开始乱抄乱斗那股劲儿，哪有准，谁知撞上谁。我看见一家二十多口人，排成一排，胸前全挂着牌子，都剪了头发，也分不清男女了，在一条大马路中间，叫红卫兵批斗。我直犯嘀咕，赶紧把家里的"四旧"——老瓶子、老罐儿、老东西呗，清理清理，该烧就烧，该砸就砸，别叫人"扫四旧"扫上，找事儿，对吧？

起头还没嘛事，搞"清理阶级队伍"时，有天半夜，突然"砰砰"砸门，一看是街道代表，叫着要"查户口"，带进来一帮人，都是街道积极分子。直到后来才明白，"文革"一开始横扫时很粗糙，有乱来的，也有漏的，到这次可就不一样了。"清理阶级队伍"是挨个儿清，你有屁事也逮住不放。他们"稀里哗啦"地翻，忽然叫起来，说翻出了我父亲的罪证，大叫是"变天账"！其实就是以前收房租的账本和收据嘛的，这就不得了啦。也美死他们了，可逮住事儿啦。当时把我父亲带到街道革委会，并通知了我父亲单位。父亲单位用小吉普当晚把他弄走。居然单位也说我父亲存"变天账"，想变天，想复辟。就那点房租有嘛用？再说我父亲那样，说话都哩哩噜噜，写检查都是我妹妹帮着写的，他有能耐变社会主义的天？毛主席说"枪杆子里面出政权"，给他根棍儿都拿不稳，更甭说枪杆子了，往哪儿变天去？这就关进牛棚，戴上伪警察和反动房产主的帽子，天天在各车间轮流批斗。

我家出了这种事，全家人坐在屋里，连门都不敢出，一连多少天没正经吃饭。我奶奶哪经过这事，吓傻了，摔了一跤就再没起来，瘫在炕上一连数年，挨到一九七二年死了。我到我父亲的单位想说一说，那负责人好凶，我刚做自我介绍，他就冲我叫起来："你来干吗？你想干吗？"我心想要再多说一句叫他逮住，再说我得给打成"为历史反革命翻案"，我父亲更得倒霉。只好连声也没吭，扭头回家，您说窝不窝气？

别嘛事都说是"四人帮"，社会上要是没那一群一群的人，光是"四人帮"能造那么大的孽！我们家这么一来，点儿就低了，一下子街道、邻居全变样，好像他们无形中点儿高了。以前有点矛盾嘛的，都好办了，有怨报怨，有仇报仇吧，墙倒众人推，破鼓乱人捶了。

遭白眼、挨骂，有时吃着饭一块砖头飞进来，玻璃窗粉碎。我们也不敢言声，你说嘛？你能找谁说去？我母亲被同院的一个小伙子拿拔火罐把脑袋砸得呼呼流血，我十四岁的小弟弟叫同街一个小子拿砖头把后脑勺砸破，缝了九针，当时满脸的血呀，看不清鼻子、眼睛、嘴。我们是人啊，哪能受这侮辱？！叫他们骑着脖子拉屎，连头还不许抬抬？打到派出所，可你家里有问题，你就没理，完事还得叫我们认错。挨打时反驳几句也算错，算挑事儿。我是二十岁小伙子呀，好摔跤，也会点武术嘛的，正血气方刚。要不是那时候，我一个能让他们俩仨，我是能把气往肚子里咽的人吗？

有一次，我大哥犯病，夜里喊闹，被邻居一个农村来的亲戚拿扁担打得满地滚，头破了，流一地血。同院另一家看着不落忍，拉着那农民叫着："他是个精神病人，不能打呀！"那家还有个亲戚喊着："我们打的房产主，资本家的儿子！"我下夜班回来，已经完事了，否则就会是一场恶战，我真要发狂了。我看着地上的血，拿小铲铲起一块小血块，豆腐脑似的，放进笔记本里，我哭了。我很少哭，男子汉掉眼泪没出息，可我掉了，嗓子眼直往外蹿火，脖子上的筋"嘣嘣"直跳，我想豁命，但归齐还是把自个儿压下了。我不傻，我想这一拼，准算"阶级报复"，我父亲我全家就更完了。里里外外还得指望我哪！这口气比铁疙瘩还难咽，可咱爷儿们咽了。现在我总想我家没有对不住邻居的，我家又没恶人，以前也没跟谁家做过死仇。再说房前屋后还都处得挺热乎，为嘛人都变成这样？为嘛我们受这个？我可说句粗话了——都为了操他妈的"文化大革命"。

我想了，要打算让家里处境改善得好一点，就得要求进步，好好干活儿，拿出真格的来，把这口气挣回来。

我在厂里没白天没黑夜玩命地干啊！我是车工，我那车间是全厂最关键的车间，也是最累的车间，最累的组，最累的活儿。组里二十多台车床，两班人定额每人每月二百二十小时，那时嘛奖也没有，我每月都干三百小时以上，甚至达到四百小时。除去喝水、上茅房，一站到机器旁边就一天不动地儿。在"文革"这些年里，我没迟到早退过一次，没请过一天事假、病假。热天里，我光膀子干活儿，车下来的铁屑落在地上直冒烟，一百度。车床的转数快，进刀量大，铁屑乱蹦，有时蹦到膀子、脖子、脸上，粘在眼皮上，烫肿了，照样干。在二百多人的车间里，咱干活儿把他们干服了。年年评"五好战士"、"大庆标兵"嘛的，都有咱的。我敢说，要拿我当时那表现搁到现在，全国劳模咱也能评上。

外边干着活儿，家里边不肃静。我哥哥的神经病总受刺激，愈闹愈凶，晚上吵得人睡不好觉。送到医院。出身不好又不收，就这么死在家里了。我妹妹本来可以留在工矿企业，我家论经济算"特困"，在学校评选票数又最多，凭票咱绝对该留城，可政审不合格，满完。送到内蒙古大草原，一去几千里，背着政治包袱，受那苦那罪，就甭提了。那时出身不好的百分之九十去内蒙古，出身好的去北大荒农场。她水土不服，加上心情不好，十六岁去，二十七岁回来，已经满头白发，跟白毛女一模一样，就那样白，这两年才变回色来。你说我这当哥哥的心里嘛滋味？父亲在厂里烧锅炉，每天下班不回来，捡煤核，为他妈表现呗，天天十一二点回来，他神经不正常，一帮子王八蛋拿他找乐，动不动一下子把他推倒在地上爬不起来。他是神经有毛病的人啊！宪法都规定保护，那会儿没人管这些。我这个当儿子的眼瞧着父亲叫人折腾着玩，还叫嘛儿子？我真想找他们去，把他们全撂了，可不行，我没别的路。有一次部队到厂里招兵，我咬破手指头写了一份血书："誓死保卫党中央和毛主席，保卫祖国，要求参军。"我想我参军家里就是军属，政治待遇就完全不同了。我身体棒，体检没问题，又是厂里的先进，部队想要，可一外调，说我的出身没定下来，不敢要，还是没路可走。

　　咱这么干，厂里倒也受感动，为了我的出身问题，到父亲单位去了二十多次，一次次碰回来，总悬着，这么大点儿的事压了我一家十年。我当年一百五十斤的摔跤能手，如今一百二十斤，连累加气，得了胃病，切掉一半；犯愁犯得神经衰弱，一夜一夜睡不着觉，到末了也没把家里的处境改过来，算咱没能耐吧！可"四人帮"一完，我父亲一下就没事了，一点儿问题也没有了。他妈的，这怪！我去他单位要求平反，单位人说："关牛棚挨斗是运动闹的，可他一直没正式定过资本家，无所谓平反。"他们倒容易，一句话了事。我这口气憋在肚子里却出不来。我真想掉过头把这气朝他们脸上一放，倒痛快，可这不是咱男子汉办的事。你说你是条硬汉子，你该怎么办？唉，这就是我从头到了的十年。

一根钢柱弯过来，是个铁打的问号。

三个人的苦中作乐

> 1966年・47岁・男＼G市租书商店店员
>
> 1970年・20岁・男＼W省H县下乡知识青年
>
> 1974年・23岁・男＼R省R县某村插队知识青年

第一个人：我把我打翻在地

那次是你找我，这次是我找你。我看过了你的《一百个人的十年》，不行！全是哭天抹泪，喊冤叫苦，怨天尤人。那不是受完别人的罪再受自己的罪吗？我从来就反对这种活法，所以我也想发表一下我的见解。

"文革"时，人家都说所有的人都是愈斗愈瘦，唯有我愈斗愈胖，精饱神足，满面红光。记得当时管牛棚的老K问我是用哪股子反动精神支撑着；我说我这是血压高，血往上冲，脸色就红，这叫回光返照。他一听，放心了。

中国的事，一是别太认真；二是要善于周旋，不能硬顶，硬碰硬，准吃亏，要像练太极拳那样，硬来软接，或者不接，一转身，顺手送走。毛主席不是有十六个字吗？叫做"敌进我退，敌退我追，敌驻我扰，敌疲我打"，我就是"活学活用"毛主席思想。你来硬的，我来软的；你来明的，我来暗的；你穷追猛打，我蔫损找乐。不管胜负，心里舒服就行。

我那些哏事，记得上次对您讲过，听说您还把那些事写成了小说。我听人说过，可是没看过。今儿我不管你听过没听过，想到哪儿就说到哪儿啦！

运动开始被给关进牛棚时，我当棚长。原因是我的问题最小，旧社会时只做过半年的伪职员。每天早晨召集牛棚里的那些"牛"们开会时，我故意等着老K到场，突然"啪"地一拍桌子，大声说："今天，我们这一屋子混蛋王八蛋……"当然是把老K也骂在里边了。

一天，老K好像醒过点味儿来。这"一屋子"三个字是不是也包括他？成心骂他？他瞪着眼问我，我立刻装得很冤枉地说："您没听我说'我们这一屋子'吗？'我们'是指牛鬼蛇神，哪能是您呢？！"老K没词了，从此天天乖乖地挨我一次骂。您说这好玩吧？可要是不这么找乐，只能犯愁、苦闷、掉泪、上吊自杀。我们牛棚里死了一个小资本家，他心里就搁不住事儿，受不住了，打二楼窗户脑袋朝下跳下来。我心想，你呀，傻瓜！人家不叫你活，你也不叫自己活？

您也别拿牛棚里的人全当好人，那年头，人人自危，都恨不得把别人打成反革命，自己落个"表现好"，日子就好过点儿。一次，有个姓Z的老家伙把我卖了。老Z的父亲是地主，他不过是地主的"狗崽子"，因为家里的房子是私产，"文革"一来就不分青红皂白，把他打成了地主。这家伙为了表现积极，就揭发我，说我在牛棚里编反动笑话。

这事是有的。那天我们牛棚里有个姓Q的，从家带来的饭盒里有一小块牛肉。我就拿他取乐，问他："你吃牛肉算什么，知道吗？"他脑筋没转过来，就说："不知道。"我便说："你现在是'牛'（当时"牛"就是指"牛鬼蛇神"），'牛'吃牛肉，就是——自吃自。"我的笑话逗得"牛"们都笑了。可那时候，残酷斗争，无情打击，漫天血光，什么地方的牛棚能有笑声？

老Q把这事告诉了老K。

老K把我叫去，拍桌子打板凳，说我开革命的玩笑，胆大包天。我说："自吃自，就是自取灭亡，我这是骂他。"

老K这人挺粗，挺笨，不单人笨手笨，脑袋笨，嘴也很笨，叫我三绕两绕没了词儿，心里的火气却没消。第二天，单位里掀起大批判高潮，群众纷纷写大字报，口诛笔伐，拿我们练上了。老K一下闯进牛棚，冲着我们就喊——实际是面对着我大喊大叫：

"你们这群牛鬼蛇神听着，革命群众又批判你们了！你们还不认罪，负隅顽抗，快点，每人写一张大字报，问问自己老实不老实，别等着革命群众揪斗你们！这回是大斗，一斗就三天三夜！"

我眼睛不瞧老K，心里能想到他那个神气劲儿。不用多费脑子，早有主意，心想我得拿你找个乐子了，于是铺开一张白纸——那时写大字报，革命群众用红纸，牛鬼蛇神只能用白纸——写起来，题目是《×××，我问你》。×××，就是我。内容是：

无产阶级文化大革命再次掀起新高潮，革命群众奋起千钧棒，痛打落水狗！×××，我问你，你老实了吗？你说，老实了。不对！我不信你！你竖起你的狗耳听着，我警告你，你已经死到临头了，如果你再不老实，胆敢乱说乱动，我就把你打翻在地，再在你身上踏上一万只脚，叫你永世不得翻身！

我这大字报一上墙，老K立刻就火冒三丈，把我叫去，气得拿拳头砸桌子，大骂我：

"你狗胆包天！革命群众问你，你问谁？你大字报上的'你'指的是谁？是不是把矛头指向广大革命群众？"

我装得诚惶诚恐，手打哆嗦，表现得又震惊、又害怕、又无辜，我说："要是那样，我那不真的罪该万死了吗？K主任，您可别生气，您一生气，我就害怕。刚才不是您叫我们每个人都问问自己吗？我这个'你'，当然是指自己，'你'就是'我'，我是把矛头对准自己呀！"

K主任叫我蒙住了。他说："混蛋，既然'你'就是'我'，就应当用'我'，'你'怎么是'我'……"他那张笨嘴，两个字就把它扰乱套了。他说不下去，一拍桌子，"滚回去，马上改！"

我忙说："接受您的批判，我立刻就改。把'你'字全改成我自己，行吧？"

老K说："当然行，滚！"

我心想，你这王八蛋上了我的当了。我跑到我那张大字报前，数一数，总共十三个"你"字。我就回屋，用一条白纸，写了十三个"我"字，又拿点糨糊，去把大字报上的"你"字一个个全换成"我"字。改好后，我像立了大功那样，请老K来看。再一看，大字报变成了这样：

无产阶级文化大革命再次掀起新高潮，革命群众奋起千钧棒，痛打落水狗！×××，我问我，我老实了吗？我说，老实了。不对！我不信我！我竖起我的狗耳听着，我警告我，我已经死到临头了，如果我再不老实，胆敢乱说乱动，我就把我打翻在地，再在我身上踏上一万只脚，叫我永世不得翻身！

我瞅着老K的脸"腾"地红了上来，不等他发火，赶紧笑眯眯地说："你说把'你'字全换成'我'，我一字没丢全改了。"

老K又没词了。我高兴了一个礼拜，吃也香，睡也香。

我要说，"文革"就是那个样子，但个人有个人的活法。

生命的活力与它的智慧同在。

第二个人：朱大妈

　　知青那段生活，其实也蛮有意思。虽说很苦，乐子也不少。现在回忆起来更有一种滋味，这滋味……打个比方，就好像那种"咸味糖"，我这比方对不对，嗯，作家？

　　我们那伙儿在 W 省 H 县插队的知青，如今碰到一起，少不了还要说说这些"咸味糖"，开心地笑一笑。我们那时都是小青年，最小的十五六岁，最大不过二十出头，精力旺盛，调皮捣蛋。我们玩得最过瘾的一次，就是关于"朱大妈"那件事。不过这事一直对外保着密，第一次公布于众。

　　那时干活儿累，吃得差，特别馋。我们这一伙儿七八个人吧，只要谁家寄来一包红糖，拿到手，撕开包，立刻一抢而光，跟着嘴唇上就落一群苍蝇，轰也轰不走，那地方连苍蝇也"缺嘴"，馋死了。

　　吃不到好东西，就谈好吃的。一天谈得受不住了，便决定去邻村 B 村偷猪，并想出一个绝法儿来，拿几个饽饽，使酒泡了，猪吃了肯定醉倒，就把猪抬回来痛痛快快解解馋。这法子保证管用，又好玩，大伙儿一起出主意时，倒好像共同编造了一个笑话。于是，大伙儿分头去搞应用的东西。有人弄来几个玉米面大饽饽，有人去杂货店偷来一瓶酒，我和一个叫老三的小子到大队部，把一副破担架拿出来。大伙儿一见担架，又想到一个主意，把原先计划的一个疏漏补上了。那就是——如果把醉猪抬出村子时，叫人发现了怎么办？有了担架可以说抬人去县医院看病。这是担架给大伙儿的启发。我成了有功之臣，于是大伙儿说，猪弄到手，多给你一块猪屁股吃。我一高兴，又把一条白布被单贡献出去，因为必须把猪遮盖住才好说是病人。计划真是愈来愈周全，也愈来愈好玩，叫那几个年岁小的兴奋得连蹦带跳。

　　事不宜迟，当天夜里，我们潜入 B 村。入村后，只要有狗叫，我们就扔一块酒泡的饽饽给它，马上它就不叫了。这些狗都是饿狗，相信它们很快都成了醉狗。这样,顺利到达猪圈前,看准一头又肥又大的母猪,就把一个带着酒香的大饽饽扔进去。大猪正躺着,但饽饽一落地,它立刻扑上来几口就吞下去,动作比猫还快;我们又扔一个,再一个,直到把泡酒的饽饽全扔进去,我们就蹲在猪圈外,等着它醉,只听见它"吧唧"嘴巴和不住地美滋滋地打呼噜的声音,那时很担心酒劲不够,后悔没多带几个泡酒的饽饽来。直等了一个小时,忽然圈里没了声音,伸头一看,大猪早已经烂醉如泥了。我们赶快进去,七手八脚把它弄出来,放在担架上,遮好被单,飞也似的抬出村子。这大猪真重,等我们意识到已经脱离危险了,大伙儿都累得浑身大汗淋漓,抬担架的胳膊好像没骨头那样软绵绵。

我们早已想到不能把它抬回村子,那样会被人发现。我们计划把它弄到 H 村通往县城的那片荒地里,那儿有许多乱土岗和野林子,可以神不知鬼不觉地把这大猪解决,但就在半道上出了意外。

一伙 Y 市来的知青迎面走来,男男女女有五六个人;我们完全没有准备,打算和他们打个招呼就混过去。但这伙儿人中一个瘦高个儿的男青年非常热情,问我们抬的人是谁。一刹那,差点把我们问住了。多亏我机灵,编个瞎话说是村里一位老大妈得了急病,我们送她去医院。他们一听,非要帮忙,我们说不用了,可他们自我介绍说,他们是 A 村学习毛著的积极分子,刚从县里开了三天会回来。他们要学雷锋好榜样,"助人为乐",还一齐背诵有关的毛主席语录。他们其中一个问我:"这老大妈是什么家庭成分?"我说:"当然是'三代红'了。"他们来了阶级感情,说什么也要帮我们把担架抬到县医院,并且和我们争起担架来。精神的力量真是无可抗拒,再说我们已经抬了二十多里,筋疲力尽,又做贼心虚,终于被他们夺去担架。他们中的一个女知青要掀开被单看看,马上被我制止,我说:"这儿风太大,大妈是重感冒,不能再受风!"女知青马上住手,一边把被单披严,一边说:"要不我觉得大妈的呼吸这么重呢!"我身边的老三差点笑出声来。我感到事情已经无法改变,如果跟他们去县医院,准会露馅,便对他们说:"如果你们负责,我们可就回去了。"

这伙儿知青一听,都十分热情地满口答应,并叫我们回去休息。于是,他们抬着担架返回县里,我们也掉头返回去。

分开后刚走几步,就听那瘦高的男青年朝我们喊道:"你们和大娘是哪个村的?"

我一想,马上回答:"B村的。"B村就是猪的家。

那个女知青又叫道:"大娘姓什么?"

我这次回答得可是又迅速又巧妙:"朱大妈!""朱"就是"猪"啊!

这时,我听那瘦高的男知青用嘹亮的嗓门喊道:"放心吧! 我们会照顾好朱大妈的,回来见!"

"回来见!"我们一起举手,祝他们成功。然后我们忍住笑,拼命向前跑,直跑到回头再也看不见他们的地方,说什么也忍不住了,一齐扑在野地上,大笑,打滚,翻跟斗,真比吃一顿猪肉还高兴。

下边的事是听来的了。

据县里的人说,那伙儿知青把担架抬到县医院已是早晨八点多钟。他们把医生叫出来,说有急诊病人要抢救。医生上去一拍,叫了一声:"大妈!"只听这"大妈""呼"地一吼,忽然跳下来,飞也似的乱跑,由于身上蒙着被单,谁也不知是猪,全看傻了,"大妈"怎么如此迅猛骁勇?

哎,你说,"文革"的经历怎么能缺少这个?

咸味糖的真正味道还是糖里边的发涩的咸味。

第三个人:还钟

我看过你那些"文革"的文章,你写的那些人、那些事全都是倒霉的,看起来挺不舒服,我想给你来个"反潮流",讲一件得意的事,也是我成功的事!

一九六九年底,我给赶到R省R县某村插队干农活儿。前后干了五年吧，黑夜到头见曙光，我有了返城的机会，但必须大队支书同意后盖了章才能办理。我们那支书，一句话，王八蛋！纯粹是地头蛇，我看过去的恶霸地主刘文彩也没他横。我们村里三个女知青——咳，不说了！弄不好，泄露出去，缺德！就说我吧，要想从他手心里走掉，可没那么容易，我已经打算让他扒一层皮了。我知道他贪得厉害，可是送东西得送到人家心气儿上。他的侄子是民兵队长，也是他的亲信，我就向他打听，由此便知他正需要一个挂钟。大队干部开会，十次有九次在他家里开，没钟点哪行？我问民兵队长他想要个什么样的钟，那小子瞥我一眼说："还不是要那种外边木头壳、里边带摆、打点的钟！"我一听心里就冒火，这个钟还不得七八十块，顶我爹两个月的薪水。这群王八蛋，真他妈黑！

你知道我是个不吃亏的人。晚上躺下来琢磨到半夜，忽然有了高招。我先给在北京的舅舅写封信，说明我的情况，请他帮我一次。终生终世，只这一回，无论如何按要求寄给我一个挂钟，我保证三个月内把钟还给我舅。

我舅在北京铁路局当调度，工龄长，平时不抽烟，不喝酒，手里有点钱，我家平时碰到难处就向他开口。他收到我的信。很快买了钟寄来，还附了一封信，信上安慰我一番，却根本没提我保证三个月还钟的事，他以为这是"孩子话"吧！

好，就看我的吧！

我收到钟一看，真是漂亮绝顶，木头壳，漆得铮亮，表盘是黄铜的，上边印着大红字的毛主席语录；三根针走起来活灵活现，下边还有一个玻璃门，能看到晃来晃去的小摆球儿。我当然明白，我舅的心意全表在这上边了。我当时的心情，拿现在的话说——好感动呀！

送礼还得赶在人家高兴的时候。我耐心地等了五天，听说支书那天在公社受了表扬，回村就咧着大嘴笑。我见机会来了，赶紧抱着钟进了支书家，果然生效，支书看着这铮亮铮亮的大钟，两眼眯成了线儿，说道："你在这里表现不错，别人走俺不同意，你走俺同意了！"我马上把准备好的介绍信捧上去，笑嘻嘻地说："下次接受贫下中农再教育，我还到您这儿来。"支书从枕头下摸出那个木疙瘩（印章），用嘴哈哈气儿，"啪"地盖上。好啦，开绿灯！放行！万事大吉！

我拿着这封信跑到公社、县、省，再返回我那遥远的城市，一个多月，来来去去，经受无数磕碰，终于把事办成了。我回到村里，打好了行李捆，跟村里人告别，最后该把我那钟取回来了。你听着，我是这么干的，而且一开始就计划好这么干的。

这天，我早打听到公社的干部来视察。我等着这群人进了支书家正谈得火热的时候，忽然一推门进去了。只见满屋子人，满屋子抽的烟，挺热，挺闷，还有呛人的烟叶味儿。支书见我就说："该走了吧？以后别忘了俺们呀！要是忘了，俺们就找你去！"他这热情的话不是说给我听的，是说给公社的干部们听的。我呢？假装有事的样子，挺神秘地扯扯他的袖子，把他拉到门口，再将嘴巴凑到他耳朵边，他侧过脸问我："啥事？"

我说："我挺不好意思跟您讲。上次我借给您挂在墙上这钟，是从我舅家弄来的。这次回城不带着这钟，不好再去我舅家了，只好把钟拿回去。行吗？"我故意压低声音，仿佛不叫别人听见，但控制的音量却正好叫满屋的人都听见了。

支书的脸色变得刷白，气得直哆嗦，他的脸离我太近了，我看得一清二楚。可是他被我"将"住了，没辙，只好说："好，好，拿走，拿走！"我当然明白，如果没这些上级干部在，他能把我打死。

不用他去摘那钟，我脱了鞋子，上了炕，一伸手就摘了下来。跟他说声"我走啦"，就离开了。他没送我，我却能够想象他在屋里那样子。

当我把钟送还到北京的舅舅家，我舅一家人都感到莫名其妙。待我把来龙去脉一讲，大家都笑个痛快。

我挺得意，在整个"文革"中，只这么一件事是按自己的意志做的。你该给我鼓掌吧？

快乐总在反抗者的一边。

复仇主义者

1966年·25岁·男\ T市某厂生产股干部

一九六三年进厂，管生产得罪一帮人——做梦也想不到写错毛主席语录，成为现行反革命——"文革"时各人有各人的目的——拿剪子铰小便——新娶的媳妇憋死了——整人的人个个高升——发誓要学法律

我当下在"国家律师中心"学法律，业余的，晚上去听法律课。您可别以为我想改行干法律，不是！我可以把心里的话掏给您，我学法律就是想报复。为嘛说要报复？您听吧！

我是一九六三年打机械工业技校毕业，出学校门就进了这家工厂大门，分到生产股当干部，管生产。当时生产股连我只有三个，一个股长，常开会，一个统计员，再一个就是我。咱不笨，大小算个能人，不是跟您吹，现在要干也还能着呢。到了生产股，没多久，模具呀、工具呀、生产计划呀、质量检查呀，一句话说白了，凡是厂长不管的咱都管。刚打学校出来的人不会耍滑，干事认死铆，用现在话讲就是

"不识路子"。比方有人来找我批条子领工具，我说你不前两天刚领了吗？不批！这就得罪了人。为这些事没少得罪人。不过咱傻，表面上愣没看出来，这就种上了祸根。

"文革"一来，这帮子恨我的人就找我的茬儿。可是咱平常兢兢业业，任嘛毛病也没有，他们也没把柄。可做梦也没想到叫他们真逮住了，这谁也不怨，就怨我自己。写大字报写上边的"毛主席语录"时把话写反了，"凡是敌人反对的我们就要拥护"那句，叫我写成"凡是敌人反对的我们就要反对"。这条语录那时是常写的，怎么写错了呢？！兴是这话太绕乎了，也兴是活该倒霉了。这不要命嘛！白纸黑字跑也跑不了！您也是打"文革"过来的人，您明白，就这一条——反毛泽东思想，就是"现行反革命"。现行反革命在所有反动罪行中是最厉害的。右派呀、特务呀、叛徒呀、资本家呀，都是死老虎，现行反革命是活老虎，最有搞头。照当时的话说，我真是把自己送上断头台了。那会儿我有心想宰了自己。

马上就把我揪出来，大会小会斗，天天挨揍。打我那帮人都是本厂一帮平时刁钻耍滑的工人，五大三粗的汉子。我那时虽然才二十五岁，也经不住那种打。我又没练过，身上没一块儿经打的肉。他们说打死你也是白打呀，外边打死那么多人都没人管。别看这些人平时在厂里不干活儿，这会儿反有活儿干了，随便打人。白天不打，专门在夜里打，还不打脸，怕被人看见，专打身上。白天不给吃饱，不给水喝。您知道几天不吃东西还顶得住，不喝水真够呛。也不叫我上厕所，逼得我只能拿纸卷个筒尿尿，往墙角倒。他们在牛棚外边看着我活受罪，取乐。他们还琢磨出一种打人的绝活儿，叫我们被关在牛棚里的几个人互相打耳刮，谁不使劲儿，他们就打谁。结果我们互相打得死去活来，我们挨打，他们不费半点劲儿，看着我们互相揍得鼻青脸肿，真把他们美死了。一天，他们上了狂劲儿，非要拿剪子铰我小便。我当然不能叫他们铰去，铰去就完了，我还没娶媳妇呢！再说没小便，不就成了女的了吗？我就狠命捂着裤裆。死命挣，剪子尖扎得我手都是窟窿，他们见了血才消点劲儿，死挣活挣算把小便保住了。可耳朵被他们拿老虎钳子拧得不像样，您看我这耳朵，您看，成烂饺子皮儿啦！我耳朵这样就是那时落下来的。还有那些以"军宣队"名义进厂的，实际上也是随便打人来的，拿出部队格斗那套，打得我实在受不了，一天，我找个机会钻到保健站偷了几十片安眠药吃了，不知我命大还是罪没受够，又被救过来了。这叫"畏罪自杀"，罪上加罪，加倍挨打。当时最难受的刑罚是晚上不让睡觉，站着，还得弯腰低头，两条胳膊向后翘着，这么着，飞机式，哪儿一动就打哪儿。后来我还喝过"敌敌畏"，逃跑过，都没成功。每一次都招来更凶的整治，身体也是打那时候垮下来的。我告诉您这些，是因为我这口气到今天也没处出，这些人实在太残忍了。

我先前跟他们有的人有点小过节，前边说过了。可有的并没有直接打过交道，为嘛他们整我那么狠法？其实各人有各人的想法。当初我父亲和我二姨住一块儿，不和。一天，父亲在家里拉闲话说在外边说话得注意点，别乱说，省得招事。二姨就写了封匿名信，告我父亲诬蔑社会主义言论没自由，结果我父亲就被下放了，"文革"时遣送到老家湖南。我去看过我父亲一次，胸前缝着"反革命"三个字，在村里干活，也是自杀好几回都没成，甭提多惨了。您要看见他那样，保管也得把脸扭过去。那时的祸，真不知打哪儿飞来的。"祸从天降"这句老话我算知道了。打我的这些人有的是临时工，想借着"革命"闹一通儿转正；有的在车间干活儿，为的是不再当工人，到科室里当干部。没有个人的目的，就这么干法，我才不信呢！"文化大革命"不过给大伙儿一个机会，各奔各的目的罢了。一帮人往上挣，就得有一帮人垫背。我算其中一个垫背的，该着，命！

对了，他们整我还有一个背景，就是当时那革委会主任想拉起一帮支持他的人。我管生产，算有实权的，他们想把我弄下去，叫他的人掌权。说我反革命，说我歪曲语录，不过是个借口。干掉一拨人就能换一个班子，好多单位都是这样，人一换，结成死党，再变就很难了。为嘛历次运动整人的总在上边？有根儿呗，上边有人，下边也有人。只要他今天不犯法，你拿他没词，干生气，没辙！你要跟他顶着，他还能变着法儿整你治你。当然，他不会再打你，他也不傻。可是再赶上"文革"这样的机会就很难说了。

比方我这样受迫害者，到今天他们也没公开给我平反，平反等于给他们脸上抹黑。因为他们还在管事，怕我一平反，恢复了工作，他们手里的权就得让出来。一九七三年以后，我松快多了。反正他们掌管了厂里各部门的大权，不再拿我当眼中钉，不再说我反革命，还叫我到车间干活儿。一九七五年，我被派到宝坻县支农，帮农村建工厂。厂里有个老工人见咱人不错，不是歪嘎溜滑的人，我厂同去的人说我没问题，他就把他闺女许给了我。他闺女是个农业技术员，人老实得到家了。我们结婚了。回厂后没房子，我们就住仓库的一间传达室里。白天仓库管理员在那儿，晚上就归我们，不丁点小屋。这时有人背后跟我老婆说坏话，说我是反革命，我爸爸也是反革命，还说你跟他一辈子，就背一辈子黑锅。我老婆是农村人，人说什么是什么，虽然城里的事一概不懂，反革命算嘛她当然明白。她就说我骗她，成天哭，成天跟我打架，我说嘛呢？说嘛她也不信，认准我是个反革命，剜心眼坑害她。我急了，跟她吵，吵着吵着也吵不下去，看她也怪可怜的，精神压力很大，就像我挨整时那样。我不说，她也不说话了，别扭憋在心里边。孩子生下来八个月，她忽然心脏病暴发死了。她原先没有心脏病，身子棒着呢！纯粹是别扭死的，真够冤的！是为了我死的！人死在厂里，厂里一分钱补助也不给，这说明我还是有问题，是吧？孩子打八个月就归我带着，又当爹又当娘，我一个男人怎么会当娘呢？只得把孩子白天黑夜往托儿所一撂，直到孩子上小学，我才结婚，家里总得有人照顾孩子吧？您算说着了，后娘总不如亲娘。我现在这个老婆再好，和孩子总是两拿着，这是我的一块心病，这一辈子算是背上了。您说我招谁惹谁了呢？

我倒霉成这个样，可整我的那些人个个好好的。

当下人家当官的当官，管事的管事，升级提薪，活得有滋有味。别看他们干活儿抓生产没能耐，可跟农村生产队搞点歪的邪的都行，都肥了。

就看他们这些人吧——在"文革"中整人的人，一个当了供销科长，一个当了人事科长，一个当了生产科长。这个生产科长就是打我最凶那个；人事科长就是看牛棚不给我水喝那个，早先干过一阵子财务，嘛能耐没有，一算账头疼就哭，又调到政工管人事来了。瞧这帮靠整人起家的，个个神气、威风，头头呀！那个革委会主任靠着这帮人保着，现在成了书记，人家还是行，大权在握。他有权，当然又能保着手下这帮人。哪能再用我，叫我上来，他们不是栽面啦？

"文革"就是没能耐的整有能耐的。他们没能耐，不靠这机会，不把咱整下去，他们就上不来。"四人帮"离老百姓远着哩！实实在在害人的还是各地方、各单位这一帮人。可是厂子交给他们干行吗？我们那么大一个厂子，如今该了一屁股债，连圆珠笔芯都发不出来了。要靠这帮人改苣能改好？我死也不信。不信你又能怎么办？人家上有根儿，下有人。我一赌气就打厂里调出来。他们显然也乐意我快滚，我在他们眼里，不硌眼也是沙子。清查管个屁事？！挨清的还只是一些没根儿的。有根儿的照样动不了他，换了门面照样行。现在不是说都朝前看吗？正合他们意。他们最不乐意提那段事。你一提，他又说你破坏安定团结。

谁他妈破坏谁？我家没了，老婆也死了，儿子有娘又没娘。我给整得身体虽然还囫囵个儿，精神差多了。打闹"文革"到如今，已经四十大几。整人的人倒活得有滋有味，有职有权，有家有业，现在有权也有钱哪！我找谁去？

我想起曾经整我的两个人，有一个当过厂革委会常委，政工组长；还有一个当过车间主任，都因为强奸妇女判了刑。我想大概只有法律能管他们，拿别的都不成。他们都混油了，嘛政策都有空子钻，嘛运动他们都能混过关。所以开头我说，我就学法律。现在不是讲法制吗？咱学透了法律，拿法律慢慢等着，只要他们犯上法，就拿法罩上他们。我不信这帮人犯不了法！您说他们灵，会躲着法办事？唉，您别说叫我泄气的话好不好？要不您出个主意，我使嘛法？只要能报复就成。

弱者的依靠只有法律。那么，法律的依靠是什么？

说不清楚

1966年·男·32岁 \ U市C县某中学语文教师

我天生有种上当受骗的素质——小时候就有过自杀的念头——祖祖辈辈留给我的两个字——喊着喊着真情绪来了——一个惊心动魄的大"菜单"——两个弟弟被我连累死了——这《家训》上依然没有一句话能说清楚

    我是个悲剧性格,就是说性格决定了我这个人必然走向悲剧,因为我天生有一种上当受骗的素质。更可悲的是,明明知道自己受骗了,还说不清楚,咋回事呢?因此我常常陷入痛苦,自己和自己找别扭。我恨我的性格,却又无法摆脱。为这个,我很小时候就有过自杀的念头。

    小时候,一次,我看嫂子很辛苦,帮她挑水。那时我多高?水桶上不是一个钩儿、两个环儿吗?我挑起来,水桶底将将就就不蹭地面。两桶水压得我膀子生疼,走起来趔趔趄趄。我必须穿过邻人家的堂屋

才能到我嫂子房前。我摇摇晃晃走过那家时,他们大人就上来说:

"二兄弟真能干,还抓时候给我们挑水,快接着,接着……"

说着提过水桶,把水倒进他家的缸里。

我呢?傻站着,不好意思说"我不是给你们挑的"。照我们地方上的土话说,这叫"面矮"。可是我心里明白——他们使这法子占我便宜。明白为什么不说呢?这话多平凡、多普通,怎么就说不出来呢?但我当时就是没这种语言。多少年后想起这事,我不恨他们,恨我自己。这就是那种上当受骗的素质吧!以后我在政治上吃亏,受挫折、委屈,也是缺少这么……这么一种概念,一种语言,一份儿脑子?究竟缺什么,我也说不清楚。

这是我第一次上当,也是我有生以来第一次说不清楚。

我们村头停辆独轮车,一边架一个筐,卖甜瓜,围了一些人买甜瓜吃。

甜瓜五分钱一个,我交了五分钱一张票子,买一个,站一边吃。正吃着,卖甜瓜的说:"小核桃(我小名叫"小核桃"),你吃瓜交钱了吗?"大概他没记住我交钱了。

我说我交了。卖甜瓜的指指钱盒子里的票子说:"哪张是你的?"

盒子里都是五分钱的票子,我看一张像我交的,就指着这张说:"这一张。"

不料旁边一个吃瓜的人说:"这是俺交的。"

我就蒙了。一急,只觉得满盒子的钱都一个样儿,随便又指着一张说:"这张。"

要命的是,另一个买瓜的人说:"这是俺交的呀!中间还有个裂口,你这孩子咋瞎赖账呢!"

这时我就把自己放在诈骗人的位置上了。卖瓜的、买瓜的、吃瓜的,一起指责我,我说不出话来,好像我真的骗瓜吃,脸烧得慌。

有个同村的老婆子,人挺慈善,我叫她三奶奶。她说话了:"你这卖瓜的,咋不依不饶呢?谁家孩子不想吃个甜瓜?兴许大人不给钱,吃个瓜算啥？瞧你把人家孩子说的！"

这同情更糟！反把我的"诈骗"肯定得更结实了——定案了。同情也糟蹋人呢。

当时我只觉得委屈，倒没想到名声什么的。过了几年，一个邻居跟我母亲吵架时骂道："你们这家人，吃甜瓜都不给钱。"我才知道自己一直背着这恶名。我气得原地直蹦，不住地一声声"呵、呵"地叫，就是说不清楚。急得我一头朝井台撞去，要不是嫂子一把抓住我，那时就完了。这便是我前头说的，我小时候就有自杀的念头，就为了这个说不清楚。

再说一件事。秋天里我背个筐从小河沟路过，看见水里忽悠悠打浑儿，知道水里有东西，便撂了筐，脱鞋下水一摸，是只螃蟹。小孩子治不住这家伙，一逮它就一夹我。这会儿赶车的李大头路过，我说："有个螃蟹！"他说："你别动，我来！"停了车，下水一抓就抓了上来。他提着大活螃蟹笑呵呵地说："拿它下酒下！"上车就走了。

我当时什么也没想，也是没这个概念，没这种语言——"我发现的，应该是我的！"乡下孩子就这么简单，眼里没坏人，可是多少年后想起这事，我很生气，这不是欺侮小孩子吗？我对李大头有了认识……可是总觉得这里边还有更深的东西，是啥东西？我还是说不清楚。但小孩子是不能骗的，你要是骗了他，等他长大一旦明白过来，你要付出代价的。这代价不见得是报复，而是你在他心里毁灭了，这比你死了还糟！

祖祖辈辈留给我灵魂里的东西太多也太少，找来找去只有两个字，但这两个字几乎把我的灵魂占满了，就是"忍"和"善"。

什么是"忍"呢？"忍"字是"心"字上边一把刀。刀插在你心上还不吭声，就是"忍"。"善"呢？祖辈说"善"是人的天性。

后来我发现"忍"字很顽固，直到今天，我也扔不掉它。"善"，很软弱，有了变化，相反的东西从我身上冒出来了。我清楚地知道从什么时候开始的——

那时我十几岁，跑到镇上去玩儿。空场上搭了个大戏台，像是要唱戏。下边卖炸豆腐的、串糖葫芦的、烤山芋的，啥都有。后来机关单位成群结队地来，闹个拉歌，这边唱段《团结就是力量》，那边就唱段《嘿啦啦啦》。镇长一上台，气氛就变了。他头戴小毡帽，身穿小棉袍，讲话像喊，一句一弯腰。我忽然瞧见一边空地上孤零零埋着五根木桩子，旁边的人告诉我说，这是预备枪毙人时绑人用的。我马上想到农村流传的一本书——《玉历宝钞》，上边画的小鬼绑人的木桩子，把人绑上，再把舌头拉出来割掉——我心里就特别恐怖。

不一会儿，大马车把罪犯运来，五花大绑，后背插着令箭形状的大签子，上头用墨笔写上名字，再用红笔点个点儿，也许是画条杠或打个十叉，看不清楚，只觉得血红血红的一块，头一次感到红色恐怖，后来"文革"搞红海洋叫我心里打激灵，那感觉就是从这时候坦下的。当把这些罪犯拉下车时，个个大白脸，眉毛、眼睛出奇的黑，大概叫白脸比的。顿时吓得满场小孩子们乱跑，喊爹叫妈。也许这些犯人罪恶累累，该枪毙。可是我挺同情这些人，大概出于小孩子的善性。尤其一个上台控诉的小伙子解下皮带抽得他们个个满脸鲜血时，我更觉得他们可怜。但随着这小伙子一下下抽，全场响起喊打声，声音愈来愈大，愈来愈齐，愈来愈动人心。拳头一齐向前挥，身子一齐向前倾，上千人都一个姿势。我不知不觉也跟着挥拳喊打，打！打！打！喊着喊着，真情绪来了，仇恨来了，一时热血沸腾，义愤填膺。

后来反胡风时，一搞大批判，我真恨胡风；听说胡风被抓起来，我又有点同情他。每次运动都这样，只要大批判，狠劲儿就来，都是真情绪；只要一斗人，又同情，总这么反反复复。你说这是咋回事，我说不很清楚。

我被打成右派的事更难说清楚。这原因太简单，甚至太无聊。那时我上大学一年级。"鸣放"时，同学们揭发说有个工友人特别好，但后勤主任霸道，丢了东西说他偷的，一天这工友不见了，原来自杀了。

学生闹着要给这工友开追悼会。我首先表示同意，一个好人被逼死，为他申冤呗！其实我根本不认识这工友，他是我入学前一年自杀的，这是我的一种善性，或是一种见义勇为吧！但党小组不同意，意见发生分歧。没过些天，《人民日报》发表一篇《工人阶级说话了！》，开始反右。就为这事，把我弄成个右派。对，就这么简单、无聊！可是它成了我几十年家破人亡的祸根、祸源。

我不想说当右派这二十多年肉体的苦，扛大麻袋，做苦工，挨揍，不算什么。精神折磨远比肉体折磨难受得多。比如说我在校三年没有玩笑。没玩笑的生活是什么滋味，你尝过吗？人特别需要玩笑，没有玩笑，人的关系都处不好。在食堂大家排队买饭时，说说笑笑，插科打诨，你奚落奚落我，我奚落奚落你，多好！可人家一看你是右派，脸上的肌肉就沉下来。有时我特别想奚落奚落别人，也特别想有别人奚落奚落我，但不行。没人敢这么对我，我也更不敢这么对人家。不被人奚落，反而是一个人失去了自己的权利，包括自尊心和尊严的表现，你能体会到吗？你说这痛苦多深！

没人理我，我便爱上小说。小说里的人物可不管你是不是右派，你自言自语地奚落这些人物全没关系。那时的小说大多写好人好事，现在看就很浅薄了，可当时看还挺振奋人心的。一天晚自习，我看小说入了迷，完全忘记自己是右派了。支部书记来了，他有事要对同学们传达，就忽然吼了一嗓子："右派分子全滚出去！"听他一吼，我才清醒过来自己是谁。我们几个右派学生赶紧退出教室，叽里咕噜的，那份狼狈，那份慌张，那种对人的伤害……说到对人的伤害，这是现在的认识，当时并不觉得，好像自己天经地义就是右派，就是人下人，三等公民，慌慌张张滚出教室时，就像自己撵自己一样。

在我们这些右派学生之间，开始处得还好，同命相连吧！但人们总伤害这些人，渐渐地，我们互相也不尊重了，甚至对自己也放松了。学会对付，穿戴邋邋遢遢，说话骂骂咧咧，都不在乎。我们打扫厕所，人家进来拉完尿完扬长而去，你就得给人家弄屎弄尿，还拿自己当回事儿？我特别能理解犯人之间为什么爱打架。

我不想说他们怎么折磨我，可我想问，我知道自己怎么狠起来的，但他们究竟都是怎么狠起来的，他们自己也知道吗？他们刚生下来总不会这么狠吧？我料想他们说不清楚。

我有个内疚的事必须告诉你。为了我这个右派，还搭上我两个弟弟。我们哥儿五个，死的这两个是三弟和四弟。

先说我三弟。我后悔不该把右派这事告诉他。被打成右派那年，我放寒假回来过年，背着个右派，心里不是滋味。你想，我家就出我这一个大学生，家里人待我分外的好，愈待我好，我就愈不敢告诉他们；憋不住时就偷偷告诉我弟弟了。我弟弟脾气很拗，又愣头愣脑，用我们地方上的土话说，叫"恶冲"。他是县供销社的营业员。他听了后情绪不好，后来就总找茬儿跟领导打架。领导说："我要把你打成右派。"我弟弟说："我不信。"于是就抓他几句落后话，真的给他弄了个右派。

他才十八岁呀！你现在找个十八岁的，啥样呀？比大人还灵。可那时十八岁跟小孩子差不多。一打他，他更上劲儿了，就跟另外几个也定成右派的年轻人闲话时说："咱没好了，弄条小船跑走吧。"这几句话叫人告发了，被揪出来，天天跪在供销社的桌上让大伙儿斗，脑袋上顶个大灯泡，烤得"哗哗"流汗。后来叫公安局五花大绑捆走了，说他是"投敌叛国罪"。啥罪？小孩子们扯淡呗！那小船跑到渤海里，一个浪头还不掀翻了？再说汪洋大海，他们知道往哪儿跑？说说泄气呗。

我一想三弟被五花大绑捆走时的形象，就特别受不了。虽然我根本没看见这一幕，但我能够想象出当时那形象。我很明白，就是因为我把右派的事告诉他，才糟蹋了他！直到他死，我也没见他一面。

一九六〇年，我被分配到县里一所小学教书。那时三弟正关在监狱里，还没判刑。我不能去看他，我是右派，他是反革命，见了面更糟，互相都会罪加一等。一天，母亲闹牙疼，我接她到县医院治牙，在县城正吃午饭的当口，忽然一位本家叔叔从村里骑自行车赶来说："你弟弟回来了。"

我心里一亮，这可是好事呀，放回来了。我母亲却突然脸色"刷"地变了，说："死了，快回去！"她可真不简单，一个农村老太婆咋有这种判断力？我当时还疑惑着，给了本家叔叔几角钱、半斤粮票感谢他，这在那时也就很可以了。先把我母亲送上火车，回校请了假，赶紧往家赶。到了家……兄弟的尸体停在床板上。脑袋像个小骷髅，认了几眼，才认出他的模样……

听说他是早晨九点钟被监狱用驴车运回来的，上边盖条破被子，下边垫些稻草，两脚露在外边。身上的大棉裤原本是母亲特意给他做的，往上齐胸口，往下盖脚面，特别长；棉花一层层絮得挺厚，怕他冻着。可是棉裤叫人换了，竟是条小孩棉裤！底下露半截小腿，又抻不上去，露着屁股，三九天，咋不冻死？据说抬进家时还有口气，我弟妹说："你有啥事，跟家里人说说。"喂他口热水，可他水没咽下去，就咽气了。

我母亲告我，她按了按我兄弟的肚子，里头竟是脊梁骨，硬的。那么肠子、胃，肚子里那些东西都到哪儿去了呢？破毛衣上粘些高粱壳，还有红土面子，红土面子又是干啥用的呢？

对了，我又想起一件事，也是我的终身遗憾，终身无法挽回的内疚！

我父亲还从我兄弟的尸体上发现了一封贴在肚皮上的信。这封信写得真是太好了，任何作家都想不出来。要说文学性，也是最高的，恐怕连托尔斯泰、曹雪芹他们也写不出来。这封信是写给他老婆桂英的。你听，他是这样写的——

桂英：

我实在饿坏了，快给我送点吃的来吧！我要馒头、大米饭、菜团子、大饼卷油条、肉包子、炸酱面、炸鱼、炸虾、炸果仁、煮螃蟹、炖肉、炒鸡蛋、烧豆腐、锅贴、饺子、糖包子、炒虾仁、爆肝尖、葱爆肉、酱牛肉、猪头肉、涮羊肉、回锅肉、麻花、炖鸡、炖鸭子、炖肘子、独面筋、炒肉片、煎饼、烩饼、烩大肠、红烧羊肉、红烧牛肉、红烧猪肉、红烧鸭子……如果没有，提两个糖饽饽来也行。快点吧！快点吧！哀求你了！

下边写着他的名字。五六十样一个大菜单！你能想象出他当时是个啥情况？如今到饭馆吃饭我决不看菜单，菜单好像就是我兄弟的死亡讣告。有一次，一个朋友请我吃饭，拿菜单叫我点菜，我忽然发神经似的对他说："你要叫我看菜单，我就不吃了。"弄得他莫名其妙。

说到我的内疚，是我弟弟关在监狱时，我母亲每次探监都给他弄点吃的送去。我心里还有点不愿意，心想监狱里还能把人饿死?! 那时正是三年度荒，家里舔锅舔盆，总这么送一家老小咋办？虽然我没拦过我母亲，我也从来没把这意思说出来，可我心里有这个想法。看到这封信，我内疚极了。我要知道他落到这一步，饿死我也得叫他吃饱。有这个想法也是对不住我那死去的兄弟啊，是我害的他呀！

我还清清楚楚地记得我父亲念这封信时的情景。我兄弟的尸体被移到炕上，我坐在炕这头，我母亲、桂英，还有两个弟弟站在我身边；我父亲在炕那头，蹲在地上，趴着炕沿，炕沿上放一盏小油灯。我父亲把那信上写的吃的东西一样一样念出来时，我的心快成粉末了。我父亲念完，便把这信用灯火引着烧了，然后脑袋顶着炕沿，肩膀猛烈地向上一耸一耸，好像哪儿在疼，却不吭声。我们只掉泪，都一声不吭。咋屈死一个人连声儿也不吭呢？咋就能这么忍受？你说？

我哥哥在另一个县公安局做事，他打听到我兄弟在监狱里每天只给一碗高粱饭吃，然后像牲口一样套上，用鞭子打，拉石头碾子，轧一种红土面子，这就清楚我兄弟身上粘的高粱壳和红土面子是咋回事了。轧红土面子干啥用不知道，但知道我兄弟是给连打带饿折腾死的。我哥哥告了那监狱的看守长，非但没告动人家，"文革"一来，还说他为反革命家属翻案，挨整，挨斗，被清洗了。我家的祸事一个连着一个，我是灾难的总根子。但是我父母，这些兄弟们，从来没一个人怨怪过我，哪怕一句什么话都没露过。他们愈不怪我，我愈内疚。有时我想，他们为啥不怨怪我？是不是也忍了？

咱受得了别人叫自己忍的，却受不了自己叫别人去忍。忍，是祖祖辈辈教给我的第一条生存法则，但又是谁教给祖祖辈辈的呢？它是哪个祖宗发明出来才一辈一辈传下来的？究竟从哪个时候开始忍的呢？我问过一个历史学家，他笑我，好像我这个问题没有学术价值，太无知。我说："你们的工作难道就是搬来搬去折腾那些死遗产？为什么不研究研究压抑我们民族几千年这个致命的活东西？"

要谈说不清楚，这是最大的说不清楚了。

再说我的另一个弟弟——四弟。

那时家里太穷，一个壮劳力，好年头才一角五六，歉年只有七八分钱。我这兄弟就偷着拾点柴火卖。人民公社化嘛，地上一根草都属于公社大队的，就说他偷。大队干部叫他背着这小捆柴火游街。为啥这么整治他，还不是因为他哥是右派？但他这么穷怎么娶得起老婆？又去偷了，跑到白石庄，从生产队房顶上偷了一捆扫帚拿到市里去卖。他人特别老实，偷东西卖时，眼神儿不对，城市里的人精明，扣住他一问就傻了，再一吓唬就供出来了，便给转到公社派出所扣起来。没扣上三天，他弄开窗户跑了。跑了一个小偷，人家也没当回事，可过了两天，有人发现他在铁道旁的沟里躺着，身子硬邦邦，上边爬了好多蚂蚁虫子，人死了。有人说他想卧轨，叫火车挂的；也有人猜他想跳上火车躲到外边去，不小心让火车撞死的。我心里明白，他并不想跑，而是想死。家里穷得掉面，哥哥是右派，自己再弄个小偷，甭说娶老婆，活着都抬不起头来，跟父母又怎么交代？只有一死。可是他身上竟然没有外伤，奇怪！火车轧的或撞的总得有伤呀！这也是件说不清楚的事。什么？请法医来验伤。你说得轻巧，那时我们这种人家死个人像死条狗，谁还管验尸，反正死了，刨个坑埋了。

这样，我两个弟弟都叫我连累死了，死了还背着罪名，一个反革命，一个盗窃分子。我父母便有三个坏儿子：一个反革命，一个小盗，一个右派。你说我们这是个什么家？

"文革"初，学校党支部叫我向毛主席说实话，请罪，老实交代问题，不应该隐瞒。我想来想去想出个问题：一次给学生批改作文时，写了一句"用毛泽东思想批判资产阶级思想"，笔误了，写成"用毛泽东思想批判毛泽东思想"。这学生拿着作文来找我说："老师，你写错了。"我吓了一身冷汗，赶紧改过。幸亏这孩子老实，没给我告密。

我就把这件事对党支部老实交代了，向毛主席认罪呀！

其实我不说谁也不知道，他们并不掌握这情况。你说我这人咋回事？又没人给我压力，咋我偏要说呢？我还信任他们吗？我还嫌自己不倒霉吗？放在心里犯嘀咕吗？天生一种贱性吗？……我说不清楚为什么非说出它来不可。我总怀疑，有种悲剧性的东西潜伏在我血液里，我有血液病。

就这样，我被打成现行反革命，狗胆包天反对毛主席。批我，打我，打得我受不了时，我跑回村躲起来。后来两派大联合，又派人把我逮回学校接着批斗。咱不说肉体的痛苦吧，说那些没用。肉体的苦一不疼就忘了，心里的苦你忘不掉，也弄不走它。因为很多苦你并不知道咋回事，更说不清楚。如果一天你能把它清楚地说出来，就不再觉得苦了。痛苦就因为你没能力说清楚它。

一九七六年大地震中，我们一个县全震垮了。火车不通，我跑了几十里路赶到家，已经一片废墟混着无数死尸。死者都是我的乡亲，个个全认得。老天爷、土地爷、城隍爷，这些老百姓造的神仙对我家特别优待，没收走我家一个人，全都死里逃生，在村外野地里搭个棚子，不知为了活着还是等死。那会儿最难办的是找不到东西吃，大队用大喇叭招呼："贫下中农同志们，现在都到大队来领救济物资！"

救济物资只有些饼干。人们都去了，但大队说救济饼干只发给贫下中农，像我们这种有问题的人没份儿。我老婆去了被顶回来。人们走回来时，瞧瞧他们的表情吧，贫下中农两手捧着饼干，脸上那种优越感呀！而我们这种人不声不响，垂头丧气的样子！就这点东西，就明显地把人分成两个阶层……那些有饼干吃的乡亲决不会让给你一点儿，你就像条狗蹲在一边。可是他们也不当着你的面吃，你说这为了啥？因为怕你看着馋会向他要？因为自己独吃心里过意不去？还是怕忍不住时分给你一点，叫大队干部发现了挨说？说不清楚，这比饿更难受！

我就去扒自己家的废墟找吃的东西。扒来扒去，忽然扒出一样东西——石膏做的毛主席像，那时家家都有这么一个。村里有个孩子扒他被砸在乱砖下的妈妈时，先把毛主席像抢救出来，再扒他妈，这事受到全公社表扬。可是我家这尊像砸残了，掉了一个耳朵，左边的。怎么办？我犯愁了。

我把这毛主席像放在砖上，对着他说：

"老人家！您说我拿您怎么办？我一家人没吃没住，把您供在哪儿呢？您又掉个耳朵，要是他们说是我故意敲的，我一家人不就更惨了吗？您呀，您说我咋办呀？"

我想了个贼大胆的办法，先把它藏起来，再在废墟里挖个很深的坑。当天黄昏，我四处侦察，看好那片废墟一个人也没有，我就钻进乱砖堆里，把它悄悄地埋了起来。这要叫别人发现，更是个掉脑袋的罪呀！我是不是犯罪呀？当夜，我吓醒了，一连多少天犯心跳。事后还总后悔，恨自己不该做这件事。很长时间这种犯罪感沉重地压着我。

我这个人呀，我究竟是怎么回事？

"文革"完了，我右派的问题了结之后，我便为三弟平反的事到处奔波。我不能叫他的亡魂总背着那罪名，也为了平息一下自己心中对他很深的内疚。但这事被推来推去，我跑了三年，加起来不下一万里路，可这件事谁也对我不说清楚。不是"说不清楚"，而是"不说清楚"。特别是有个细节——我兄弟奄奄一息被送回家时是一九六〇年一月十五日上午九点钟，但《逮捕通知书》上写的日期也是一月十五日，还注着一句"因病暂缓执行"。

按这句话说，应该是一月十五日检察院通知公安局，局长签字后再去监狱执行逮捕，一看我兄弟病危才决定"因病暂缓执行"，再把我弟弟弄上车往我家里送，这需要很长一段时间。可是我兄弟是上午九点钟送到家的，按路程，最晚八点钟就得从监狱抬上驴车，中间没有时间办手续呀！这两件事怎么可能同时发生呢？

　　大概"文革"完了，谁也不愿对那段历史负责，能说清楚也不愿说清楚了。至今我仍然是这样两个羊弟：一个反革命，一个盗窃分子，而且早成鬼了。那年月，拿活人都不当回事，拿死人就更不当一回事了。我母亲是病死的，死因当然也有抑郁成疾的缘故。这一切都因为我，我自己却被平反落得一个好结局。你想我能活得轻松吗？内疚这东西很顽固，它待在心里，随时都会翻腾起来折磨你。谁也不会知道我活得有多累！

　　我想写个《家训》，留给我的子女。

　　我的《家训》依旧没有一句能讲清楚的话，只是把这些终身难忘的事告诉他们，把这些百思不解的问号留给他们。现在的年轻人毕竟比我们一代人有脑子，如果他们能说清楚这一切，将来就不会再遭罪；如果他们不去搞清楚，难免还会重复我的经历：吃哑巴亏，上糊涂当，等着挨折腾。依旧是悲剧性格，还要走向悲剧，甚至走向悲剧的深渊。

是性格悲剧，还是悲剧挑选的这种性格？

苦难意识流

1966年·47岁·男\J市无工作人员

我是一个被撕得粉碎的人——大年三十被带走——一天最多吃几百个苍蝇——我把自己变成一个"〇"——追加的定性"极右"的文件——一个人为另一个人活着,有时很充实——世外桃源——我们受这么多苦难,难道就为了你一声"对不起"吗?

话从哪儿说起呢? 昨天夜里,我躺在床上想给理出个头绪来,不想还好,一想全乱了。为什么? 我是一个早被撕得粉碎的人,哪儿跟哪儿也说不上话,无因无果,全没道理。我就给你来个"意识流"吧!有的地方可能是"倒插笔",有的地方是"倒计时",有的地方还可能颠三倒四,纠成一团……好在你是搞文学的,总能弄明白。如果你听乱了,糊涂了,那可别怪我,我这辈子一直就乱着,一盆糨糊那么糊涂着。

你去查查一九五七年九月一日的《××日报》吧! 第三版头条有

篇文章《又揪出一个大右派》，反映的就是鄙人。揪出来，批呀，斗呀，审问呀，逼供呀，这套你全知道，我就甭说了。折腾到十月份，把我弄到东郊区F庄一边劳动改造，一边听候处理。我喂猪时，觉得我就像那头躺在烂泥里的猪，只等着哪天弄出去宰了。

您问我为什么从一九五七年开始讲？如果我一上来就从一九六六年的"文革"讲，你就更不清楚我是怎么回事了，你会问我那时怎么"无工作"呢？唉，我的事实在太荒唐！改造了四个月。

一九五八年二月，农历的腊月二十八，上边指示让我们回家过年，我心里蛮高兴，这也是一种民族习惯、民族感情吧，回家吃个团圆饭！而且母亲住在外地，年年春节，我和爱人都去陪母亲过年，我们满心欢喜地买好大年三十的火车票，一时连悬而未决的右派的事也撇在一边，先不去想了。大年三十这天，正准备起程，忽然文化局反右派工作组来了几个人。其中有一位作家，他那时非同小可，是工作组组长，名叫B。你肯定知道他。他进门就给我宣读一份决定，什么"经上级党委同意，公安部门批准，对你开除公职，送往GG农场劳动教养"。我还比较镇静，问他们："什么时候走？"B作家很严厉，冲我说："现在就走！"我爱人一下就晕了，仰身"哐当"摔在地上。

当时，我想求他们通融一下，我是劳动教养，不是犯人，也不会跑，要弄我去劳改也不一定非得大年三十呀！我还没开口，B作家的脸就像关严的铁门，冷峻、无情，把我吓回去了。我说声"走吧"，就扛起了行李。这行李三天前从东郊区F庄扛回来的，还没有拆包呢，现在正好原包扛起来就走，原来倒霉竟这样省事。

您问我怎么给打成的右派？

我倒想问问您，为什么把我打成右派？

我一直认为别人都会比我更清楚我是怎么会成为右派的。从"大鸣大放"到整风"反右"，我根本没在单位。那时，我向我的单位戏曲学校请了"创作假"，住在上海亲戚家里埋头写剧本。忽然单位来电报，叫我速回，参加整风"反右"运动，我还对爱人笑着说："整个'大鸣大放'我都没在单位，没贴过一张大字报，没对领导提过一条批评意见，这次无论怎么样也没我的事了。"谁知回到单位的第二天开大会，一进会场，我就傻了，一条大横标写着"彻底批判甲、乙、丙反党集团大会"。甲是戏校校长，乙是副校长，丙是我。我当时是学校主管教学的业务科长。我再一听，批判我的内容都是空的，除去吓人的大帽子，就是声色俱厉的吼叫。

奇怪了，我有罪？哪怕我说过一句反动的话，哪怕这话是你们胡编乱造的，也算叫我明明白白呀！

再告诉你一件事，一九七九年——这一跳可是二十二年以后了，这真是"意识流"了。时间不连着，事情都连着。这时候，"文革"结束了，文化局的人事干部为我改正右派，他非常惊讶地对我说："老实对你讲，我看完你所有的材料，很纳闷，凭着这些材料，怎么会把你打成右派呢？"

他当时那惊讶的表情，连同他惊讶莫解的口气，我至今记得清清楚楚。

他把订成厚厚一本的材料给我看。呀，我惊呆了，这哪里是什么罪证和罪行录？居然完完全全是我给一些戏提的意见！艺术方面的意见呀！

我只问了一句："还有吗？"

他说："全在这儿了！"

这事如果轮到你，你会有什么感受？如果说二十二年我受尽了苦难，但都不如这一击来得猛烈！

二十二年，我一直为我打成右派的原因糊涂着。可现在一看，谜底竟是这样！我不仅更糊涂了，一瞬间好像对这世界一无所知了。

为此我付出了多大的代价？

接着刚才的话说。我爱人大年三十赶到我母亲那里，母亲对我的情况是知道一点的，当她听说我太忙，不能陪她过年来了，她好像立刻全明白了。愣了愣，忽然抱着我爱人，娘俩失声痛哭。从此，我便没有再见过母亲。一九六〇年夏天，她病重，我正在GG农场劳动，不准探望。直到母亲故去，才叫我回去两天，可母亲已是死人了。

不准看活着的母亲，只准看死去的母亲，这大概也算一种刑罚吧。

幸福不会带来任何教益，苦难却能改善人的性格，这是我最积极的生活体验了。

我真正的性格是重感情，敏感，容易冲动，还挺脆弱；现在变了，变得理性、灵活、看得开，很有克制力。前者是先天的，后者是后天的。比方前边说的脆弱性，那就是对挫折和屈辱不能忍受，我表现得特别强烈，所以我几次自杀，并且见于行动了。

我刚被打成右派时，关在戏校的一间储藏室里。我在学校一直是业务尖子，人缘也好，很有威信，可这时一些小孩子扒着窗子，像看猴子一样看我，还往屋里扔石子，啐唾沫，辱骂我。我忍受不了，就想死，但房子是空的，连剖静脉管的小硬片片也找不到。我就想了一个法子，因为房子脏，我便放开一点窗子，让苍蝇飞进来，再打苍蝇，然后一把一把地吞吃死苍蝇，一天最多吃下几百只死苍蝇，苍蝇菌多，我想得霍乱、痢疾，拉肚子拉死。但奇怪的是，吃了这么多死苍蝇，却毫无动静……直到今天，我爱人也不知道我这样自杀过。你是第一个知道的。我不愿意她知道，因为这事情实在有点悲惨。

还有一次，晚上十点钟，那位 B 作家派人把我叫去，命令我第二天交出一份材料，叫我供认我心里边都想过哪些"反动言论"。你说这是不是有点荒唐，"反动言论"，不是说的，而是想的！可是我不单没说过，也没想过呀！搞艺术的想的不就是艺术吗？他们这一手真够毒的，弄不到言论，就叫我交代想法。弄到想法，就和弄到言论一样了。B 作家还吓唬我说，如果第二天我交不上材料，就把我送进公安局。我一听，非常害怕，觉得被抓起来会更受屈辱，便决心自杀。

转天我买了一瓶白酒，去 S 公园后边的运河边，那里很荒凉。我这人一口酒就醉，如果把这一瓶全灌下去，肯定晕晕乎乎，一头扎进河里，一了百了，于是在河边把一瓶酒全倒进肚子里。这次非常奇怪，大概阎王爷仍旧拒绝收我，一瓶酒下去，不但毫无醉意，反倒更加清醒了，使劲摆脑袋，愈摆愈明白。这时候看到不远地方有两三个人正在注意我，我心想自杀不成，反落个"畏罪自杀"，"罪加一等"，便放弃自杀的念头跑回家了。

不是怕死，而是怕活，这便是那个时代的荒唐。

从这次自杀未遂，我这人发生了变化。

那天回到家，一推门，就见B作家带一帮人正等着我。一见我，就气势汹汹地问："干什么去了？嘴里哪来的酒味？交代材料在哪儿？"连我自己也没想到，竟然冲他叫道："我没有反动言论，你们爱怎么办就怎么办吧！"这一叫，吓了B作家一跳，也吓了我爱人和我自己一跳。我怎么会如此胆大包天？过后我爱人说我的嗓门大得出奇，甚至比B作家的嗓门还大。也许是酒精的放纵作用，也许是因为我刚刚从死亡线上返回来，人变了。

GG农场有个NK大学的化学系学生，是个矮小文弱的女学生，也是被划为右派的。平时几乎不说话，在农场的实验室里负责化验。一天吃了氰化钾，一下就完了。谁也不知道她为什么突然自杀，遗书也没留下。农场对待这种事通常只用一句"想不开"了结。但这女学生的难友悄悄告诉我，她最近私下里总说一句话："我不能再忍受人格侮辱了。"她究竟具体指什么，无人得知。我却明白她和我过去一样，太脆弱，太自尊；她还不知道，在这种苦难面前，人只能把人的一切全放下，把自己变成一个"○"，也就活下去了。如果你还认为自己是个人，那就很痛苦，甚至活不了。

老实说，我能承受这种贱民生活，就是为了我的爱人。她大我六岁，我俩没有孩子。她家庭出身好，一直是组织培养对象。在我划成右派后，人人劝她弃我另嫁。但她理也没理，多少年来只靠着她那几十块钱养着我父母，贴补我，一句怨言怨语全都没有。每隔一周，是GG农场允许探望的日子，她都是在前一天为我准备好吃的穿的，第二天凌晨三点起床，拂晓时搭车，十点钟到达M村，再步行三十里，下午到达GG农场，只为了撑死了总共二十分钟的见面。见面在一间很大的筒形的房子里，中间隔一排长长的矮桌，一边是探望者，一边是我们。见了面，说不了几句话，她便把我破的脏的衣服拿走，再步行三十里，赶班车，夜里回到家。逢到刮风下雨和冰天雪地的日子，看着这可怜的女人默默离去的背影，我不可能再有别的想法。我心里只有一句话：'放心吧，我为你活着！"一个人为另一个人活着，有时也很充实。

求知欲是知识分子的本能。我从小的习惯是每天晚上反省一下自己所获得的知识，看看自己各个方面有否新知，"吾日三省吾身"吧！有时发现今日一无所得，便惶然翻身起来找本书看；若有收获，倒下再睡。

但到了农场后就不行了。这里有规定，犯人之间不能相互交流思想、借钱、诉苦，甚至讲故事。一般犯人不会感到特别的难受，我却觉得世界上最可怕的是空白，精神的空白！

我便换了一种方式，每天晚上闭上眼，把当天碰到的事反省一下，作为一种难得的人生经验，代替书本上知识，把这些视为变相的财富收获。当然，这样做有时也会感到空茫。

一次，我得到一个意外的收获，它使我的精神生活发生了不小的变化。

GG农场为了加强政治宣传和思想教育，知道我懂戏，叫我组织一些略通文艺的劳改犯编排小戏。为了写好戏词，给了我一本掉了封皮、破旧的《新华辞典》。我就问管教人员："我平时可以看看这本辞典吗？"他说"这个可以吧！"天啊，我这可有干的了！每天一有空儿，便抱起这本辞典看，一字一词，一页一页，从头到尾，六年间，我看了一遍半。《新华辞典》后边的附录部分还有各种历史、地理、科学的知识，我就背诵，直背得滚瓜烂熟，好家伙，简直是一部百科全书呢！肚子里装下一部辞典，会有多大学问？这是不是因祸得福呀？倘若不是被关起来，禁绝读其他一切书，我怎么可能成本背诵辞典？可是等我出来后对人一说，朋友都大笑说："这算什么学问！"果然，过后能用上的东西并不多，日久天长，那些曾经背诵得精熟的，不知不觉都忘得一干二净了，这时更觉得自己被彻头彻尾地荒废了。

在GG农场里,劳教人员对我说:"你们文化局的局长怎么跟你这么过不去? 你已经到这儿一年多了,又被开除了公职,按理说与文化局没有关系了,为什么你们局长又亲自签字,追送来一份材料,把你定为'极右'?"

这就使我非常奇怪了。我们局长是一位名作家,大名鼎鼎,就是A呀。我是他领导下一个艺术学校的业务人员,地位相差悬殊。虽然他有点官僚架子,但每次见到他,对我都特别和气,似乎还很赏识,究竟为什么非把我置于死地,还要落井投石呢?

一九六三年,我劳教期满,GG农场要把我送回文化局,文化局却不收。农场就硬把我的档案送到文化局,又给我一个户口条,叫我到所在街道派出所报户口。但我到文化局报到时,他们说:"一、你是极右分子,应该再回到农场;二、我们没见到你的档案。"我一听就急了,去找档案,但农场、街道、派出所、公安局都说没见到。没有档案是不能安排工作和找工作的,也就没有收入。从那时直到一九七九年,我总共十六年没有工作,是一个莫名其妙的无业游民,靠老婆养着,整天无所事事。是呀,刚才说过了——到了一九七九年改正右派时,文化局忽然把我的档案拿了出来。你说这究竟是怎么回事? 当然,我会告诉你的。哎,我这样东一句西一句,你是否能听明白?

别看我没有档案,无法安排工作和生活;可是"文革"一来,"十种人学习班"不要档案,马上把我弄进去。学习班并没有学习,而是天天受批判,挨斗,挨骂,挨打。

不过我的情况有点例外,一是他们认为我是老右派,"死老虎",没有多少油水了,只是在斗资本家和现行反革命时,叫我站在一旁"陪斗"。二是反右以来这些年当贱民的经历,已经使我对付这些事非常有经验了。我装得极其老实,绝不刺激他们斗争的兴趣,这就得掌握住火候,不能太殷勤、太积极、太主动,也不能太淡漠、太被动、太不以为然;既要摆出一种"有压力"的样子,又不能叫人"破鼓乱人捶",这分寸把握得比演戏还难。那些年在GG农场练出来的本事,在这儿全用上了。我像个熟练的大厨师，把自己放在锅里炒，不能"生"，也不能"糊"。我还有两个优势，一是我有文化，会写毛笔字，街道居民委员会的大小标语都由我来写；二是我有辆破自行车，可以供红卫兵们随便使用，骑坏了，我修好，他们再骑。你别笑，那时候只要叫我干事，我就感恩不尽了，可有个巴结他们的机会了。

学习班中打人非常凶，红卫兵很情绪化，高兴打谁就打谁，大概唯独我没挨过打。我真得感激在GG农场那段贱民的生活！这叫"在苦难中学习对付苦难的本领"，用毛主席的话说，就是"在战争中学习战争"。

最近我在报上看到有一位年轻人责问我们这些右派："你们当时为什么不站出来反抗他们？"我真想对他说："如果现在把你放在老虎笼子里，你恐怕是第一个尿裤的吧！"

不去谴责专制者，反而去谴责受难者，这真叫人有点担忧。前两年，我不再担心中国再会发生"文革"的可能，现在不了，样板戏又唱起来了，毛主席又被尊为神了，《金光大道》的作者也要"讨个公道"了……当历史的曲直不分，就有返回来重演一遍的可能。不然，你写这本书干什么？

整个"文革"期间，我就像个玩具。人家来了兴趣时，也就是搞运动时，拿我耍一耍；玩腻了就丢一边，没人理，也没人管。

一九六九年，闹着针对苏联的备战，大疏散。街道居委会要把我遣送到安徽老家，实际上是看上我家的房子了，他们想要、想分。且我们一家已经在上两辈就离开安徽，老家没根儿回不去。他们就想个办法，以"干部下放"为借口把我老婆下放到西郊区Z村，我算家属随迁。

我有在GG农场干活儿的底子，干活儿不吃力；农村搞运动也比较松，我反而惬意多了，常常躺在农场炕上看看闲书，门外有鸡啼猪哼，窗前有鸟叫蝉鸣，虽是粗茶淡饭，更有菜清蔬香，此处岂非桃花源？我不亦陶渊明乎？居然过上一小段田园的生活呢！若能如此，一生也罢。

你说这真是一个知识分子的理想境界吗？

一九七三年，又闹着下放干部返城，举家回迁，我因为是"极右"的右派，报户口又好费了一番周折；报上户口，因为没有档案，仍是无业游民。生活依靠爱人，唉，算个什么男人呀！不残不废，半辈子靠老婆养着。那些年又折腾得家里一贫如洗。本来家里也是物少书多。一九六八年，十三大柜子的古书被红卫兵抄走，堆在学校的地下室里。这些书都是父亲的宝贝，珍本善本自不必说，名贵碑帖不胜枚举。地下室很潮，书多霉烂；而且地下室紧挨着厕所，古书纸软，学生们上厕所就进来撕一叠当手纸用。书全毁了！什么"有辱斯文"？要是有斯文哪来的"文革"。"斯文"是什么？是五千年文明吗？你怎么不想想，一个五千年文明的国家，为什么下了"文革"这么一个既野蛮又荒唐的蛋来？

"文革"结束前的日子最难熬，那感觉真像"文革"没完没了要进行下去一样，不是说黎明前的黑暗是最黑最长的么？

当时邓小平复出，政协开始恢复了一点文史方面的工作。政协知道我的情况，就叫我去帮忙，查资料，抄抄写写，跑跑腿，送个信儿，一个月给二十块钱，总算做点有报酬的事了，心里美滋滋的。一天，我骑车给人送信，看到新华书店的牌子，忽然想到了一九四九年上海三联书店招人，三四千人报考，我考了第一名，而且因为工作优秀被调到北京三联的总店；后来搞"三反五反"时，燕京大学的老教师都被反掉了，我被三联书店推荐去燕京大学教书。那时只有二十六岁呀！谁年轻时不是踌躇满志，胸怀远大？但后来有的才浅力薄，停住了；有的自甘堕落，放弃了；可是我……我不正兴冲冲干着自己的事业么，到底为什么被打翻下来？虽说反右是灾难，但别人或是好提意见，祸从口出；或是积极参与，搬石头砸自己的脚，自讨苦吃；可是我……我根本没有沾一点边呀，一张大字报没贴，一句批评的话没说，究竟是谁一把揪住我，把我扔进井里，又丢下一块石头，再盖上盖儿，把我搞得这么惨，也把我爱人搞得这么惨，我却一直给蒙在鼓里。

想着想着,我再骑不动车了,把车靠在道边,坐下来,捂着脸"呜呜"哭了。

你是明白人,我现在要问你一个问题。这个问题我想了许久,我想这可能是我悲剧的根由,但我怕自己太主观,任凭自己的想象,弄不好冤枉人家,所以一直闷在肚子里。今天,请你替我分析分析、替我判定一下可以吧? 我说得简单明白些。

当年我们戏校校长是甲,兼任文化局党组成员;文化局局长是Ａ作家,兼任文化局党组副书记,他俩有矛盾。甲校长有才气,说话尖锐苛刻;Ａ作家怕甲校长,更担心这个强有力的对手与他争权,便借着反右一下把甲校长置于死地。为了加大打击力度,就把他和我以及另一位副校长硬捏成一个反党集团。我一点右派言论也没有,又整不出什么东西来,便把我在艺术方面的意见当作反党材料,而且为了彻底打垮甲校长,叫他永不得翻身,才对我落井投石,增加一个"极右"的罪名……你别只看着我,我这分析对不对? 你说呀! 要不你点点头或摇摇头也行……唉! 其实你点头或摇头能管什么用? 事情又不能更改,二十二年的辛酸苦辣全过去了,今年我都过七十岁了……

有时我希望把一切弄个水落石出,死也死个明明白白,只要知道自己被谁下的这一刀就行了;可有时我又非常害怕真相大白,如果真是像我猜想的那样,我不成为人家权力斗争中一个可怜的牺牲品了吗? 人只有一辈子,我这辈子岂不是人家打架时随手抛在臭水坑里的一个石子儿? 凭什么我这么惨? 想到这里,我真想再一次自杀!

一九七九年,唉,我怎么又提到一九七九年了? 完全说乱了。

那时我正忙着为自己落实政策的事,在路上正巧碰到Ａ作家,别看Ａ作家在反右时不可一世,到了"文革"也是家破人亡。患病生残,正拄着拐杖在路边晒太阳。他见了我,抬手招呼我,我停下自行车过去。我们已经十多年没见了,他全无当年的神采,已然是一个衰弱无助的老年人。

他问我:"你现在情况怎么样?"

我说我正在办落实政策。

他问我需不需要帮助。

我摇摇头，心想他现在也是需要帮助的吧。

他沉吟了一下，忽然非常诚恳地对我说："我对不起你！"

我摇摇头说："这都是过去的事，您也别记着了。"我告别要走。

他又叫住我，更诚恳地说："我非常非常的对不起你！"

这叫我说什么呢？

前不久，B作家也托人带信给我，说他不好意思见我，但他要对我说声"对不起"。带信的人说，B作家还强调他是十分郑重的。

说实话，当我听到这诚恳的、发自心底的道歉时，我心头一热，真有点感动。搞艺术的人嘛！总是这样爱感动和让感动所蒙蔽。可是等我静下来，看着我那年近八十、饱经磨难、早已熬白了头发的爱人，就忽然想气冲冲地对他们说："你们这一句'对不起'，就能了结我们这二十二年吗？"

换句话说："我们这二十二年的苦难，难道就是为了你们这一句'对不起'吗？"

上帝从来没说忏悔可以洗清罪过。

"文革"进行了两千年

1966年·41岁·男\T市某出版社编辑

十四岁的特务——一生一个短暂的春天——怀疑人是件很难受的事——档案里的你满身都是污点——我是戴着镣铐迎接新中国成立的——第二次掉进怪圈——糊里糊涂又被卷入漩涡

你要写一个人的"文革"十年，我却想讲我的五十年。你可能认为我会离题千里，放心吧，不会！老弟，我的"文革"是从五十年前开始的。

你如果了解到我这整整半个世纪的坎坷，肯定会得到这样的结论："文革"并非开始于一九六六年。开始于一百年前吗？也不对，老弟，我理解的"文革"在咱中国进行了两千年！

我讲我的经历，也讲我的道理。这道理我几十年没想通。我参加革命几十年，却被当作反革命几十年，翻来覆去也没离开"敌人"的圈儿，我一直弄不明白为什么。可是一九六八年我被"风雷激"造反队一群人吊打之后，关在 H 河边一个"特"（即特务）字号单间房里，这所楼原先是我们出版社的书库，书早被当作"四旧"运到造纸厂化纸浆去了。空荡荡的小屋里充满旧纸、旧地板和旧砖的气味儿，窗户被封死，糊上报纸。H 河柔软的流水滔滔汩汩在外边流着，夜间听得更清晰，还有河中行船的划桨声。我不自觉地想起遥远的滹沱河边的老家，那一到春天就变得绿葱葱的茅草房。我在那河里洗澡，在河边长大，参加革命抗日时，今天从河这边渡过河那边，明天从河那边游到河这边，多少年呀……革命、革命、革命，敌人、敌人、敌人，我革命，这敌人却是我。想着想着，很奇怪，我感觉被殴打后肉体的痛苦开始从皮肉中一点点消失，但不是散开，而是往里走，全凝聚到心里去……不知这是怎样一个过程，我忽然一下子云开雾散，明白了。有人说大彻大悟是一种解脱。我说未必，不明白则已，明白之后反变成更深更深的痛苦。

我们村有两大家族，一姓王，一姓李。我姓李。两个家族打根儿上就斗，势不两立。在我记忆里就有三次打群架，打得头破血流，死去活来。我本家一个叔叔李瘸子就是打架时落成的残废。谁也说不清是从哪朝哪代结下的冤仇。我还是穿开裆裤时就听奶奶讲，前清的时候，王家出了个举人。那时村里出个举人像出条龙，不得了啊，土霸王！王举人在大街上走，向来是两条胳膊横举着，一手拿根秫秸秆儿，只要我们姓李的碰上，他就打。

"村长"这位置很关键，谁把住这位置谁就好压对方，不叫对方出头。但姓王的人多，势力大，一直占着村长的位置。敌伪时期，保甲长是他们，后来八路军来了，村干部又大多都姓王。从这里，你可以看到历史怎样变成现实，要寻找"文革"的渊源，这便是最长、最远、最深的一条根儿了。可是这道理我当时怎么可能认识到？

我们村是老解放区，七七事变后成了有名的冀中抗日革命根据地，群众的抗日情绪高涨。我那时十四岁，上小学，对共产党的感情别提多纯真了，可以说对共产党的每一个字儿都深信不疑。吕正操的队伍一来，我高兴得天天夜里睡不着觉，连八路军战士看我一眼都兴奋得不得了。我爱看书,爱写作文,能讲话,学校叫我当儿童团长,天天晚上我挨家挨户去给大人们讲《民学课本》,宣传抗日,宣传共产党,讲得大人们包括我自己眼睛直冒光。那时根据地在搞戒烟戒酒运动。村村都出墙报反对抽烟喝酒,从干部批评起。这墙报就是现在说的大字报,"文革"中叫"四大",其实早就有了。我们村长好烟好酒好玩钱,我就写了篇小品文,只有几句话,都是善意的批评,你一听就知道了。

有人提倡不抽烟,可是自己一盒一盒地抽;有人提倡不喝酒,可是自己半斤八两地喝,这算什么事呢?

写得挺温和也挺幼稚吧!别忘了,我那时才是个十四岁的小孩呀!这小品文没等上墙,上学时丢在道儿上,叫村里的治安员拾到了。这治安员也是王家的,交到村长手里。当时村里就定我为"特务"。村长说他代表党,反对村长就是反对共产党,什么人反对共产党?国民党特务呗,好!治安员提出要把我活埋了。这事传到区里,区里有个炊事员是我们村姓李的本家,他找到区长说一个小孩子懂个屁,胡闹呗,替我说人情,这活埋的事就由区里出面制止了。但本村还是给我立个案,内定我是"特嫌"——我自有档案材料开始,第一篇就是"特嫌"。从这时候起,我便背上了跳进滹沱河也洗不清的历史问题的罪名,熬度我灾难不绝的多半生。

你会奇怪,他们跟我无冤无仇,为什么会为这三两句话硬把一个十四岁的孩子划到敌人那边去呢?原因很简单,他们不能叫我这个李家人冒头当儿童团长。这一来,我这个儿童团长就被撤掉。政治在这个文化背景上就变味儿了。我本家有个伯父,七七事变前上过一年师范学校,有文化,总在村里出头露面。共产党来了,他胆小,又不摸底,不敢接近,便被姓王的那些村干部扣上一个"国民党"。他辈分大,我们全村李姓人就都有了特务嫌疑,给压得抬不起头来。我哥哥为了摆脱这处境,娶了一个县公安员的女儿做老婆,离村到别处去生活。我也待不住了，初小毕业就离开老家到安平县去上高小。本以为远走高飞，脱开灾祸，哪知道我竟是带着一块擦不掉的胎记——政治污点走的！

我从安平县高小毕业后，分配到一个村里当教师。那时才十六岁，根本不知道有档案材料好比魔影一样紧跟着我。村里的人都夸我工作得不错，我的自我感觉也蛮好，就有了入党的要求，决心一辈子跟共产党干革命了。我问村长："咱村有支部吗？我想提出入党申请。"谁料他拿笑话跟我打岔说："咱村没有织布（'支部'的谐音）的！"开头我以为他们把我看作小孩子，对我这要求推推挡挡，后来发现自己总被莫名其妙地调动，在这个村没待多少天，又调到另一个村去。好像我有痨病，所有人都和我保持距离。一九四二年，日寇搞五一大扫荡，我们这些人全分散到各地隐蔽。县里唯独不给我安排隐蔽的秘密据点，我就跑回老家躲一躲。这期间，村头的雪地上有人写条反动标语，姓王的那些村干部问也没问过我，居然把这条反动标语又悄悄记在我的档案上，"特嫌"就更没跑了。这些事当时并不知道，只觉得革命这个门把我向外推，不准我进。我可还是一心革命，把自己当作革命人。我不甘心整天在敌占区窝窝囊囊活着，不干事，就决心投奔八路军去当兵。幸亏五一大扫荡最凶时，那些姓王的村干部都隐蔽起来，推出我们一个李家人——就是在区里当过炊事员、要活埋我时为我说过情的那人当村长。他给我写封推荐信，我把这信缝在鞋帮里千辛万苦终于找到了八路军。日寇大扫荡时，我十次遇险，不是逃脱追捕，就是叫老百姓掩护起来。有一次被抓住，因为我一只眼是斜眼，老百姓对日本兵说："这个小斜眼的，傻了傻了的。"骗过了敌人，才救了我。这时一找到八路军，真像找到亲娘一样，热乎极了。

开头我在冀中军区八分区政治部当文书这段时间是我一生中一个短暂的春天，充满了信任、关心和友爱。有一次我发高烧，同志们日夜轮流值班照看我，每一只手都抚过我的额头，无论是粗糙的，还是细腻的，我感觉到这些手上带着对我病情无言的探问，还有对我快快病愈的切盼。每只手放在我额头上时，我都立即流下泪来。我第一次尝到革命的友情，真是胜过母爱！我好写，常给《冀中导报》和《前线报》写稿，小说、诗歌、剧本、人物专访等都写。我不敢说写得多好，但都是真情的流露。这期间，我认识了孙犁、远千里、王林，他们都把我当作工农作家重点培养。政治部还常把我作为战地记者派到前线采访，《前线报》上有时天天发表我写的通讯，报上常见我的名字，我也算小有名气了，心气儿又高起来，提出入党，政治部的首长们很高兴。

其实我又犯傻了。因为这时我的材料没有转到部队上来。可我一提出入党，政治部派人到村里调查，反把我那些档案材料勾来了。阴云重新笼罩我的头顶，不但我入党的事没人再提，那时部队正在打泊镇和青县，战地急需记者，也不再派我去采访。一天，政治部主任背着手到我房里来，他说："现在敌我斗争激烈，有些特务分子专门打进我们政治机关里来。"我诧异地问："怎么会有这种事呢？"当时他目光闪闪地注视着我的脸，观察我的反应，幸亏我还不知道他们怀疑我，这是对我的一种冷不防的考察。如果我知道自己被他们怀疑，虽然自己不是特务，表情也会不自然，那就非认定我是特务，把我抓起来不可。后来才知道，冀中和山东是康生反特务运动的两个试点，怀疑到谁马上就抓。又幸好这位政治部主任是长征干部，延安整风、抢救运动、肃AB团，他都经历过，知道过去冤枉不少好人，看我的表情不像装的，才不动声色地走出屋去。我就暗暗被控制住了，一言一行都记在档案里。直到一九四九年军法处审查我时，我才知道我那时的处境多么危险。但这时凭直觉已经感到信任从同志们的眼神里消失了。我无法问，更无从申辩，也千万不能申辩，一问反而更被怀疑。渐渐地，我变得十分敏感。他们怀疑我，我也怀疑他们，不知他们对我的种种态度是真是假。怀疑人是件很难受的事，以致我有点神经过敏、草木皆兵，我的失眠症就是从那时扎的根儿。唉，我那个短短的、迷人的春天就此过去了。

一年后，我患了肺病，住进冀中军区的和平医院。刚入院时，我感觉还正常——当然，我说的不是身体感觉，而是政治感觉。不久，一些病友明显地对我疏远，甚至没人肯跟我下棋。过年时，我回家探亲，有个战士与我同行，他是我当年的学生，但他一路上与我无语。

分手时，他犹豫再三才对我说："我看您人不错，有件事告诉您，您千万别对人说。"他见我答应得诚恳，才告诉我："还记得您教书时有个张老师吗？他是特务，自杀了。"

我吓了一跳，说："他怎么会是特务呢？他爹是叫日本飞机炸死的，对革命很忠心，人也挺正派，当时有个村干部玩女人，贪污公粮，没人敢批评，他还写过无头帖子呢（一种不点名的墙报）！"

这当兵的学生说："据说他就为这事被村干部定成'特嫌'，挤出学校，到部队制药厂当工人了。后来部队反特时一查材料，他是特务嫌疑，好一顿吊打，他受不住就上吊自杀了。据说他的档案上有您的名字，说您跟他共同搞过特务活动。"

我问："什么活动？"我傻了。

他说不知道。

我蒙了，再想，想起一件事。那位张老师写无头帖子时没有墨水，向我借的墨水。第二天，村里的公安员忽然也来找我借墨水，我还纳闷，公安员怎么跑来找我借墨水？看来这是找证据了，真是可怕！

这当兵的学生又问："前一个月军区有人找您谈过话吧！"

我说："是啊，是位特派员，人很和气，问问我的家庭历史，还挺关心我的身体情况，怎么？"

他说："哪是什么特派员，那是军区保卫处的！现在咱部队内部又搞反特，审查旧案时，从张老师那特务案里发现到您。本来那天是打算把您从医院逮走的，听说跟您一谈，觉得您不像特务。当时我正在医院保卫组办事，听到这消息，为您捏把汗，那可是说逮您就逮您啊！"

这时正是大冬天，天却不冷，可我浑身哆嗦，连牙也"嘚嘚"地直打战。过度的恐惧之后，我反倒不怕了，恨不得把这些多年来一直趴在我背上这魔怪翻过来，看看究竟都是些什么东西？恨不得把自己赤裸裸摆在党组织面前，叫他们一个个细胞都瞧个透，说说我到底是敌人还是一个真正的革命者！这股热辣辣的情绪过去，我茫然了，我无力证实自己！我像被抓在一个巨大的铁掌中，无辜地身不由己地听任它的摆布。

没多久,解放战争就开始了。我随军到达白洋淀,前线报社已在那里,他们人手不足,恰好我是这家报纸的老作者,社长找我谈话想调我到报社工作,叫我去组织部换信,我好高兴,但一换信又麻烦了。非但前线报社没调成,反把我送到军政干部学校的"整党班"。所谓整党班并非都是党员,而是把有问题的人弄去解决问题。我还挺天真,以为像唱戏《三堂会审》那样,一问一答,把问题弄清就了结,谁知那里还是叫有问题的人互相整。整你时,把你的问题告诉给别人;整别人时,把别人的问题告诉你,谁都想争取表现,搞得很凶。一天夜里,我和一个小伙子站岗,我对他说:"你能不能告诉我,他们到底怀疑我什么? 我冤得很,对革命从无二意,怎么总拿我当敌人呢?"

这小伙子是农村人,很实在,见我也实在,他就问我:"你是不是五一大扫荡时在老家的雪地上写过一条反动标语? 再有,你是不是在八分区政治部工作时对一个保卫干部说,你盼望国民党飞机来轰炸……还有,你是不是给你老婆写过信,说傅作义的部队要突袭河间,人家怀疑你怎么会事先知道敌人的行动……"除了这些,他还说了我许多许多事。

我听得毛骨悚然,心想无论怎样表白也难翻过身来了。因为这些事都有点影子,但都被歪曲,甚至歪曲得含意完全相反。比如飞机轰炸的事,那是我在八分区政治部时和一位保卫员出差办事,他问我:"小李,你挺能写的,为啥我们找不到那些材料写,你能找到?"当时空中正飞着国民党飞机,我就拿这飞机打个比方说:"你看这敌机在飞,就不必写,写了也没有任何意义。如果他们扔炸弹把前边的庄子炸了,就可以写了。"这本是谈新闻的价值,硬给变成我盼望敌机扔炸弹,写进档案! 再说傅作义要突袭河间的消息是部队传达的,要我们做好战斗准备,怎么变成我事先从敌人那里得到的消息? 更使我可怕的是,我给老婆的信都被检查了! 如果我真是一个敌人,也不会有这么多、这么细致的挨整材料啊!"文革"期间,一个造反派对我说:"你知道你的档案材料有多少吗? 一车也拉不完!"对我这样耿耿忠于革命的人，怎么花费这么大力气来监视、控制、调查呢？我想不通，上了犟劲。第二天，整党班的指导员又找我谈话，逼我，我再也受不了，夺门跑出去要跳河，被拦住了。指导员火了，马上组织全校批斗大会，转天被作为"现行特务"押送到军区军法处。在军法处里，他们要我交代特务证据，我说我只能证明自己是革命者，说我是特务，应该由你们实事求是地拿出证据来。这样，我就被箍上镣铐。有生以来我头一次戴上这东西，却是在自己的队伍里！铐了四十七天，全国解放了。我听到消息时心里还一阵欢喜，可是看看手上的镣铐，墙上的铁窗，心里不是滋味。每当想到我是戴着手铐迎接全国解放的，心中便一阵黯然，好像一块很黑很黑的阴影留在我心底。

几十年的经历告诉我，有人说你好，没用，谁也不会把这话记在你的档案里；有人说你有问题，哪怕仅仅是怀疑，糟了，多半就收进了你的档案。收进去就很难拿出来，从此就一刻不停地紧跟着你。你敢说你在自己的档案里是个好人吗？如果你认为自己赤胆忠心，忠于国家，忠于事业，你感到你的心、你的血液、你整个身体都是透明的，但夹在那厚厚的硬纸封皮的档案中的你，却可能是满身污点的另一个人。关键时刻，人家都是从这"另一个"的你来判断你，对待你，决定你。

军法处派出马队跑遍我工作过的村子、学校和部队，谁也拿不出能够证明我是特务的确凿证据。幸好我老家的村干部换人了，虽然还是王家人，跟我没有直接的利害关系，嘴下留情，没再给我添油加醋说坏话。军法处便把我放了，结论是"工作中看表现，表现好可以算没问题，表现不好还背着这包袱"。我就这样挎着个不清不白的小包袱进入了新中国。

解放后的最初几年，我先后在几个单位干过，都因历史问题未清不被重用。我想重用与否并不重要，工作好好干，不求有功，但求无过就是了。

一九五五年，我在 B 市一家出版社负责一个编辑部，职务是含含糊糊的"负责人"，干得却很带劲。突然肃反运动来了，老问题再一次被折腾出来，被狠批狠斗，受审受讯，又经过一场急风暴雨式的斗争。这次虽然吃了不少苦头，却把我的旧账了结了。单位派出四五个人跑遍全国，云南、贵州、四川，甚至跑到内蒙古和新疆，把我认识的所有人兜个底儿、滴水不漏地重新调查了一遍。我得感谢安平县县委，他们说："镇反时，我们对全县摸过底，特务名单全掌握，没有他！"一句话，拨云见日，这才给我把冤案推倒，结论是："经调查，×××特嫌问题应予取消。"

　　从一九三九年我加入儿童团便是敌人，直到一九五六年才化敌为友。漫长十七年的酸甜苦辣，从来无人过问，只有自己清楚。当宣布我取消特嫌这天，我站在台上止不住浑身打冷战。回到家中，没有喝酒庆祝，也没涕泪交流，好像死而复生那样不认识自己了。

　　原谅我说句迷信话：我信命。

　　什么是命运？就是冥冥之中你无法左右它，但它却在强有力地左右你的那个东西。

　　好运气对于我，好像一只鸟，不会在我头顶上停留太多时间。这也是我命运的一个特征，或者说是个典型细节。

　　我们单位的总支书记想提拔他的一个亲信，但我的业务能力和位置都成为了障碍，他就排挤我。恰巧 T 市要创办一家出版社，创办人是我的一位老领导，我便提出调动，这种自动让位的事是很容易办成的。我第一次带着历史清楚的档案去到另一个地方工作，心里特别轻松，但到 T 市尚不过一个月，整风运动开始，这是一九五七年了。

　　我忽然收到 B 市原单位那家出版社的来信，这封信是以我原先所在编辑部的党支部名义写的，殷切希望我回去帮助他们整风。组织上的要求不好回绝，我便跑回去一趟，只在会上作了两小时发言，诉说肃反时我平白受的委屈，给总支书记提了几条意见。总支书记在场听着，一声没吭，但脸上却好像抹了一层煤烟，可怕地阴沉着。谁知这两小时的发言又决定了我重蹈覆辙重度苦难二十年的悲惨命运。

　　我发过言返回 T 市不久，反右就铺天盖地而来。这次原单位是以党总支名义再次把我叫回去，宣布我为右派。那编辑部的党支部被定为"反党支部"，出版社五十多名编辑中有二十五名被打成右派，这些人都是因为给总支书记提意见而以"向党开火"的罪名论处的。

后来我才明白，根由是党总支书记和党支部书记有矛盾。整风时，党支部书记想把党总支书记搞掉，因为我在肃反时被搞苦了，想拿我当枪使。反右一来，我变成了牺牲品。这不是又回到我老家王姓和李姓的斗争里去了吗？拿现在的话讲，这叫历史的怪圈或文化的怪圈。虽然我说不清这怪圈是什么时候形成的，但我已经明白的感到它的存在。而且我是一次一次不知不觉掉进去，这是第二次。

现在回头看，我真不必庆幸一九五六年肃反结论后，我如何轻松地来到 T 市。实际上又一次命运的阴影早已把我所笼罩，只不过我毫无预感罢了。等我的档案材料转到 T 市，档案里又加了更沉重的分量。原先的特嫌还只是嫌疑，这一次右派却是实打实的了。我真是一口气也没喘过来，由一种敌人转换成另一种敌人，不过换个牌子。

现在我接着开头的话谈，谈"文革"。

"文革"倒霉只能怨我自己。我是老右派，死老虎，无论斗谁，我都是陪绑，做个配角，用来造气氛的，不是斗争重点。运动开始时，书记搞社长，因为我在创办这家出版社时与社长配合得很好，斗社长时，我是社长"重用右派"的一条罪状，斗我的目的是为了搞垮社长。后来反资反路线时，社长这一派反过来搞书记，既不会再整我，也不会使用我，我就靠边站了。清理阶级队伍时，书记这派二次东山再起，又搞社长。因为我始终没参加社长这派，就把我放在一边。当时牛鬼蛇神分两种，一种关在牛棚，一种上班来下班走，名叫"走读"。我属于后者，可以说很超脱了。

出版社有个女编辑是个业务尖子，她前夫曾是国民党军官，由于政治方面的原因给她挂过一个特务的衔儿，其实她什么也没干过。但她被按特务定为重点清理对象，目的也是为了给社长加罪，好说社长大红伞下保护的都是些什么坏蛋。碰上"特务"两个字，我本应该躲得远远才是。偏偏一天下班我走过院子时，她在扫地，见左右没人，塞给我一张纸条。我拿回家一看，是她求我把这纸条交给她女婿，叫她女婿通知她弟弟，把她"文革"初期写的大字报底稿交到单位专案组。我想她大概怕牵连上家属惹事，动了怜悯心，就去通知她女婿。不想她受刑挨不过时，把这纸条的事交代出来，一下子把我挂上，成了为特务通风报信的现行反革命，关进牛棚，天天上刑，轧杠子，使夹指棍夹指头，吊打，耳朵打出血，脖脖吊得至今扭不过来，受尽折磨，非逼我说看见她家有发报机和密码本。后来这女编辑受不住，把褥单扯成条上吊死了。人虽然死了，他们还逼我说她家有个发报机，我奇怪他们为什么非要把这不沾边际的事搞成事实。一次，他们叫我承认是肃反时漏网的特务，我和那女编辑是个特务集团，集团的头头是社长。我这才恍然大悟，原来把我们往死处整，就是要把社长彻底搞垮。正像当初这一派搞书记时，居然叫一个非党群众宣布开除书记的党籍。告别了十年的"特务"又回到了头上，我又一次掉进这历史的怪圈，又一次成了两派斗争的牺牲品！ 第三次了！ 我总是不知不觉在这漩涡般的怪圈里转，一忽儿转出来，但没等我脱出身来，一忽儿又被更深地卷进去。当然，这只是一个很具体的小怪圈。林彪、"四人帮"他们不也是一直在更大的范围里玩弄这怪圈吗？ 而陷在这无比巨大的、不可抗拒的怪圈里的，是我们多灾多难的民族啊！

我真感谢十一届三中全会，拨乱反正，结束了那场灾难，结束了那段荒唐的历史。我从我个人遭遇的反思中提供出什么教训，提供给大家什么思考呢？ 我想，过去几十年，往上几百年、几千年，我们用了多少精力互相伤害。为了原则的斗争是必须的，但把个人的东西掺杂进去，不但搞垮了原则的神圣感，也误国误民。这是一个怪圈啊，最后剩下的只是疲惫不堪的自己。你的历史书比我看得多，你说究竟怎样把这怪圈从我们民族的身上摘去？

更大的是一个文化怪圈。

六十三号两个女人

1968年·48岁·女 \ K市K区无职业妇女
1968年·54岁·女 \ K市K区某中学教师

一九六八年,"文革"清队期间,中国北方某大城市一座赫赫有名的大工厂建造起一所纳粹集中营式的非法监狱,号称"六十三号",许许多多知识分子和干部在里边受到惨无人道的迫害。十年后,粉碎"四人帮"不久,它曾经一度被揭露出来,并举办展览,昭示给世人。其稀世罕见的酷刑、残忍暴虐的程度、森严绝密的组织手段,惊骇一时。如今这展览早已撤除,遗址也荡然无存,当笔者走访当年六十三号的侥幸生还的幸存者时,仍不敢相信这是仅仅十几年前中华大地发生的事实。一个号称有五千年文明的古国,它疯狂起来竟然胜过史前期的野蛮。而这些幸存者回首往事,余悸犹在,心灵的伤口依然流血并暴露在外。

笔者在披露此中两个女人的经历之前,先将另一些亲身经历者对六十三号介绍的口述实录如下,以使读者对六十三号有个大概的了解。

甲:"它的原址是我厂的老仪表车间,后来改做仓库使用,是个大筒房,像个戏院,约摸二百平方米。一九六八年春天,厂专案组把它作为牛棚往里边关人,就叫瓦工、木工断成许多小间牢房,大小六七平方米一间。窗户全钉死,玻璃用油漆油死,靠外的装上铁栏,靠里的只留一块硬币大的玻璃,外贴小纸帘,作为监视孔。"

乙:"为什么叫六十三号呢?它的内线电话是六十三号。"

丙:"六十三号有严密的制度,人与人之间不准互相称呼名字,只能叫'这个'或'那个'。走路必须低头,不准往别处看。我在里边关了一年多,很多人关在里边,我根本不知道。特别是紧靠南的一间屋子关着谁,至今也没人能说清。有个工程师,夫妇俩分别都关在六十三号里,工程师死了一年多,他老婆还托人给他送火柴呢。"

甲:"六十三号的看守们分三班倒,一班七八个人,总共二三十人。关在里边的前前后后有一百多人。大案有两个,一个是'裴多菲俱乐部',涉及的人都是厂里的工程师和专家们;另一个叫'三党',都是党员领导干部。所谓'三党',既不是共产党,也不是国民党,是厂革委会那些人为了排除党内异己罗织出来的罪名。这两种人挨整挨得最凶。"

丙:"我看过不少演法西斯集中营的电影,我敢说六十三号比法西斯还法西斯。有的刑罚法西斯也没有,比如一种'旱鸭凫水',是叫人趴在地上,用铁刷子刷脚心,又疼又痒,受不了呀,胳膊腿一动,很像鸭子凫水,所以叫'旱鸭凫水'。还有一种'肛门吸烟',拿根烟点着立在地上,叫人脱下裤子,把肛门对准烟头坐进去。有位高级工程师是搞锅炉专业的,他是如今唯一活着的带残的人,出来后一直住在医院。本来我们想请你去采访他,但医生不肯。他十个指头都钉过大头钉,肋条全给踩断了……"

丁:"我因为出身好,三辈儿红,整了我一段时间后,叫我在六十三号负责买饭送饭，倒屎倒尿，帮忙守夜。每天早晨把一个油漆桶放在过道，叫他们一个个来上厕所。可刚坐在尿桶上，看守就喊：'起来！'大便只给两分钟。六十三号里臭虫多得吓人，有个人咬得睡不着，我一次帮他就逮了一百多个臭虫。但六十三号不准灭臭虫，臭虫也是他们折磨人的天然工具。"

丙："有个小伙子挺冤，他是个工人，为了要住房跟革委会主任吵起来，被弄进六十三号。他脾气很暴，把他一顿死揍打到铺底下，他还是不服，就用铁丝捆在椅子上，拿钢钎子绞紧，铁丝一直煞到肉里。直到现在洗澡时还能看到他腿上被铁丝勒过的很深的道儿。那些看守还用小木棍敲他的生殖器，打得'哗哗'流血，留下后遗症，没有性，打坏了……工人都这么打，更甭提那些知识分子了。"

甲："一天二十四小时，他们想什么时候用刑，就拉出一个人来，整得鬼哭狼嚎。他们怕外边的人听见声音，就放唱片。有架老式手摇留声机，总是那张唱片，样板戏《红灯记》铁梅唱的那段。只要铁梅一唱，不知谁又受刑了。现在又兴唱样板戏了，我一听耳边就响起那些惨叫。"

丙："他们叫电工把220 V电压改成24 V，怕人受不住自杀。灯泡外边全装上防爆罩，屋里什么东西都没有，可是人要是真想死总能想出办法来。有个解放前在东沽跑船卖小鱼的，说他是海匪，整他整得很惨。他居然在地上捡到根大铁钉子，用垫床腿的砖头把钉子砸进自己的脑袋里。"

丁："还有位工程师，七十多岁，给弄到外边冻了一天一夜，病倒了，昏迷不醒。看守们穿上白大褂走进他的屋子，说自己是被请来的医生。两个人把他举起来在空中飞快旋转，说是请他'坐飞机'，问他：'美不美？'再把他扔在地上'做按摩'，就是用脚乱踩……有一次，看守叫那些被整的人斗他，这叫'老黑斗老黑'。我亲眼瞅着他一条胳膊啷当着，像假的，样子很怪。这人后来神经有点不正常，屋里有屎有尿，极臭。看守叫我给他洗个澡，满身全是黑泥痂！我这才发现他那条胳膊原来是脱臼了，也没人给他治，一直到死胳膊都是啷当着……"

甲:"六十三号对外是绝对封锁消息的。从那里边出来的人都被打怕了,谁敢说?说了就会再抓回去加倍挨整。外边的人路过六十三号都远远躲着走。有个人蹲在附近系鞋带,犯了嫌疑,就被抓进去好打一顿。在我们这个两千人的大工厂,六十三号是个可怕的谜,神秘的地狱,吃人的魔窟。"

甲:"六十三号关人关得最多的时候,放不下了,他们在厂里又找到一个小仓库,准备搞个分号。叫来瓦工把这仓库也断成一个个小间牢房,都是双人床大小。一面六间,一面八间,后来他们发现瓦工们一边干活儿,一边窃窃私语,他们怕事情闹得过大,建好后一直没有使用。"

六十三号整死人的消息陆续传到北京,一九七〇年六月二十四日,陈伯达和市革委会主任来到这个厂,说是视察"抓革命,促生产"各项工作。他们一走,六十三号开始悄悄放人。随后将这座历时两年残害无数无辜的魔窟,以清除旧厂房的名义拆除,夷为平地。魔窟除掉,魔影犹存。整人的凶手们长期逍遥法外,做官的做官,升官的升官,这不过是变样的销赃灭迹罢了。六十三号的铁栏杆化为无形,更深地禁锢着人们的心。直到"文革"结束,受难者平反昭雪,六十三号的主谋才被逮捕法办。但是法律只能惩罚罪恶,却不能医治受害者的心灵。

笔者这一判断是从采写这两个女人的自述经历后的感受得来的。可惜文字是无声的,无法传递出她们诉说这段往事时那令人凄楚含血含泪的心音。但究竟什么样的遭遇,过了二十年再回述时,依然如此激荡不平,有如控诉一般?

她俩,一个是死难者的妻子,一个是从六十三号逃生出来的经受过残暴的人。

生死两茫茫

　　你别担心,我能说,那么凶的事情都经受过了,说一遍总能受得住。听说你来,昨天我把怎么说都捋好了,想了一夜,可现在又全乱了,可能会东一句西一句……我又有点犯心跳了。

　　我爷爷是郑孝胥,溥仪的老师,这你在《末代皇帝》里都看到了。我爷爷他一直跟着皇上,对家里的事很糊涂。我们这种家,有什么事是不跟孩子们说的,所以"文革"时追问我祖父、祖母的事时,我怎么也说不清。

　　我丈夫老刘是机械工程师。从北洋大学机械系毕业后始终做技术工作,可是他出身也不好,他父亲是北洋海军总长刘冠雄,旧官僚,这就注定我们是挨整重点。

　　"四清"时,老刘就被关起来,后来说"洗澡下楼"没事了,紧接着"文革"就来了。来得太猛太凶,完全没有准备。突然有一天,老刘厂里的工人红卫兵闯进我家,好多人拿着大洋镐,把屋里的花砖地、门外的台阶,连屋顶全刨了。还拿刀把沙发全捅破了,说是找武器。我家床板上有两个洞,是家里的旧床,从来没想过这两个洞哪来的,他们说是子弹打的枪眼儿,向我要枪,要子弹,真吓死了。不知老刘犯了什么事,晚上老刘回来了,满屋子乱七八糟。他安慰我说:"很多人家都抄了,别怕。"我的心才定下来。我一辈子没做过事。我们两家是世交,从小青梅竹马,二十二岁时嫁给他,一直跟着他,只有他在身边,我心里才稳当。

　　第二天,他们又来了,又抄。我家住在"新村",住的大多是厂里的工程师们,他们就把我们召集起来,弄去游街批斗。叫我们脖子上挂个簸箕或小锅、小盆,一边拿棍儿敲,一边说:"我是牛鬼蛇神!"还把党委书记弄来,糊个大红纸伞,上边贴着我们的名字,叫他举着,意思是我们是他大红伞下保护的牛鬼蛇神。突如其来的,人全蒙了,也没面子可讲了,就这么难看地在大街上走。

我家一连给抄了五次，整个抽屉的东西，多少年存的好东西，还有老刘的书，技术材料，日记，全给弄走了。老刘喜欢照相，照片特别多，所以抄完之后，满地都是碎照片。那些没抄家的子女都围在外边往里看。我的脑袋木了，一听声音就害怕。随后我们就给赶出"新村"。来了一辆马车，叫我们带上吃饭必须用的锅碗瓢盆和被褥桌椅上了车。镜子不许拿，说是"照妖镜"。被赶到一片水中间的简易房子前，可是那里的街道代表出来说，他们不要牛鬼蛇神，嫌我们脏。但他们把我们拉下来批斗一番，再赶上马车，最后塞进一座破楼，名叫"垃圾大楼"，住在一间十来平方米的小屋里。厂里每天都来人审讯。他们真有办法，居然在T市老刘的哥哥家翻出一套他父亲做海军总长时穿的旧制服，还有旧军官照片，说老刘"企图变天"。都是什么年头了，老刘就是想变天，也不能穿这套清朝衣服上台呀！他们还逼我给溥仪写信，找他要旧照片，好拿这照片说明我们想恢复旧王朝，多亏溥仪回信说他没有这种旧照片了，要不我们更倒霉了。他们就这么搞，想什么样儿就要搞成什么样儿。糊里糊涂的，觉得没活路了。可搞了一阵子，正提心吊胆的时候，又说问题搞完了，老刘的手表也发还给他。刚轻松几天，反过来又说老刘组织"裴多菲俱乐部"。

我不知道裴多菲是谁，我说裴多菲是外国名字，我家没见过这个人呀。后来才知道这是指反革命组织，搞政变，一下子心又提到嗓子眼儿了。

我和老刘是解放前到这厂子来的，那时这里很荒凉。我们这种技术人工资很高，没处花，经常凑一起玩玩。老刘好客，爱照相、滑冰、打网球，是个玩将；我爱唱戏，我俩又没有孩子，房子宽敞，那些工程师们差不多都住在"新村"，常常到我家聚会，多少年一直这样，直到"四清"以前。"四清"一开始，大家就没心气儿玩了。可"新村"有个人参加过国民党的三青团，"文革"一来，他怕极了，就写张大字报说我们搞"裴多菲俱乐部"。这可是个不得了的大问题，从头整。

老刘害怕了，他这人胆子很小，总哭，哭得青光眼发作了。我一直拿他当"定心丸"，看他这样儿，我想我应该做他的"定心丸"了，就对他说:"咱就像牲口,打倒了,还会再站起来。咱们不就在一块玩玩吗?又没做坏事儿,怕什么?"

其实我更怕,怕极了,总觉得比开始抄家那次可怕得多。那次是拿大棒子胡打,碰巧打上谁,谁死;碰不上的没事儿,这一次是看准谁非弄死不可。我巴望这时最好有一个人闯进屋,一枪把我们痛痛快快全打死多好。

七月三日晚上,那天特别热,我和老刘乘凉回屋,一大堆人闯进来,命令我俩坐到街对面去,互相不准说话。只听他们在屋里又抄又砸,声音吓人极了,然后叫老刘跟他们走。

老刘忽然拉着我的手"哇"地哭起来,哭得特别难过,眼泪把我的手都弄湿了。哭着哭着,他又怕我难过,就对我说:"你放心,我们没什么事,弄清楚就回来,你要相信政策。"

我手里有把折扇,上边是我用毛笔写的毛主席的词《咏梅》。

他说:"你就把它给我吧!"

奇怪,怎么这会儿又来要我写的折扇?其实他当时心里有数,他明白自己是不可能回来了。我给他折扇时,他握了握我的手,握得好使劲——这是他用心握的。谁想到这次握手竟成了永久的诀别!

他走了,我发怔发傻。

那些人问我:"你到哪儿去?"

"我不知道我怎么办。"我说。

"你就跟我们去吧,可以给他拆拆洗洗,还可以听点他的消息。"他们说。

我想这样还可以在老刘身边,知道他的情况,满心以为这是他们的好意。谁知这是他们的圈套,就是也想把我弄去,好从我身上挤东西整老刘。我坐在车后边进了他们的厂,又进了一座大厂房——这就是六十三号。进去后被推进一间很小的屋,"哐当",门被关上,我一看地上一堆睡觉用的破被子和稻草,心想坏了,坐牢了。当天半夜就审讯我,叫我把反革命罪证拿出来,我哪里会有?这就拉出屋去整。前后整整两年半,打呀,要命呀!头发被他们大把大把揪掉。我把头发偷偷塞进被子里，心想早晚一天出来后非要告他们不可。粉碎"四人帮"后，叫我上台控诉他们，一个大领导叫我放开讲，我一讲一个多钟头，心跳得厉害呀！

开头他们叫我承认，说我家制造发报机，开黑会，还读反动誓词。他们在我身边摆着三瓶尿，一桶屎，不承认就拿屎尿灌我。他们还编了一套一套的，说我家开黑会时挂国民党的党旗，叫我写，我不写就打呀骂呀，那些脏话，我从小到大从来没听过这么下流的话，难听极了。

每天十二点后通知我才准睡觉，五点钟就喊我起床。每天想什么时审就把我拉去。真打得要命呀！有一次三个壮男人把我推倒，围着踢我，浑身上下不分地方使足劲踢，鼻子"哗哗"流血，他们就用我抄写的毛主席的"最新指示"堵鼻血，嘴肿得多少天没法吃东西，每次我都以为这可要把我打死了。

他们整人的法子可多了，有时叫我手捧着一大堆铁链子围着椅子跑，不许停，一直到昏倒下来。有两个小青年最凶，他俩把我举起来，一个抓住头，一个抓住脚，像拧洗过的床单那样拧，全身骨节都要折了那么疼，疼得我一喊，他们就打开留声机放唱片，把声音放得特别大，好压过我的喊声。

我当然不能承认，我认了，他们就会拿这些东西去逼老刘，老刘非死不可。我想，我宁愿自己叫他们整死，也不能叫他们把老刘整死。

他们还有个办法，就是经常饿着我，有几次一天都不给我一口东西吃，饿得我把草垫子的稻草抽出来塞在嘴里嚼，硬咽下去，成牲口了。后来我吃饭时常常剩下半个窝头藏在稻草里，预备挨饿时吃，可有时用上它时已经长绿毛了，吃得拉肚子。

往后我也学精了，不硬顶，干脆胡说。

他们问："你在俱乐部跟谁打过牌？"

我就说："跟蒋介石和宋美龄。"

他们问："你们留着那套旧军装干什么用？"

我就说："每天穿一会儿，纪念国民党。"

当他们知道我存心胡说时，整我整得更凶了。一天，他们对我说："你升级了，今天枪毙你！"就拿棉袄盖上我的头，押上一辆吉普车，跑了一个多钟头，其实就在工厂后边的盐滩上来回乱转，然后拽下车，推进一间破屋子。一排排人，全是官，还有穿军装的人。

他们的问话很横："你的发报机呢？"

我说："扔进河里了。"

他们又问："电报机的图纸哪儿来的？"

我说："在新华书店买的。"

他们见我胡说，上来三个人用木棍狠抽我，还用刀背剁我。有个人过去一直没打过我，我还认为他向着我，这回他也打，而且更凶。完事回来又把我吊起来打。

转天一个打手溜进我屋来，对我说："发报机既然没有，早晚会弄清的。看你的腿肿成这样儿，我学过医，给你治治，你可别让他们知道。"

我还以为他良心发现，不知该怎么说感激的话，可是哪想到他借给我看腿伤，侮辱我。我呼救无人，拼命跟他对抗……这时我真想自杀了，活下去，只能一天比一天惨。守夜的一个女工劝我，我又想起老刘来。我要是死了，老刘放出来后怎么活？可我哪知道，他进来三个月受不住，拿垫床腿的砖头砸碎自己的脑袋，自杀了……我记得我进来不久的一天，扒门缝看见过他一次背影，给两个人推着。我还一直以为他活着。我俩都在六十三号，他既不知道我也在里边，我更不知道他人早完了。我要是知道他不在人世了，还有什么必要忍受这些罪活着？

一九七一年春天吧，一天，他们忽然对我说："告诉你，你丈夫已经在一九六八年九月二十八日自绝于人民……"下边的话我听见一句，"你必须和他划清界限！"我当时只觉得心里木极了，没有任何感觉，也没叫喊。等他们再来叫我写材料，要我表示和老刘"一刀两断"，我忽然跑出来大哭大喊，喊老刘，一下子爆发了！

我脑子完全乱了，控制不住了。我忽然觉得这是假的，老刘没死，我想大概他交代得好，已经出去了，哪一天会推着自行车来接我，我俩就是到处流浪去讨饭也好；可是忽然我又觉得这是真的，我就受不住了，大哭，喊老刘，一声声地喊，喊得很真，就像老刘就在眼前，弄得六十三号的男女看守们都说有鬼了……真没想到他们来这一手……

这样，他们就对我说："我们厂是搞生产的，不能叫你总住在这里，花这么大的代价……"就把我轰出来了。我坚决不再回"垃圾大楼"那间小屋，我一看那里的一草一木，神经就发狂。他们就把我弄到另一个地方住下，还叫两个女工轮流陪我，怕我自杀。事后才知道，六十三号死人的事有人追查，他们很怕我自杀，又多一条人命。

老刘死那时，火葬场不给烧，是六十三号那帮人架劈柴烧的，然后钉个盒子，把骨灰放在里边。有一天，他们来了，拿个白布包儿，对我说："他死有余辜！"打开包，把盒子扔在地上，是老刘！我一下瘫在地上，就喊："救命呀——"

打那天起，我做了一个大包袱放在床上，把老刘的衣服给它穿上，再戴上老刘的帽子，它就是老刘。我天天不出门，陪伴着它，它也陪伴着我。吃饭时给它摆上一双筷子，它就傻待在那里，一动不动，也不说话。我也不用它说话，它在就好……

后来，我的养女回来了。人家都叫我把这假人拆掉，别吓着女儿，我才搬开它。

我的养女是"文革"初去内蒙古插队的，她的命运不比我更好。她的生父是老刘从小要好的朋友。我和老刘没孩子，她生下来四十天时抱过来。他生父叫朱文虎，是老刘厂里的电器工程师，因为过去也常到我家来玩，就和我们同一案子，被打成"裴多菲俱乐部"二掌柜，也关进六十三号。他脾气很倔，打得更厉害。几次给烟头塞进肛门不准大便，被踩断三条肋骨后死了，死在医院里。事后他们叫医院开假证明，说是死于心脏病，还把一张断了肋条骨的胸部片子改了名字，叫"米可号"，怕将来有人查验。

我养女的两个父亲，一个生父，一个养父，都死在六十三号。我死了一个老刘,实际上也死了我自己。至今我不明白,我为什么还活在世上。你说说,我为什么还活在世上?

死,是留下许多问号的一片空白。

永恒的怀念

我就是你所说的那个"给死人送钱的女人",我的全部痛苦都在这句话上。你看我现在很平静了,是不是?可是这句话是我的一个万丈深渊,我一碰上它就陷下去,很深很深地陷下去。

我丈夫是一九六九年十二月十七日死的,死在六十三号里。我从来没去过六十三号,后来知道那里的厉害了,好几个工程师都死在里边。但你要认识老钱——我丈夫,就知道他不是招灾惹祸那种人。他在这个厂里干了二十年的供应管理,连家里用个螺丝钉也不从厂子里拿。为什么非叫他死不可?而且是活活把他吊打死的?

我和他从小认识,他脾气有点暴躁,可人正直,埋头工作,我们生活得清贫,但是很有骨气。他一直是个小业务干部,七品小官也没当过,我一直是个普通教师。我们有五个孩子,对孩子搞智力投资,所有收入都花在孩子身上,送他们都上了大学。"文革"抄家时,我家最穷,挖墙刨地也找不出值钱的东西来。箱子里一半是空的,存折上只有一百多块钱。只有一把破旧的西餐刀,被他们当作匕首拿去展览作为老钱的罪证。

老钱的罪名,说是参加刘工程师家的"裴多菲俱乐部"。要是听他们说,刘工程师家真好像有个暗藏的搞破坏的组织,其实哪里是那样,我也常去那儿玩呀。

解放初期,这儿都是大水洼。范旭东、侯德榜为了把厂子搞起来,气魄很大,凡是燕京大学、复旦大学和南开大学毕业生前三名的都要,还用高薪聘请各种技术专家。一时人才云集，周总理还说这里是"技术篓子"呢！这些高级人才都住在"新村"，一片整齐的小房小院。那时没有娱乐场所，知识分子总要来点精神享受，怎么办呢？刘工程师夫妇好玩，好客，房子又富裕，大家就常到他们家聚会，唱戏，打牌，可是从不来钱的。大家互相记住生日，逢到谁生日，或过年过节，就各带一点菜凑在一起玩玩，关系都非常融洽。我家不住在"新村"，住"三角地"，可老钱喜欢京剧，唱小生，唱周瑜，胡琴拉得不错，我唱程派，刘工程师夫妇也好唱，就常去凑一台戏唱唱，就这么简单。但是这些知识分子大都出身差些，早就被注意上了。记得我们一起聚会时，"新村"的街道代表曾经爬上树往屋里看，当时我们以为他是想看热闹呢。我家的小儿子喜欢玩无线电，房上总扯些天线，有一次街道代表和民警忽然来我家，说为了安全查电路。后来搞"裴多菲俱乐部"说要找电台，找到电台后就去北京向毛主席报喜，我才明白我们一直是被注意的对象。我就非常后怕——我女婿从朝鲜战场曾经带回一点美军的电器零件，小耳机什么的，后来全被我那喜欢无线电的小儿子去新疆上学时带走了。如果没带走，事大了，证据确凿，肯定电台就在我家了，我家非全给弄死不可，那时想起来后怕的事真不少。

　　清队开始时，老钱为这事受审查，可他属于"走读"的，每天晚上可以回家住。一天，突然他没回来，等到夜里十二点多，我就犯嘀咕了，跑到外边黑灯瞎火转了几圈，还是不见人影。一点多时，"砰砰"砸门，厂里来帮人闯进门就抄家。我可:"老钱怎么没回来？"他们说："暂时不回来了。"从此，我就再没见过他。他那天早晨离开家去厂子时，样子太平常了，可就这么平平常常走了，没有生离死别，但一去就算完了，怎么人这么容易就完了呢？

　　从这以后，几乎一点消息也没有，只是恍恍惚惚听说他很瘦，脸色惨白，拿个大扫帚扫院子。其实这消息根本不对，他一直关在六十三号里挨整，如果真叫他扫院子，应该说是当皇上的差事呢！我因为是在中学当教师，有单位，所以没把我关进去，刘工程师的爱人没工作，给弄进六十三号，受尽了折磨。他们夫妻俩都关在同一座大房子里，刘工程师死了两年多，她竟然毫不知道呀！

当时我对老钱似乎比较乐观。因为别的有问题的人都扣发了工资，可老钱的工资一直原数照发。开始时还准许我送点东西给他，我常送些烟、牙膏、肥皂，他爱吃点心，我就买斤点心包好了送去，还送些衣服，好叫他换着穿。我每月去厂里领了他的工资，都送四十块钱给他的。但他们从不叫我去六十三号，都是交到专案组转给他的。我想，为什么偏偏他的工资一直照发，肯定他的问题比较轻，说不定哪天他又平平常常回家来了，这是当时最美的幻想了。

前后一年多，直到一九七〇年春节过后，我去学校，一个老师问我："老钱有信儿吗？"

我说："没有呀。"

他挺神秘地低声对我说："我听说老钱死了。"

我说："不会呀，人死了怎么还发工资，不通知家属？我前几天还领了他的工资，送钱给他呢。"

我多傻，听了这消息我还不信，其实人已经死了几个月了。我不信也有我的道理，此后厂里六十三号又来人找我要钱，要衣服，说老钱的钱不够用，我还把一件给老钱新絮的棉袄托他带去。照旧领他的工资，然后把一部分钱送到专案组，每次他们都收下了，如果他们的表情有半点犹豫，也会引起我的疑心。他们怎么能这样不动声色地骗住我这个可怜的女人！他们真是铁石心肠呀！你说说，他们接过我的钱时心里究竟怎么想的？

一过又三四个月，六十三号开始往外放人了，但放出来的人都躲躲藏藏，不敢跟人说话。有一次，我在街上碰到刘工程师的爱人，她贴着墙根儿走，怕人似的，神情有点恍惚。我也不敢过去问她，怕给她找麻烦。我就等着吧，既然刘工程师他们都没事了，老钱肯定快出来了。

六月底的一天，厂里忽然来人，还有我们学校的工宣队的人跟着，他们的神气既平静又紧张。坐了一会儿才告诉我："老钱死了！"

"什么时候？"我问，似乎还不信，可是声音全不是调儿了。

"一九六八年十二月十七日。"他们说。

我努力稳住自己，又问："怎么死的？"

他们不肯说了，只对我说："你丈夫死了，可问题还没弄清，暂时还不能平反。我们把他按工伤死亡处理，但你们家里的人都有工作，没有抚养人，所以什么待遇也没有。工资打今天起停发，到此为止。"

我说："奇怪了，我跟他从小认识的，两家是世交，又一块儿长大。大学毕业就工作，就这么点经历，还有什么问题没弄清。又是怎么死的，需要按工伤死亡处理？"但无论我怎么问，他们也不回答我。

我至今也不明白，我当时为什么没哭没喊，我是应该大哭大叫的呀！我的老钱呀，你半年多就死了，怎么就没托个梦给我呢？难道你也和他们一样故意骗我，捉弄我，好突然来给我当头一棒吗？

这时，军宣队已经进厂，恰巧我女婿的一个老战友是军宣队队员，他闯过六十三号才问出来，说老钱一次给四条绳子拴在手腕和脚腕上，拉在四个墙角上，吊起来打。那些打手们打完他就去喝酒了，一帮人全喝醉了，把他忘了，等酒醒了回来，发现他四肢全弯着，抽缩在一起，摘下来一看，人已经死了，这就是他们说的"工伤死亡"！

封建社会里也不准私设公堂，当堂打死人，县官也要革职。怎么能吊打死，半年多都不告诉我？怎么还能到我家里要钱要衣服？我一直告到市里告到北京，可无论怎么告，回答只有一句话："问题太复杂，很难解决。"等到"四人帮"完了，六十三号冤狱大平反，才知道"复杂"都是在上边。主谋和主凶抓起来，但究竟老钱都受过哪些整，究竟谁参与打死老钱的，没处再去问了。"文革"过去了，家破的家破，人亡的人亡，所有债都记在"四人帮"身上，人对人又是笑脸，又都一个样儿了，哪里找当初那些整人的人？除非他们自己有良心，可是我从来没听说过有谁天良发现，找到人家受难的去忏悔。我家里的人都是书呆子，不会去找，去闹，去争，只能把这一切，把含冤而死的老钱放在心里委了。

老钱的骨灰盒，我们找了几个地方才找到。当时处理这事很草率，当事人都忘了放在哪儿。现在我们把它换了个讲究的盒子，存放在殡仪馆里。每年清明节和十二月十七日——他遇难的日子，我们全家人去一次。阴历正月十六——他的生日那天，我单独去。我们从不烧纸，只是看看。在人间得不到幸福，还能去哪里得到？

你看我现在相当平静了吧。

可是有一次宴席上，上一道鲍鱼鸡茸汤，我马上盛了两碗，说："这是老钱平生最爱吃的，叫我多喝一碗，替他喝吧。"大家立刻静下来。谁也没说一句安慰话，大家都知道，这种事，安慰也是多余的，都只说："好，好。"

还有一次，我在杭州西湖林荫道上独自散步，走着走着，我忽然特别想他……不知为什么在这最美的地方我会特别想他。从此我避讳着，不再到最美的地方去……

罪恶的结果，永远没有句号。

没有情节的人

1966年·28岁·男 \ S市某科学院科研人员

一下子打蒙了——买了一套英文版的《毛泽东选集》——精心地塑造自己,不做罪人,也不敢红人——郑板桥的四个字"难得糊涂"——这次叫做有惊无险——一种很荒诞的感觉

我的经历很平淡,没有大喜大悲,高潮低潮。你写东西需要情节,可是我几乎没有什么情节。但我找你,是有满肚话要说——这没情节,是我自己制造的。就像有些小说或电影,故意没什么情节。可一个人在"文革"大风浪里,要使自己没任何情节,谈何容易?这需要很清醒、很精心的设计。我先说说我为什么要这样做。

我是贫农出身,解放后受重视,从中学到大学享受免费助学金,理所当然入了团,什么都好,一片艳阳天,很幸福。像我这样的知识分子,成长得快,一路顺风,对以后政治的变化根本没估计,轻松,随便,甚至比较放肆。

一九五七年开始出毛病了。我说放肆吧,"鸣放"时什么都敢讲,别人不敢讲的我讲。马上,我担任的校刊主任被撤,批判,斗争,检查。说我忘本,变质,右派言论。多亏班主任人好,非说要挽救我,才没定为右派,可是内定右派,团组织给了严重警告处分,晴天打雷,当头一棒子,一下把我打蒙了。我们这代人经过一九五七年,性格就来个大扭曲。原先开朗轻松,一下就变了,有人变精了,有人变闷了,九十度大转弯。我这个人还算清醒,意识到人家从此就看不上我了,可是我还想干点事,怎么办?开始苦苦寻找一条可行的路。如果你只想为自己,并不太难,放弃理想、志愿、随波逐流、平平庸庸一辈子下去就是了。难就难在你并不想为自己,还想为国家。

一九五七年后,我被下放到农村一段时间劳动改造。我是农民的儿子,干活儿不比任何人差,干活儿是我的家传。可是我一钻业务就麻烦了,农闲时我看外语书,麻烦了。马上抓住我,说我学外国话,想走资本主义道路,白专;拔白旗,拔了我好几次。但我总不能像那些人睡懒觉,没事瞎吹牛,混日子反而落得平安无事吧!怎么办?我是一次比一次愈挨批愈清醒。我灵机一动,买了一套英文版的《毛泽东选集》看。大队书记说:"你怎么又看这资本主义的玩意儿?"我说:"你看,这不是资本主义,是英文版的毛主席著作。"书记没话了,他怎么能禁止我看毛主席著作呀。这一下,我胜利了,索性买了英文版全部马列著作、《北京周报》、《中国建设》等等许多书刊,练习英语。这个胜利使我发现了一条绝妙的道路:在夹缝里求生存。石头缝里也可以活,当然要看我能不能找到这缝儿了。

我在农村改造了一个阶段后,回到学校继续学习。我是学植物专业的,学校有位教师过去在美国搞除草剂,就是不用人工锄草拔草,对我影响很大,因为我生在农村,深知祖祖辈辈在农田那种原始的劳动方式的艰辛,我决心要在中国搞除草剂,推广化学除草,把农民从田地里解放出来。可是中国的生态、土壤、气候、杂草的种类分布与外国不同,必须花费很大心血做调查和科研,甚至用一生来干,这目标在我心里牢牢地确定了。

可是从学校出来分配到农科院,从"四清"到"文革",我看透了——中国没有真正搞科学的地方,处处、人人都搞政治。但不是政治家,是小政客们,政治小应声虫们。又不是真正搞政治,而是搞整人,互相整。今天你上来我下去,明天我上去你下来。整成一团团,谁也解不开,愈整愈带劲。要想完成自己的志愿,就必须像当年学外语那样,想个绝法子。我对自己进行了分析,我出身好,不会成为挨整的重点;可我犯过错误,也不会成为红人。好了,我就把握住这点——不做罪人,也不做红人。成了罪人什么也不能干,成了红人同样什么也干不成。我又想,我有两个好条件,一是我搞植物专业,可以躲到农村去;二是我出身农村,农民生活对我毫无难处,去农村等于回老家。于是我向院里说我要到农业生产第一线去,扎根农村,把科学实验与生产实践相结合,同时接受贫下中农再教育,认真改造思想。这提法很时髦,我又把话说得很诚恳的样子,马上被院里批准了。

十几年来,我一直在下边。S市周围农村几乎叫我跑遍了,二百五十多种杂草都像长在我心里。在植保站搞出除草剂就拿到农田里做试验,一有效就推广。院里搞"文革",两派斗,开会,我尽量躲着不去。我有办法,逢到院里叫我去开会,参加运动,我就请公社或县里出面替我请假。我和农村的关系好,搞除草剂对他们确实有很大帮助,他们肯为我请假。我到处搞试验田、开现场会,故意把每天的时间都排得满满的。院里一来电话叫我去参加运动,这边农村干部就在电话里喊:"不行,我们贫下中农现在正用着他呢!"就替我拦了。我做得也十分小心,天天干什么都有记录,十年里记了整整十大本,防备人家查呀!一次院里搞政治清查,派人到我所在的县里调查我的现实表现。县里就说我这个人如何如何好,如何脱胎换骨接受贫下中农再教育,如何不怕吃苦,狠斗私字,学习毛主席著作,编了一大套。农村干部也很精明,完全知道用哪些话就能把这些来找茬儿的人糊弄走。然后又把我写得密密麻麻的工作日记往桌上一摆,院里的人无话可说。这样,既躲过运动,又干了业务。农村是我一把大政治保护伞,没有这把伞,我什么都做不成。当然,为了这把伞,我必须加倍努力为他们干，可是这正是我要干的呀，我这是一举两得。你说我做得妙不妙？

一个人的时间有限，生命和事业都经不起挫折，必须善于保护自己。我很清醒，总不去开会也会遭到院里人的反感，万一惹恼他们也很麻烦。有些重要的会，比如传达中央文件呀，学习毛主席最新指示呀，大会或重要的会呀，我准去，分寸掌握得合适。有时回城时，就到单位个别关系不错的同志家里串门，摸摸情况，政治上的大情况必须要心里有数，没数也要出问题。有时你不找它，它还找你呢！关键是不能陷进去。非要写大字报表态时，决不能提具体人名；对人事问题要装糊涂。叫我揭发，我就说："我和谁都不接近，不知道问题怎么揭呢？"两派对立时，有人拉我加入一派，我说："我糊里糊涂的，弄不好成不了事，反给你们坏事。"也就躲过去了。我尽量把自己搞成一个可有可无、无足轻重的人，开会时从来都坐在墙旮旯，很少跟人谈话，甚至很少用眼睛看人，你看人一眼，人家就会注意你，叫别人忘掉我才好。我给人的印象确实是胆小怕事，糊里糊涂，政治上无所作为，正好！这也正是我精心设计、自我塑造的形象。郑板桥有四个字：难得糊涂。当然，这是一种表面的装傻卖呆。可是不少人看上去不糊涂，很精神，搞起运动来拼命表现自己。但从中国的政治看，这不过是一时出出风头而已。你爬上去，别人就盯住你了。赶到政治上风向一变，必然想法把你打下来，最有力的打法是借用政治罪名。碰上一下，就不得了，好像车祸，伤筋动骨，几年里缓不过来。人生很短，有三次两次一辈子就报废了，最后一事无成。

尽管我很清醒，很谨慎，也出过一次事。一九七五年，市里农办的头头忽然说，松根松土是农民学习毛主席著作积极分子提出来的，是无产阶级治田方针，现在有人搬用西方资产阶级的东西对抗，主张懒汉种地，不锄草，不耘土，查查谁搞的？查来查去居然查到我身上。这就是我前边说的，你不找它，它找你。吓得我几夜睡不着觉，心想这回该完了。多亏县里出面说，除草剂是工人阶级制造出来的，虽然不锄草,可是使用除草剂后地里没草了,产量非常高,我们贫下中农欢迎。市里派下人来一看,果然如此,这才不了了之。这是我十年之中唯一碰上的一次大麻烦。可有惊无险,也算不上一个"情节"吧!

现在有人说我是最幸运的一位科学家。"文革"中没挨整,也没中断业务。现在赶上好时候,走运。这是从外部看我,并不理解我的内心。一九七九年,我国科学回到正轨,我跑到国外一看,吓了一跳,与西方发达国家差距多远!我国百分之八十的人口全在田地里,搞农业科研的人数少得可怜。很多地区还是靠天、靠经验、靠原始的生产方式种田。而西方发达国家农业人口只占百分之三到百分之五,剩下的人去搞科研技术,搞艺术,受教育。从我的专业眼光看,我国现在耕地是十六亿亩,算上有些地区一年两产,差不多二十一亿亩。一年锄三次草,需要三个人工,全国每年人工锄草需要六十亿人工,每个工按三块钱算,就是一百八十亿元。这是多大一笔财富!这笔巨大财富的浪费难道不压在我们科研人员心上?

可是"文革"中有几个科研人员能顺顺当当过来呢?除去当时国防任务保护了一批科学家,在社会上的几乎都成了攻击目标,有的一蹶不振,沉沦下去;有的中断业务多年,信息闭塞,现在接都接不上气了。我承认我是"幸运儿",但这不是命运之神对我的特别恩赐,而是我吸取了五十年代的政治教训后所精心设计的一条人生道路。尽管我没跌跤,还算一个"成功者",但一个想为国家做事的知识分子被迫琢磨出这样一条路来有多可悲!我必须扭曲自己,必须装傻、装无能、装糊涂,叫人家看不上我,对我没兴趣才行。天天打磨自己的性格棱角,恨不得把自己藏在自己的影子里。没情节,拿你写小说来说,就是没高潮,没起伏,没有任何变化。这样的生活很乏味,很压抑。有时觉得没有自己,好像自己被一种强有力的东西消化了。事业成了,自己却消失了。你尝过"没有自己"的滋味吗?这是种很深刻的内心的苦味。但只有这样,你才能够把事情干下去,否则就会被卷进去,成为政治的牺牲品,一辈子对社会对国家毫无贡献,岂不更可悲!为什么我们想为国家做点事,这么难被理解,总是处在这种可怜巴巴的境地？国家啊，我对你的感觉很奇怪。一会儿觉得你很具体，很神圣；一会儿觉得你很空，很无情……一次，我还有种非常荒诞的感觉，觉得国家被一小块一小块切得很碎，掌握在一层层很多人手里，我和你有距离。你说是吗？这又是为什么？

在封建传统中，国家的主宰者就是国家。

我不愿意承认是牺牲品

1967年·22岁·男 \ T市某电车公司工人

我是头一批起来造反的——"电车红旗"手下重兵三千——闻名全国的"六九事件"——江青一闹,大联筹趴蛋了——平白无故被判无期徒刑——咱是用自己的两条腿走出监狱的——你把毛主席叫来,他也说不清

我给你写信,是拿块砖砍你一下,看你敢不敢写我。

十年来写"文革"的作品不少,不知为嘛,总透着"假"气,不叫人信服。造反派一出现,就一帮打手,五大三粗,惨无人道,勾上脸谱啦,使我们这些屈死鬼啼笑皆非,嗤之以鼻,我们好像验收过的猪肉,屁股上盖个戳,撂在案板上,谁想吃哪块就切一块。

我为嘛造反?当然事出有因。

我一九三五年生,往上倒八辈,出身没问题。十四岁时,家里穷得揭不开锅,学没上完进缝纫社当小工了。"三反五反"时,站在党这边,跟资本家残酷斗争过。资本家蔫坏,等"三反五反"一完,他说

买卖亏本要倒闭,把我轰出来,人家买卖还接着干,我可失业了,就进电车公司卖票,一个月一百二十九斤小米,蛮不错。那时进电车公司并不难,开车的能举起个墩子就成,卖票的会算个加法就要。厂里的老工人没文化,我们一帮年轻秀才进去,马上起来了。组织上重点培养,因为我能写,当上了《工人日报》的特约通讯员。一看报社发的稿纸上边印着的两句话"反映群众呼声,做好工人喉舌",就叫我冒热气儿。当时工人很苦,领导的人头杂,净干缺德事儿,我就揭,替工人们说话。自以为对党一片忠心,谁知这叫"哪壶不开提哪壶",成了电车公司一根刺,人家早想拿掉咱,我的自我感觉还挺不错。

一九五七年整风运动一来,大字报铺天盖地。大字报上净是谁谁偷东西搞女人乱七八糟的话,我心想,不是帮助党整风吗?净弄这些闲事儿干吗? 就写张大字报说"鸣放是鸣放,别忘了主席说的原则六项"。谁知一下把祸水引到身上来了,说我向党放暗箭,说就因为我这张大字报,多少反革命没暴露出来,天天开会斗我。工人里不扣右派帽子,给我来个劳动教养缓刑两年,留厂察看。这就叫人家拿下来了。我当时想不通,后来"文革"进监狱,里边关个财贸部的干部对我说:"整风是大面上的。内部叫引蛇出洞,你这张大字报,不是把蛇洞都堵上了? 不整你整谁?"我才明白,明白也晚了。

打那时候起,咱学乖了。心想打住,认头干活儿,别给爹妈惹事儿。"文革"一来,更凶。红卫兵翻天覆地,我亲眼瞅见五大道上把人活活打死。工人中间搞起政治大讨论,我有了前边的经验,心想这么大运动,势头又这么凶,弄不好撞在车头上。咱嘴一贴封条,不说! 可是讨论会上必须发言,"文化大革命"触及每个人灵魂,不说话就是拒绝触及。我最后一个发言,说嘛呢? 咱就背《十六条》,什么"这次运动的重点是整党内走资本主义道路的当权派"嘛的,咱没自己的话,照本背诵,全是你的话还不成?

好嘛,也不行。第二天,满院子大字报,说我又向党进攻了,把我关进牛棚。完了,死活一样价了。外边红卫兵没法管了,世界末日到了,等死了。

这一套会是厂里官办"文革"小组搞的。可没多久，上边风云突变，说各单位"文革"小组执行的不是毛主席革命路线，而是资产阶级反动路线，目的是为了保党内走资派，转移斗争大方向，把矛头指向群众，打击一大片。毛主席发表"最新指示"说，"马克思主义的道理千条万绪，归根结底就是一句话：造反有理"。一下子各单位都起来造官办"文革"和当权派的反。实际上，"文革"就是想把刘少奇弄倒，可各级党的干部都是刘少奇线上的，不把这些干部打倒，刘少奇倒不了，才发动群众造反。咱那时哪懂上边这些乱七八糟的，一想，对呀，的确是群众受压呀！反吧！我一口气写了十七张大字报，把我被冤枉的过程原原本本端出来，问我的罪究竟在哪儿？我是厂里最早造反的几个，当时厂"文革"小组还没垮，纠察队把我抓起来了。有人跑出去，找来大学红卫兵救我出来，这一冲击，厂"文革"垮了，我想，干吧！我让人挤到死角里，不能再等着人摆弄。造反有理，咱有理呀！

这里，我又说到现在那些写"文革"的文艺作品。一写造反派就是"文革"打手，不知这些作家那时是不是在娘怀里吃奶？"文革"开始时，抄家打人的都是各单位"文革"干的，最初起来造反的都是受压的人，要不哪来的那么大反劲儿？

"文革"开始时没有"造反"这个词儿。"造反"是指反革命翻天。"造反"是打毛主席那儿兴起来的。你还记得毛主席那张照片吗？胳膊上套个写着"造反"两个字的大红袖章。开头，闹红卫兵时，毛主席在天安门接见百万红卫兵，胳膊上戴的是"红卫兵"红袖章。等到毛主席换上"造反"袖章，就是"反资反路线"了，工人才起来杀向社会，是不是这过程？咱总得尊重历史吧？

毛主席是红司令嘛，毛主席指向哪里，咱打向哪里，没他指挥，咱小草民敢造反？我们那时真是一颗红心，真玩命了，天天夜里上街贴大字报，没人发奖金，给夜班费。死也跟定毛主席了！

可是我们这些受压的人一起来，整人的那些人一变，也成立了造反组织，对立情绪就出来了，形成势不两立的两派。谁都说自己保卫毛主席革命路线，都骂对方打着红旗反红旗，往后各种人都掺和进去了,就愈打愈乱。你写"文革",要不是如实反映这个历史过程,就不真实,谁服?

我是全市最早造反的四大组织之一,起名叫"电车红旗"。我手下有三千人。工人一起来,红卫兵小将们就差多了,社会看我们的了。当时,造反组织替"文革"初期受压的人说话,反"资反路线",得人心。保皇的不吃香,可谁都怕自己一派被压垮,就非把对立面压垮不可,这样一来就愈打愈凶,全面干起来。一对着干起来,心也就不那么纯了。说实话,我这时心里也害怕,事情愈闹愈大,自己知道后期要算账的;眼前又一团乱,看不出头绪,总觉得有股不可抗拒的力量把自己往死道上推。我已是势如骑虎,退下来更没好,必须硬着头皮干,也就必须有实力,有实力就没人敢摸你。不单是我,社会上的造反组织都是这个心理,各拉各的势力,各树各的山头,很快地就不分行业系统,搞起横向联合的大组织。

我有个最要好的朋友,打小吃喝不分,我就对他说:"往后咱各走各的道儿,分道扬镳,你再跟我走动,早晚吃瓜落儿。"这样,死活就我一个人了,干成嘛样都我自己兜着。但我必须步步为营,脚要踩实,干事得稳。有个"工矿造反总部"跟我们同观点,我一摸,他们人头杂,便甩开他们,派人到各大造反组织摸底,搞队伍整齐的,总共五十二个组织,成立起一个"反复辟联络站",实力雄厚,在全市数一数二。我坐镇总部,白天黑夜连轴转。今天这儿打起来,调人增援;明天那儿出事,出面处理。还得派人蹲在北京摸信息,摸"中央首长"最新讲话。咱不能蒙着眼瞎干,要不死都不知怎么死的。

上海"一月风暴"后,各地掀起夺权高潮。中央派个大人物来成立"市夺权筹备领导小组",打算夺权后就成立革命委员会,建立红色政权。这位大人物头次召集各群众组织开会时就点名叫我们"电车红旗"和另外两个大学红卫兵组织开门整风,这意味着要把我们从红色政权里甩出去。甩出去就等着挨整。我说:"你刚来这里,就削我们山头,不行!"另一个同观点的造反组织头头说:"你要这么干,明天我们就把整个城市糊成个大纸篓!"这大人物一拍桌子说:"谁要是把今天的会泄露出来，后果就由他负！"这会闹得不欢而散。

我们一想，革委会里没我们就全完了，反他！第二天就贴出大字报反他，跟着把同观点的组织全拉在一起，成立一个"大联合筹备委员会"（以后简称"大联筹"），硬碰硬对头干。那个大人物原打算三个月完成夺权，成立革命委员会，我们非叫他成立不起来。夺权筹备小组用军队支持他们看中的一派，我们一派是在野派，一帮草民，压力就相当大。我们想了，压力最大时，以城市中间的大河为界，拉队伍过河，一南一北拼了。那时不是传说毛主席已经准备好，不行就回井冈山打游击吗？两派大斗争就此开始，大武斗事件连成串了，高潮是闻名全国的"六九事件"。

"六九"是军工厂，厂里掌权的造反组织是我们的对立面。事情的起因是，我们"大联筹"内的工学院红卫兵组织的一支文艺宣传队打六九厂门口路过时，互相喊口号，对骂，动手，被他们全抓进去。"大联筹"各组织得信后纷纷派队伍去抢人。人没抢出来，机车车辆厂造反组织的头头也被扣了。我是第二天到达现场的，一看，好大的阵势，六九厂已经被我们团团围住。我们的临时作战指挥部也戳起来，作战部长、后勤部长、宣传部长、联络部长等全都安排好官儿了。我说："六九厂是军工厂，我们一打就算冲击军工厂，这是对立面拴的套儿，不能往套儿里钻。"我定了几条：第一，把住四郊通往市区的桥头道口，不准农民造反组织进城，扩大事态。第二，只围不打。第三，保持人力优势。这时六九厂已经从外边往里调人，数一数他们调了多少人。一数，开进去五车人，二百，好，咱调四百人，围它！他们调八百人，好，咱调两千人，再围它！六九厂后墙外是津浦线，他们想从铁路线往里增援人，我们就封锁住铁路，把局面控制住，逼他们放人！

晚上，我们大港一支造反队出事了。黑灯瞎火看不清，误把自己人当成对方，捅死一个，可大港的人向指挥部报告时说了瞎话，说是对立面捅死我们一个战士。顿时群情激奋，成千上万的人喊叫着要为死难的战友讨还血债，武斗控制不住了，两边交上火，墙里墙外乱扔石头、土块、硫酸瓶子，队伍不断赶来支援，推土机也开上来。六九厂的气氛相当凶了。

六九厂旁边有个制铁厂，也是他们的据点。当夜指挥部决定，佯攻六九厂，实攻制铁厂，先拔掉制铁厂这个据点。可我们的人一去，他们的人全跑光了，我们反过身就攻打六九厂。

自打江青说"文攻武卫"，武斗便合法化，步步升级，变成真正的战争了。在六九厂侧门，对方让两辆推土机在前边开道，人在后边往外冲，推土机挡板前装着硫酸，我们的人一靠前，车上的人一踩开关，硫酸就喷出来，我们很多人被硫酸烧得肉都烂了，打红眼了。我们想了个策略，他们车一来，我们往两边撤，让过车，打后边的人，孤立推土机。他们中计了，推土机一陷入孤立赶紧倒车，可挂错了挡，原地打转回不去。我们的人就扑上去，由于恨透车上那个踩硫酸的人，往死里枪扎石砍一阵那人就完了，事后才知道这人身上有二百七十多处伤。我从远处看见车上还有个司机，心知不好，冲上去抱起司机把这人救下来。这时，我的左脚叫破硫酸瓶子扎个口子，负了伤，就手把这人带走。我要是不带走他，他也没命了，非给打烂了不可。

市夺权筹备领导小组派人来赶到现场，没能解决。陈伯达来电话，命令我们撤人。中央通知两派各派二十五人紧急去北京。我们"大联筹"定好去二十三个，结果只去了五个。为嘛？大伙儿都害怕，不知上边吗主意，吉凶莫测。那会儿，不管哪派，都闹着保中央，又都怕中央，不知他们怎么变。到了北京，江青、陈伯达、康生、姚文元、戚本禹、谢富治等出来接见，我们拿耳朵仔细一听，原来要请两派在北京谈判"制止武斗协议"。我们回来一说，组织里闹开了，都争着去。有的组织说，你们不能代表我们，非要民主选举不可。当天又重新选了二十五人，工人、干部、教师都有，其中有我。为嘛都争着去？我们是在野派，都怕大联合后被甩在外边，失去安全感，到中央谈判就算挂一号，挂上一号就正规了。

谈判刚开始，为了一句话就互相咬上了。这话是对方拟的，叫"不抢枪，不开枪"，我非要倒过来，改成"不开枪，不抢枪"。我说："你们后边有军队戳着，有枪，我们在野派没枪，怎么开？这话明摆着是压我们，好像我们真要抢枪。你们开，我们就抢，除非你们不开。'我的话够硬，他们没话回答我。

市夺权筹备领导小组的副组长也挺硬，但他不讲理，他说："就这样了——不抢枪，不开枪。"

我说："你这样，好，弟兄们，起立，走！"当时我们这边的人"刷"地起身就走，离开北京回来了。这次就算和这位大人物结扣儿了，后来他当上了市革委会主任。

说老实话，别看我横，心挺虚。人家是当官的，咱是地道小百姓，草民一个，在人家眼里算嘛？一根小草，说踩你就踩你在脚底下。咱不过一时有点实力，硬顶着，也算狗胆包天，可不顶着马上就垮。当然，顶也不过顶眼前一时，这叫倒霉与早晚。我心里不是不清楚，不敲鼓。

这次谈判后，大联合就成了。毛主席批示："很好，照办。"我们一派不少人进了工代会，还有的进了市革委会。我当了常委。有人骂我往上爬，想当官，还拿瓷器打比方，说我是民窑的改成官窑的了。当官咱没瘾，就是想保住自己。你要是在社会底层，愈下边愈安全；你要是到了上层，愈上边愈安全，就这道理。哥儿几个总算落个整脸，心想以后就是"议会之争"了。大局面是稳住了，这比料想的强得多了。

嘛叫"文革"的特点？它总叫你以为当时那样就是永远那样。你要真的这样认为，错了！傻小子，"文革"就是不停地翻来覆去，你上我下，你死我活，你喜我悲。我的悲剧这就开始了。

二月二十一日那天，我忽然接到通知紧急去开会。到哪儿开？嘛会？全不告诉。到干部俱乐部集中上车，车窗上挂帘，还嘱咐大伙儿路上遇到熟人不准打招呼。再看一车车人，全市各级革委会头头们几乎全搬来了。心想这事不小。车子一路开往北京，到北京，没停，去昌平，随后折头又返回北京，进了八一子弟学校。一开会，中央"文革"的人全来了。周总理也出席了，可江青一喊，周总理就走了，而且再没回来。江青喊着："我有证据，你们那里有人开黑会。"这就是著名的"二二一讲话"，又叫"二黑事件"。说有人在我们城市开文艺方面的黑会，要夺"中央文革"——实际是江青对文艺的领导权。这事扯上我们大联筹下边的文艺界造反组织，这究竟是嘛会，开没开，我们根本不知道，江青宣布："'大联筹'是有严重错误的组织。"陈伯达跟着也把我们否了，扣上"反动组织"的罪名，"大联筹"趴蛋了。

返回来的路上，一个头头对我说："回去后，咱怎么跟兄弟们交代？反了吧！"

我说："傻小子，不行！谁再反，可就是反红色政权，反中央了！"

回来后，我们把各条块组织的头头都叫来，我说："你们说我们背叛也好，不够意思也好，反正咱完了。打今儿起，'大联筹'宣布解散！"我们没动，一张闹事的大字报也没张贴，就散伙了，大形势算稳住劲儿了。

对方就奇怪了，"大联筹"这么大力量，怎么就没动静呢？陈伯达也说："××市为什么这么静？××市是全国解放时解放得最晚的城市之一，各地逃亡地主都跑到××，资产阶级实力也相当雄厚，怎么这么静？"要说也是，多少万人声势浩大的大组织怎么会说完就完了，连点声音也没有。可我们不傻，只要一动，多少人命就白搭进去了。

"支左"就把我们这帮头头弄去办学习班，一帮呱呱叫的参谋都上来跟我们谈话、摸底。一个参谋对我说："肯定有高人在你们后边出主意。"

我说："为什么一定有高人出主意？"

他提起一件事："大联筹"前，他们把我们一个组织围在工学院内，游行，喊口号，想挑起武斗。我得到消息后，马上决定不能去打。我说："他们喊口号是文斗，咱一打，武斗的责任就是咱的。"我调人把夺权筹备领导小组的驻地围了，也游行，喊口号。这一来，那边围工学院的人不打自撤。这参谋说："老实告诉你，你们当年所有的活动，我们都有记录。你说这一招'围魏救赵'是谁的主意？"

我说："不才，就是我。"

他说："我不信你有这能耐。"

我说："哪是我有能耐，你看毛主席著作呀，各种兵法都写在上边呢。"

打这儿我才知道,他们是准备好秋后算账的,他们还真有根,真厉害。

中央"文革"一翻脸,"大联筹"完了,大小组织树倒猢狲散,唯独我们"电车红旗"还没散。第一,因为我还是工代会常委,没倒;第二,我们厂老工人是看着我长大的,信我。以前我写东西为他们鸣不平,他们都记得。这就决定了上边非要把我拿下来不可。没多久,我们一派的头头都挨整,当上市革委委员的那个人,无中生有硬给他扣上"轮奸犯"捕了。工代会翻出我一年前被"劳教两年"的老账,说我不够资格,被拿下来了,内查外调一通搞。我呢,心里有底,早就预备着这场清算,咱一不胡说八道,二不打人,三不搞女人,反革命案件和刑事案件都没有,抓不住我。我就回厂干活儿,一边应付外边来人没完没了的外调。上上下下我认识的人,大大小小我接触的事太多了,谁出事都来找我查证。咱本来就是草民,在房头上是草,掉在地上还是草。心想"文革"这段就算结了,可这次我是傻小子了,谁知道这一下不是掉在地上,是他妈彻底掉进了万丈深渊!

一天,公安局军管突然来人找我,问我六九武斗死人的事。我把那天在六九厂侧面看到的那个推土机上的人怎么死的事照实说了,他们记了记就走了。我只当没事。转两天,来了三个人,说叫我去一趟。我说我去小便后再走。他们居然让一个人跟在我后边,我心里小鼓一敲,心想不对。随后就跟着他们出厂,进了法院,到传达室后边的一间小屋。他们说:"我们三人是法院的预审员和公安局的侦查员,咱们一起学《老三篇》吧!"

我说:"《老三篇》我会背,不用学,有嘛事你们直说。"

他们说:"六九的事,你还有一档事没说。"

我就给他们三个字:"没有了。"这就僵住了。前后僵了一个礼拜。一天,我忽然被押到一个地方,进去就关进一间大屋,我一看,监狱!事情大了。可自己把六九的事在心里细细翻了几遍,再没别的事呀!还有嘛更大的事要进监狱,心想只有等他们说了。

夜里一点多,进来四个人。头次见到这位军代表,大个子,山东口音，挺凶，进门一屁股就坐在对面；一个记录员坐在我身边，另外两个在我背后溜达着。我看不对，赶紧紧鞋带。我练过武术，打过球，咱也得预备预备。身后那俩问我要干吗，我说天凉，脚冷。

军代表开口就问我六九现场的情况，我记忆力相当好，对他细细描述一番。他指了指一个地方，靠后门。我说："我只去过前门和侧门，这地方我没去过。"他再细问，我说："我没去过，自然毫无印象。"他就火了，说："你不老实，我就叫你变！"

我说："怎么变也变不出假的来。"

他一拍桌子，大叫："混蛋！"

我一扬脑袋，也叫："你混蛋，凭嘛骂我！"

后边一个上来照我脖梗子就是一拳。我下意识反应，屁股没离凳子，飞起一腿，把他踢到一边。军代表扑上来，一把抓住我的头发，我一发力，把他连桌子猛地推倒，我的头发也被揪掉一把。我想今儿没好了，砸一个是一个，起身抓起凳子朝跑到墙角的那个记录员砸去。军代表二次上来拿桌子别住我的腿，另两个就势把我按住，军代表狠劲给我两脚，全踢在嘴上，后一下吃上劲儿，满嘴牙全活了，一口血。跟着一通死揍，我动不了，也不动，叫他们打，好打一阵儿才停住。

我说："还打吗？"

军代表说："你行凶！"

我说："咱谁先打的谁？我都不知道你姓嘛，凭嘛打你？"

军代表说："好，告诉你，我姓×，是这里军管会的首席代表。"

我说："我也告你，我一没罪，二还有公民权。你再打我，我就还手；你把我捆起来，我还能使牙咬你。"可是我的牙似琴键一样了。

转天，他们再来，对我说的话露出点儿骨头了，"你说得不对，你有一条人命，不是推土机上那人，那人没你的事，我们知道，这是晚上九点多的事。"

我一听，没影儿的事！马上回答："我的脚负伤了，四点多就不在现场了，有好多人都能为我作证。"

军代表说："你不老实，铐上！"

我傻不叽叽，还以为像电影里那样，打前边铐，不对，三个人把我按在地上，反铐——先把两条胳膊反关节别向后，铐子是扁匣的，套上不能转动手腕，然后愣掰着胳膊往一块儿对。就觉得肩窝的肌肉全绷起来，生生地撕裂了。铐住后，人都坐不下来。我脑门直掉汗珠子，牙打战"嗒嗒"响。我说："好啊，你们还有法吗？我有公民权啊！"

军代表不搭理我，看表，二十分钟后，摘下手铐，胳膊都不是自己的了。

隔一天，宣布对我拘留，收进前监的监号。当夜十二点提审我时，军代表说："你今天性质变了，你是在押犯，这是法庭。明白告你，别以为你不承认就没事，没你口供，我们照样判你！"

我火了，说："判我只能判我无罪，要不，是你们犯法。"

军代表说："好，先叫你体会体会。"

打那天起就饿着我，前后饿了两年半，每天早晨一小碗稀饭，进肚子不单不管事，只起到勾起饥饿感的作用。这一饿有个特别体会，原来静坐的时候比干活儿更容易觉得饿。饿得我前胸贴后心，眼瞅着肌肉往下掉。到后来拿手一拔胡子，一招一扯，指甲盖来个口子。指甲还可以来回搬，弯过来弯过去，像软螃蟹盖儿。上台阶，七八磴就得喘一阵子。最难受的是脚后跟在地面一墩，里头五脏六腑往下揪。我住的监号紧挨市面，市民的各种声音都能听见，打窗户还能远远看见我的家。妈的，这倒霉地方，换个别的朝向的监号不好吗？天天早上，热豆浆、炸油条的味儿往里边飘。有人问我在监狱里嘛滋味，我说就像躺在一个顶小的小棺材里，棺材盖就顶在鼻梁子上，浑身动不得，我没罪呀，这滋味受不了，总觉得要疯。

再说回来，饿我半个月后，又提审我，军代表问："感觉怎么样？"

我说："你想别的招儿吧，我适应了。"

这话惹祸了，军代表说："好，拿绳子，马上！"

这次上刑更凶，他们先拿四块小帆布把胳膊和手腕缠几道，再勒绳子，好叫绳子勒不出印儿来，然后用绳子把胳膊向后反煞，使劲煞到最小距离，只听我的肌肉"嗞嗞"撕开，小血管"嘣嘣"扯断，再用绳子把手腕逮往，愣煞到耳朵边。这罪咱头次受，一次管够，二次还不如砍头。这一下，我四个月缓不过劲来，直憋得胳膊充血，梆硬，手攥不成拳头，吃饭拿不了筷子，使勺儿也总脱手，握力没有了……可直到这时，我还不知自己犯的嘛罪。心想无论如何也得挺住，活着，等着，听明白嘛事，就是屈死也得明白为嘛事屈死的。

直到一九七○年三月的一天，忽然拿车把我拉到原单位，进了厂里的礼堂。进去一片漆黑，窗帘都拉严，不知台下有没有人，台前坐着军代表和法院的一帮人，两盏长方形舞台灯直照我的眼，看意思今儿要愣判我了。

他们说："你现在交代，还有机会。"

我说："我没嘛好交代的。"

他们说："好，回头！"

我回头一看，站着一排人，原来都是我组织里的那帮弟兄；左边站着一个给警察押着，正是我的贴身护卫，跟我关系最近。

法官叫他们揭发，出证据。

他们一说，我才明白。六九武斗那天，晚上九点多钟，靠后门口地方，在我直接指使下，我那贴身护卫拿消防钩子把对方——××纺织厂一个人的脑袋打开，当场致死。我又指挥他们把尸体处理了，然后与他们订立攻守同盟，谁也不准说。就这事！

我才知道这笑话！完全是捏造的谎话，居然拿到这种正式的官方场合，郑重其事地说出来。我气得肺要炸了！他们一个个揭发，我就一个个驳。

军代表说："铐上，不准你说！"只准证人揭发，不准我开口。我再一张嘴，台下忽然响起一片口号声，要打倒我，原来台下坐满了人。后来打监狱里出来才知道，那天叫去参加会的是我们公司的全体党员，不叫群众参加。

我再一琢磨，坏了！揭发我的全是我的一帮铁哥儿们，口供又完全一样，没跑了，死罪，非弄死我不可了。会上给我定性——杀人犯，我那贴身护卫也是杀人犯。我就不明白了,那贴身护卫为嘛承认这没有的事,还揭发我,他不是自取灭亡吗？可是这会上没判刑期,因为他们还缺我的口供。

转天一早,军代表给我念头天会上的记录,叫我签字,想拿这东西代替我的口供。我问:"为什么记录上没我的话？"

他说:"没必要就不记。签字吧！"

我拿笔在上边写了一行字:"此案有原则出入,死不瞑目！"后边又写了一个很大的"冤"字。

军代表说:"这么写不行。"

我说:"你的语言,我的文字,算嘛我的签字。我的文字,我自己负责。"

下午,军代表又把我叫去,问我:"你是不是想翻案？"

我说:"是。"

他说:"告诉你,枪毙你很简单,现在公检法合并在一起办公了,喝着茶就把你决定了。我还要在全市把你批臭,再毙你！"

我说:"我要留遗言。"

他说:"不行！"

我说:"你还不如秦始皇呢！你不代表共产党！从小人书上看,历代皇朝都允许罪犯留遗言。我死了,我的案子将来谁给翻？"

他说:"这是铁案,谁也翻不了！"居然当着我的面,把我写了字的那记录撕得粉碎。

我气得骂他:"你他妈凭嘛撕,那是原始凭证,你还真不是共产党！"反正我要死了,嘛都豁出去了,大骂他。

这回,他给我砸上一副生铁铸的大脚镣,据说有三十五斤重,很多老犯人都没见过这种大镣,蹬不动呀！我坐在牢里看屋顶,饭也吃不下去,又气,又火,又冤,可没辙。

同屋有个老犯人对我说:"小伙子,你别跟他们硬顶啊,他们就是要你口供。你没有,不说就是了,硬顶,没用,白受罪。"

我说:"他们把我的原始凭证撕了,我太难过了,死无查对呀！这不永远成屈死鬼了？"

同屋有个犯人，原先是公安局的预审员，他问我："你真没有这事儿？"

我说："当时我很少一个人活动，对立面整天盯着逮我，身边总有一堆大活人保护我。那天我是四点钟负了伤离开现场的，好几个人都跟着我走的。可他们愣把这事拍在我身上，说是九点钟以后的事，我怎么可能参与？可是我那帮弟兄不肯给我作证，面对面说瞎话，硬说我负伤是假的，把时间往后推，好跟那死人的事挂在一起。再说，我坐车回去时，同车还有别人呢，我还在厂医务室敷的药。我写了这些证人，都给他们甩了，我问，他们不回答。"

这人说："你拿张纸，把事情的全过程如实写清楚，每一段时间里有谁能给你作证，全写在上边，最后再写一句'永远以此为证'。写完之后别交给军代表，就交给监狱值班的。值班看守接到犯人材料，按规矩都得登记入档，这不就行了？记住，如果你真没这事，千万别乱说，否则，一害别人，二害自己。共产党有个规矩，不管当时怎么样，多少年后总得复查。这一点必须相信。"

人家是干这个的，这方面还是有经验。多亏他这话，真救了我。后来一个偶然机会，我得知这份材料真的进了我的档案。大概就因为这份材料，最后没能把我处死。宣判书上说我"在证据确凿面前，态度极端狡猾，拒不认罪"，可能就是指这材料说的。

判我刑时并没公开宣判，而是在狱里"蔫判"。判我无期徒刑，终身监禁，打前监挪到后监执行判决。打那以后，虽然我还不认罪，却认头了。没有的事也能判无期徒刑，咱嘛也不信了。不相信国法，也不相信自己再有嘛力量。只觉得从此一条血淋淋的尸体趴在我身上，死黏着我，扯掉一层皮，也拉不下这尸体。监狱里不是讲理的地方，再顶也没用了，我也没有出来的一天了，一辈子活在里边，也死在里边，这就得换个活法儿，我好打球，玩吧；我有能力，帮狱里做点事情。他们也没必要再饿我了，我该吃就吃，该喝就喝。跟死亡就差一步的路，我叫它"活着死"，到了底儿了，有嘛放不开？可我没忘了一件事，每隔一段时间，准写一份申诉书递上去，申诉自己无罪，可每次申诉准驳回。他们不怕我写，我也不怕他们驳回。监狱认为法院不是白吃干饭的，不能没根据随便判人，可是监狱的任务就一个：看住犯人。你不服罪，顶多教育教育。但我一直不服，日子一久，他们干脆不理我这套，教育也省了，反正看住我，别叫我跑了就是了。

刑满十年时，"文革"完了，我心气儿变了，起死回生，有想活的愿望，可我妾连碰到两次打击，心气又低下来。

头件事。当时中央对判处长刑的犯人有所考虑。一九八〇年给我改判为再坐十二年牢，改判书上说我"认罪伏法"，因此改判。真是莫大讽刺！我打进来那天就没服过，硬说我"认罪伏法"。他们当初判我，现在改判我，都不根据事实，怎么弄我都有理，我看没嘛戏了。可是我接着又写了一份申诉书递上去，咱不申诉，就落个真的"认罪伏法"了。

二件事，一九八〇年三月，我的申诉材料再次被驳回，原话是："你的申诉材料收悉，经本院复查，根据你所犯罪的主要事实，处理得当，对你的申诉，予以驳回。"

我的心又凉了，要再坐十二年牢，我一九九二年才能出来，那时候我坐在您面前，将近六十岁了，另一副模样儿了！

可更稀奇的事还在后边。这次驳回没过多久，我忽然被宣布"无罪释放"。我讲这变化——

十月里的一天，忽然法院来两个人找我，说要复查我的脚伤。就是当年在"六九事件"中我的脚被扎破的伤口，问我还有没有痕迹。

我说："男人都有脚气，总脱皮，又过了十一年，哪能还有？！"

他们非要看，我脱下鞋给他们看，真的没有了。我又想，他们不会平白无故验我脚，我的死案便透进了一线光明。我马上说：'你们对脚伤挺有兴趣，我提点旁证行吗？我还有这只脚当时穿的袜子，上边有那破瓶子扎破的洞。"

他们很惊讶地问："十多年，当时的袜子你还留着？"

我说："这袜子原先撂在家里，家里人送来穿。一次打完球，狱里有个坏小子跟我捣乱，把我一只鞋连袜子扔了，剩下的正巧是这只。单只袜子没法穿，便塞在包里，留着缝东西时拆线用。

他俩像发现嘛宝贝似的，叫我快拿来。我拿来一穿，弹力袜给脚一撑，那个破洞明显在受伤的位置。他俩把位置画下来，拿走了袜子。很明白了——如果能证明我的脚确实受过伤，后边打死人就没我的事了，我有点激动地问："问个问题行吗？"

"你说。"

"我奇怪了，我曾经提到过一个证人，就是武斗那天我从推土机上救下来的那个司机，挺大的个子，当时他满头满脸血，记不清嘛模样了。是我把他带回厂，叫医务室的厂医给他上的药。他当时面临生死，我救了他，他印象肯定相当深，不会不记着我。为嘛这证人一直没出现？"

法院的人说："昨天我们见到他了，他说他不记得你了。"

我说："不可能。"

法院的人说："你设身处地想想，当时他什么处境？他和你不一样，他是俘虏，心里恐慌，又给打蒙了，还不知你们会怎么处置他呢！怎么可能记住你？告诉你，他的话对你是有利的，只有一点，就是他还记得当时给他弄上一辆车，送到一个单位的医务室上过药。"

我想也对，又问道："我回厂时，同车还有一个到我们组织来串联的学生呢！"

他们笑了，说："不是一个，是两个。你说的那个现在在新疆，我们去过了，他已经给你出证明了。"

我再问："我们厂还有一大帮人能给我作证，他们都死了？"

法院的人说："你将来回去问问，他们当初都是怎么说的吧。像你这种文化大革命案……"

我突然截住他的话，火了，说："你打住！"

他们很奇怪，问我："为什么？"

我说："你别说文化大革命案，我受不了！嘛叫文化大革命案？'三反五反'，反资本家，肃反，抓反革命，四清，搞四不清分子，文化大革命到底谁对谁？两派人你打我，我打你，往死处打，为嘛？情杀？仇杀？谋杀？虽然"六九事件"的那人不是我打死的，可这人终究死了。为嘛？你问那真正的凶手，我料他准说不明白。你就是把毛主席叫来，别看他伟大，叫他说，他也说不清！"

他俩没话可答，只说："你要保重身体，我们一定给你弄清楚……"说完就走了。

一听这话，我心里有根，案要翻了。因为那时很多"文革"期间被屈打入狱的人，蹲在牢里早绝望了，一旦宣布无罪，"咕咚"一下人完了，要不心脏猛烈地"嘣嘣"一跳，瘫了。大起大落，忽死忽生，人受不住。我那监狱就出过很多这类事儿，后来人家有经验了，事先暗示你一下，垫个底儿，好缓冲一下。

果然，没过几天，我被叫到前监。法院来人，我们厂里也来人了。法官说："全体起立。"还对我说一句："你把扶桌子的手放下去，站好！"然后宣布裁定书。原文是："×××因打人致死一案，经×××公安局军事管制委员会一九七二年十月十三日判决无期徒刑。经判定，×××打人致死，无实据，不能认定，撤销原判，宣告无罪释放。"

法官念完，露出笑脸。屋子外边围着的一大群犯人看到后都喊起来："有戏！"

法官对我说："自你被捕那天起，直到今天，所有的扣发工资一律补发。因为国家目前财政困难，你的级别暂时还不能提，以后看机会再解决吧。记着，回单位不准找领导算账，账要记在'四人帮'身上。这次为复查你的事，你们单位领导帮了很大忙。有什么思想解不开的，可以直接找我们法院来谈，好吧？"

随后叫我去后监拿东西，跟厂里人回厂，厂里派车接我们来了。我回到牢房，把那些破破烂烂的东西全分给了大伙儿。这就走出平白无故关了我整整十一年的监狱。滋味？没嘛滋味，我控制住自己，咱是汉子，没罪。进来是叫他们硬弄进来的，出来是咱自己两条腿走出去的。

可厂后，那帮弟兄跟我一见，我模样大变，当初挺神气的小伙子，如今这副死鬼似的德性，他们都忏悔了，挺尴尬。

我说："算了，我当初没跑出来，要是跑出来，你们都别想活，现在咱恩恩怨怨全结了。"

往后再一细说，真不能怪他们。原来把我关进监狱那天，也把他们全都弄去，使出各种招儿逼他们。监狱里人上刑时"呜哇"喊叫的声音，吓得他们心里发毛。军代表还把老婆、孩子，老爹、老娘全弄去，叫家里人跟他们哭，闹着让他们跟我划清界限。他们于是就顺杆爬了，人家怎么引就怎么说，最后编成那个弥天大谎才放了他们。可如果他们顶着，结局恐怕跟我差不多。

我们厂的厂医那姑娘真不错，她当时给我治的脚伤，坚持给我作证。单位领导就把她调出医务室，在厂里调来调去，挤得她不得不远离高飞，调到了北京林业部。法院最后复查我的问题时，去北京找到她，她就哭了，拿出一张当年为我出的证明，说："当时我妈妈对我说，那小伙子肯定死了，可是不能死在咱手里，你得说实话。我照实写了证词，可放在我这里十年了，为嘛他们不要呢？"我几次想找到她，当面谢她，不是谢她这个人，是谢她这颗良心。那时碰到这种事，能做到这一步的人不多。后来听说她去了澳门。

我那贴身护卫是个倒霉蛋。军代表审他时，允他了，只要照他们编的那套说，保证不判他。可宣判我时，连他一块儿判了，判他十五年徒刑。那天宣判完事，我俩前后被押出来，他大骂："妈的，说好不判我，又判我，根本没那回事儿。"

押他的警察说："住嘴，你早干吗去了？！"

我也不怪他了，他也冤枉，和我一样无缘无故坐了十一年监狱，也是跟我同一天放出来的。

据说他被关进监狱以后，他父亲曾经设法从法院找到那个死者的报告，并打听到死者没有火化，土葬的，就要求开棺验尸，验验死者的头骨是否是用消防钩打开的，可当时不受理。"四人帮"完蛋后，××纺织厂清查"文革"问题时，又把这事折腾出来，说六九死的那人是我们本厂对立面用小口径步枪打死的，凶手在我们厂，电车公司那两个人是冤枉的。但很长时间一直按着这事没动，他们也不知道阻力究竟在哪儿。

后来又听说，早在抓我之前，这个厂已经搞出眉目，但突然这事一拐，就硬扯到我身上来。我总琢磨这事，觉得是个阴谋，小阴谋外边还套着一个很大的阴谋，却又不肯信。如果真是个阴谋，咱不就纯粹成了牺牲品？

我至死也不愿意承认自己是牺牲品，不然咱这辈子不就更没劲了吗？

任何人都是牺牲品——这就是那个奇特的时代。

走出疯狂

1966年·16岁·男 \ E市某中学初三学生

您知道我为什么当逍遥派吗——香港电影明星夏梦的儿子——手指头一点点拉长——我们是见到毛主席的红卫兵呀——整整烧了一夜——一张没有牙的血嘴——一切都经过了——我敢说我们活得最心安理得

我第一句话要告诉您的：我是个逍遥派！那就是什么组织也不参加，搞运动随大溜儿，批斗人时举举手儿；哼着语录歌，甩着扑克牌；没有打过人，也没挨过打，没轰轰烈烈地不可一世，也没当过"落水狗"。一句话，身在"文革"中，人在"文革"外，天上活神仙，地上逍遥派！

您一听我这情况，多半没了兴趣，心想我这种不沾"文革"边的人能有什么深刻的东西？可是您又会捉摸不透，我为什么千方百计地找您，非要跟您谈一谈不可？嘿，我劝您可别小看逍遥派。我就问您一句话吧——我为什么要当逍遥派？论出身，我八辈红；论本人历史，我才十六岁，一身清白没污点；一切"造反"的条件，我全都具备。为什么我偏偏躲在一边，不闻不问，不听不看？您会说我性情孤僻、不关心政治、缺乏热情、胆子太小，对吧？全不是！"八一八"毛主席第一次接见红卫兵时，我可是步行几百里走到天安门呀，我从小最爱干的事是捅马蜂窝……嘿，看样子您有兴趣听我的话了。好，我说——

我当逍遥派的苗子，早在"文革"的最初几天就出现了。"文革"开始得很快，从《人民日报》批"李慧娘"、"三家村"等等，一阵热风那样火辣辣地刮进我们学校。

一天，我在上课，只见校门内外站满了同学。教学大楼从主楼到一楼，一条特大标语直垂下来，上边只写了四个大字：暴风骤雨！每个字儿都差不多有一层楼那么高。楼顶上还站着许多同学，挥舞着红旗。我忽然觉得大事临头，心"怦怦"乱跳，"文革"真是在刹那间爆发了。跟着是停课闹革命、贴大字报、斗老师。把一个个"有问题"的老师揪出来，脑袋上扣半桶糨糊，再扣上一顶纸糊的高帽子，弄到台上去斗。这几天既兴奋，又刺激，也庄重严肃，慷慨激昂，一个阶级推翻另一个阶级的暴烈行动嘛！我的脑袋也有点发热、发胀。可是在批斗一个姓赵的同学时，却给了我相反的一击。

当时，人眼都蓝了，到处找阶级敌人，不仅在老师中找，也在自己同学中找。这个姓赵的同学和我同年级，不同班，所以我不知道他的名字。他个子很小，其貌不扬，脸色苍白，肩膀只有我们半个肩膀宽，脚小得像小学生，外号叫"小拇指"。据说他是个数学天才，初二时已经能做高三的数学题了。这时忽然传说他是香港电影明星夏梦的儿子。当时有海外亲戚就是"里通外国"，也就是"特嫌"。不知谁出的主意，用细麻绳子把他的每一根手指紧紧拴住，再把绳子从院子里一棵大树的树杈搭过来，使劲拉，一下一下，把他吊上去。您想想，细细的手指头怎么能经得住身体的重量，眼瞅着他的手指头一点点拉长，直拉得长出来一倍。您想想，人的手指头怎么可能拉得这么长？可就这么长呀！非常非常可怕！我从来没见过这样可怕的手指，直到现在还清清楚楚想起那样子，真是太奇特、太残忍、太吓人啦！十指连心呀！他叫得撕心裂肺！这一叫，我感到恐怖，感到紧张，还感到一种内疚吧！虽然这事我一点也没干，我只是站在一边看，但我想跑，躲开，就像我自己干了什么伤天害理的事一样。一下子，我和"文革"有了距离。

您别以为从此我就成了逃避"文革"的逍遥派。"文革"可不是那么容易拒绝的，不是由于它的威力，而是它的诱惑力。"文革"真是壮丽迷人呀！"八一八"见到毛主席，我又和"文革"紧紧拥抱在一起了。

八月十七日中午，我们班的同学小孔悄悄告诉我一个绝密的消息：毛主席要在天安门接见红卫兵！听到这消息，顿时满眼发光，就像站在山顶上看见日出那感觉。小孔说这消息只有我、他，还有常大眼儿三个最要好的朋友知道，对外绝对保密。他也不说消息的来源，好像他爸爸是中央最高领导。我们三人决定连家里人也不告诉，当天下午动身，步行去北京。下午三点，我们怀里揣着神秘的幸福感起程了。从我们这里到北京几百里，明早能赶到。心想毛主席多半是上午接见。

我们兴冲冲，紧紧走一程，截车搭乘赶一程，这样反反复复从白天到黑夜，从黑夜到天明。第二天八点半，我们赶到天安门前，一打听才知道毛主席下午接见。我就选了天安门最西边的华表下。在那里直看天安门上边没遮没拦，又最近，看毛主席可以看清楚些。这样，从头天下午直到这天中午，没吃没喝，赶了几百里，也不渴不饿，那精气神真比着了魔还厉害。

中午一过，大批红卫兵和学生打着旗子来到广场。我根本没去注意他们，生怕错过机会，抬眼使劲盯着天安门上边。毛主席一出现，真是震耳欲聋，呼天喊地一般。我一时竟然把天安门上的人全看成一片，不知道怎样才能一个个人地看清。等我一下子看到毛主席时，使劲地蹦呀跳呀喊呀叫呀，把带来的草帽也扔飞了，眼镜几次差点掉在地上，真掉下来就不可能再找到，因为人们已经紧紧挤成一片涌动的大海。我虽然使出平生最大的力气叫喊，但根本听不见自己的声音。等到接见完毕，大家散开时，满地都是扔下的帽子、挤掉的衣扣、女同学的鞋襻儿……人人眼里兴高采烈，脸色通红。小孔和常大眼儿的脸都像火烧的那样，我们彼此急着想说出满心的兴奋，但这时才知道嗓子早喊哑了，只能发出"沙沙"的声音，相互握着手又蹦又跳，表达心中的狂喜。

我们是见到毛主席的红卫兵！第二天回到学校，立即成了同学们羡慕的对象，那可比现在的明星还夺目、还自豪、还神气。我们好像浑身注满能量，第二天就走上街头，涌入革命的洪流。

"八一八"之后，红卫兵运动火上浇油，"破四旧"和抄家发狂一般席卷全社会。我们听说二十一中红卫兵正冲击老西开教堂，便迅速赶到，但教堂里已经被砸得稀巴烂，多亏教堂上的大十字架没有砸下来，我们就从临时搭起的云梯爬上去，教堂足有五十米高。我们一点也不怕，当我们把十字架锯断，推下去时，我由于用力过猛，身子向前一跄，多亏小孔一把抓住我的腰带，一齐猛向身后倒去，否则今天早没我了。您猜我当时怎么着？我一点都不怕，站起来，双手叉腰，低头看着下边满脸仰视我的人群，真觉得自己是个英雄。

砸毁了这个教堂，我又带人跑到我家门口那个尖顶的圣公惠教堂。外墙的铁栅栏门锁着，我就带头翻起铁栅栏进去。里边的大门也锁着，我就抡起消防用的太平斧，"哐哐"几下，火星直溅，"哗啦"一声砸开。基督教没有偶像，迎面墙上只有"主啊，你升天了"几个字，叫我们几下就砍掉了。墙上还有个巨大的金属的怪物，像机器，又像军事设备。小孔说："多半是帝国主义暗藏的大炮！"我们便一拥而上，把上边一排火箭筒似的东西抽下来，扔在地上砸烂。现在才知道，那不过是一架管风琴罢了。

我们在这教堂里最大的发现是图书，教堂两边的大房子里几乎堆满了图书。后来听说这教堂是这座城市的宗教图书资料馆。可那时还管什么资料，都是反动的宣传品，统统搬到院里，再弄来两桶汽油来点火烧。书太多了，足有上万册，又是硬皮书，必须边撕、边浇油、边焚烧。我们几十个人整整烧了一夜，直烧到第二天中午，把马路对面的树都烤焦了，我们个个也是焦黄的皮肤和污黑的脸，但我们离开教堂后并没有回家，而是跟着参加了抄家。如果您那时看见我，怎么也不会想到我最终会成了逍遥派。其实抄家的事我只干了这一件，逍遥正是从这次开始的。

这家一男一女，老两口儿，没有孩子。我只知道男的过去曾在外国留学，开过水泥厂，有股份，是个剥削工人的资本家。他家住一栋两层小楼，屋里又讲究又漂亮，这就愈发引得我们冒火。按照我们当时的思想逻辑，资本家家里愈讲究，剥削劳动人民的血汗愈多，就愈反动。我们在抄他家二楼时，弄出两箱子西洋玻璃器皿，开箱刚要砸，那男的忽然大叫："这是我当初从法国用巨资买回来，是法国皇宫里的摆设，是宝贝，你们不能砸！"我们一听就火了，砸不砸全由着我们的心气儿，你还敢管！小孔上去给他一棒子（当时红卫兵用的武器是铁锨把儿和军事操练的木枪），"啪"地打在嘴巴上，可是那声音就像打在一个瓷器上。就看他吐出来一口血，跟着吐出很多牙来。这感觉非常可怕！这可怕的感觉就像那姓赵的同学的拉长的手指一样。我呆住了，直到同学们招呼我去砸那些西洋器皿才清醒过来。我们把那些器皿一件件从窗户扔出去，掉在楼下摔得粉碎。那一男一女便跪在我们身后痛哭，好像我们扔了他们的孩子。完事离开时，我和那男人的目光正好相碰，他张着那没有牙的血嘴，像一个血糊糊的洞；他的目光怔怔的，没有内容，却很专注，好像要记住我似的，我不由自主地躲开这目光，如同犯了罪那样，赶紧下楼出门，尽快离开这家。

晚上回家吃饭时，奶奶忽然问我："你没有打人吧？"

我吓坏了。其实我没打人，倒好像我真的打过人。后来才知道，奶奶今天上街买菜，看见红卫兵游斗一些资本家，用铜头皮带抽那些人，猛一抽把一个人的眼珠子抽出来了，吓得奶奶菜也没买就回来了。

老实说，当时我并没有多少独立思考能力，我只是从内心、从良心、从心灵中很深很深的地方感到我无法这样做下去，可能我天生是那种心太软的人，怕看见别人受苦、受难、流血、流泪。我无法面对这些手无寸铁的"革命对象"，便不知不觉离开了革命的"金光大道"，走向逍遥的一边。八月底，红卫兵开始到全国各地串联，去各地煽风点火，我也就趁机跑出去了。

　　从一九六六年夏天到一九六七年底，我在外边跑了一年多，几乎跑遍全国。东北到达黑龙江，西北到新疆乌鲁木齐，南边到厦门、广州、桂林、南宁。这一跑，真开了眼，长了见识。开始时，我每到一处都受到欢迎。一是因为我是从北京这种大城市来的红卫兵；二是参加过"八一八"毛主席接见，很有点"中央特派员"的味道。我第一次到乌鲁木齐时，那里还是一潭死水，我们这些外地来的红卫兵一下火车，就被当地军队接到市委招待所住下来，好吃好喝，就是不许到处乱窜，像软禁。那里的领导很怕学生闹起来。我们呢，就是要把那里的"火"点起来，可是不久，"文革"的狂潮漫及全国，等到各地闹开了锅，又砸又抄又打，我心里那块阴影又发作了。特别是一次在保定，深夜时赶上了武斗。我所住的小旅店房间里的枪弹乱飞，玻璃被打得粉碎，我也不知道自己怎么钻到床底下去了。第二天，外边一片死静，趴窗户向外一看，满街狼藉，汽车轮胎全被扎破，撒了气，趴在地上，许多死尸倒挂在树上，这在古代叫"暴尸"吧？"文革"的形象不再光辉夺目，它在我心里变得模糊不清了。在陕西，为了表示对革命圣地的崇仰，我步行从西安走到延安。但到了延安与老百姓一聊，老百姓对延安反不如我知道得多。这一来，对于革命那种神圣感也变得空洞和茫然了。虽然我还没有能力进一步思考，但脑袋已经无数次直觉地浮出问号来……心里的问号是事情改变的根本。

　　在外边大串联的日子里，我中间多次回家取衣服和应用的东西。

　　一次，大概是十一月份吧，天有些凉了，同学们说毛主席又要接见红卫兵，拉着我去了。毛主席总共八次接见红卫兵，后来接见与开头不同。最初充满自发色彩，后来组织得严格了。比如这次，毛主席是乘坐一辆敞篷吉普车，从天安门前由西向东顺风而行。学生们早都在广场上等待了，被军队管理得很有秩序，一律坐着，毛主席的车走过时，也不准站起来。很多学生为了看得清楚一些，就跪着看，喊叫，呼口号。我因为有前一次的经验，抢到第一排，毛主席的吉普车走过时，离我只有两米远，中间只隔着一个负责警卫的战士。毛主席身材魁梧，不断挥着他的手臂，动作很大。到我面前，正巧一扭身，换另一只胳膊挥动，我清清楚楚地看见了他的脸，连他因为抽烟而熏黑的牙缝都看见了。学生们，尤其是外地的学生们表现出极度的兴奋与狂热。接见之后，人群散去，广场地上那些帽子、衣扣、鞋襻儿、钢笔、眼镜等似乎更多。我还看见一个遗落的小日记本，是一位山东兖州来的红卫兵掉的，上边逐日和逐小时地记载着他徒步来北京接受毛主席接见的情景，一直记到刚刚毛主席将要出现时"广场响起了洪亮的《东方红》乐曲……"奇怪的是，此时我看过这些让心灵震颤的话，已经毫不为其所动。因为几个月来，一切一切我全部经过了。我激动过、神圣过、狂热过、战斗过……但这一切都过去了。特别是刚才和毛主席一同接见的其他人，表情淡漠，机械地舞动着语录本，在他们脸上丝毫读不出战斗的庄严与神圣。陈伯达几乎一动不动，连语录也不挥动，他脑子里想的是什么呢？尤其是每当在这狂热的时刻，我眼前总会出现那拉长的手指、满口带血的牙、倒挂在树上的尸体……不知它们为什么总像阴影一样，使我脑袋刚刚一热，就立即冷了下来。

大串联回来，红卫兵两派开始武斗，相互残害，我便彻底退了出来，甚至连旁观者的人群也没有我的影子。我前边说过，我的好朋友小孔是一派的头头，让人打断了腿，从此不能骑自行车了。我呢？反成了神仙。我爱上了钓鱼，甚至严冬季节，也去凿开坚冰去垂钓。现今我屡屡能在钓鱼大赛中夺冠，就是那时候打的基础，嘿，我快三十年的钓龄了。我还感受到钓鱼是一种彻底的逍遥，或者说钓鱼是逍遥派的一种职业。当你眼睛牢牢盯着那个随时可能沉下去的鱼漂时，你对这世界的争斗是什么感受？我可能一辈子都是逍遥派了。您呢，您也不妨拿根渔竿，坐在池塘边体验一下，说不定你也想当逍遥派呢！

我已经说清楚我为什么当上逍遥派了吧？再说明白点儿，就是因为我心软，害怕相互残害，害怕流血流泪。如果我说我这么做是经过多么深刻的思考，那是骗您。在那个时代，没有几个人能独立思考，能像今天这么明白。何况那时还充满了诱惑！因此，只能说这是凭一种本性。也就是说,"文革"的逍遥派大多数是一些心地善良的人。所以说,"文革"的逍遥派是活得最宁静,也是最心安理得的。您说呢?

每个人都用自己的人品与天性参与这场中国人被迫的自我劫难。

忏悔录

1966年·19岁·女＼B市某歌舞团演员

我爸爸被打成右派时我十三岁——我居然给他写了一封没有称呼的、狠巴巴的信——他在北大荒用放大镜在画报的剧照上寻找我——一九六一年，爸爸饿死——他的遗言像一条鞭子——每次谢幕都是给爸爸鞠躬——他肯定听见我的忏悔了

哎，作家，我问你一个问题：人为什么不能重活一次？这是谁定的？人如果真的能重新活上一遍，准能活得没有失误，活得聪明而真实，活得不留任何遗憾，但为什么偏偏只能活一次，悔恨重重，无从弥补，愈活愈沉重，最后不是死了叫人埋进黄土，而是沉重的心把自己压到土里边去。我多想重活呀！哎，这是不是唯心主义者的自寻烦恼？不，不！如果你欠活人的债，可以想办法去偿还，但如果你欠的是一个死人的呢？那就注定无法挽回，一辈子带着愧疚，如同手里攥着一笔无处偿还的债，背着一个沉重的十字架，一天天走下去。作家的天职不是抚慰人心头的创痛吗？你说人碰上这种苦恼该怎么解脱？

嘿，作家也没辙了吧？有人说因为人生是一次性的，所以注定人是悲剧性的，你说对吗？既然悲剧是天定的，命定的，那只有认了；认了就是忍了，忍到死去那天，恩恩怨怨全都了结了，是吧？我是不是开头就把话说糊涂了，东一榔头西一棒子，存心叫您摸不着头脑，自然不是！我也不知道现在心里边为什么又乱起来，其实早在八宝山那次，我就平静多了。八宝山那次？对，那是给我可怜的爸爸开追悼会。

爸爸被打成右派时，我十三岁，正在舞蹈学校上培训班。这培训班是国家一浇的，目标是培养舞蹈尖子。

一个十三岁的孩子对爸爸能有多少理解？我哪里知道他在抗日期间曾在党领导的一支抗敌演剧队——"桂林新中国剧社"工作，积极宣传抗日，更不知道湘桂大撤退后，爸爸他们历尽千辛万苦转移到昆明，常常半饥半饱站在舞台上，为了唤醒民众，保家卫国……在我的记忆里，我整天在叔叔阿姨们的怀里，被轮换地抱来抱去，他们教我唱歌，我像只惹人疼爱的小猫儿。爸爸呢，他是最好的人，也是最爱我的人。我说他好，就凭着所有人看爸爸时的眼神——信赖、喜爱、尊敬，这是一种直觉；我说他最爱我，也是凭着他看我时的眼神——疼爱、鼓励、信赖，时时还闪出令人兴奋的爱的激情。这也是一种直觉，直觉是孩子判断世界的唯一方式，往往最准。

你想想看，如果别人说我爸爸是坏蛋，我会怎么反应？当然会坚决反对，可是很快又完全相信了。为什么？因为我那时太简单、太纯洁、太天真了。我十三岁呀，老师们认为我还要小得多。我们在院子里上课学习戏剧的"起霸"和"趟马功"，腿绷不直，老师气得把手中的鞭子在空中挥舞，吓唬我。我呢，反而把鞭子抽落的海棠偷偷放进嘴里。因为我天真可爱，又有很好的跳舞天资，培训班把我当作宝贝和尖子。还常叫我去参加一些国家的重大外事活动，向外国首脑献花。记得一九五九年毛主席去中山公园游玩，那次选了我和一个男孩子去给毛主席献花。毛主席接过花，还和我拉手。我曾在日记中写道："今天我给毛主席献了花，直拉着他白白胖胖的手，我真高兴。"拿俗话说，就是对我的政治待遇是很高的。

可是忽然一天——这天正要派我去给来访的金日成主席献花，我已经打扮好，后脑勺儿上扎了一个玫瑰红带白点的丝带蝴蝶结，老师们都夸我漂亮，我兴奋极了——我的班主任老师忽然把我叫到他的办公室，沉着脸对我说："你今天不要去了，你家出事了。"

"什么事？"我问，真是晴天霹雳。我对他下面的更没有半点准备。

班主任老师问我："你知道右派是什么吗？反革命，敌人，坏蛋，你爸爸被划定右派了。"

"我爸爸是最好最好的人，老师你是不是听错了？"我说，浑身直打哆嗦，声音打战。

他对我倒挺有耐心，一字一句地说："老师是最爱你的。你应该听老师的话，你爸爸原先不错，可是他现在变了，在单位里反对革命，他做的事是不会对你说的。为什么？因为你是孩子，他怕你知道后要反对他，你在电影里不是也看过反革命吗？他们有的人开始是革命者，后来成了叛徒，大坏蛋。懂吗？对，你懂了。老师也不愿意你爸爸变，但他变了，你就要和他划清界限。"

我流着眼泪，信了，就这么简单，从此就和爸爸一刀两断了。自从他打成右派，直到他死，我再没见他。

如果是现在，我才不信这套呢！

但那是二十世纪五十年代，中国人都是一个直心眼儿的时代。许多大人都信，为了和当右派的丈夫或老婆划清界限而离婚，何况我一个人事不知的孩子！我曾一次又一次使劲反省自己，是不是害怕牵连，怕失宠，才昧着良心和爸爸一刀两断？！应该说，开头是绝没有的。

当时我在这件事情上纯洁得白璧无瑕。有一次，我梦见爸爸穿着敌军服装追我，还开枪打我，这就是那时我对爸爸的感觉。

我给爸爸写了一封信，居然连称呼也没写，我以称他爸爸为耻辱，义正词严而狠巴巴地写上这样几句："你现在已经是人民的敌人了，你应该很好改造自己，回到人民中间来，到时候我就叫你爸爸。"

据说爸爸收到这封信后，被送到北大荒劳改去了。可是你想，这封信对他的伤害多么厉害！直到许久之后，我才知道反右时他们出版社的总编辑被定成右派，爸爸和他很要好，社里叫爸爸揭发总编辑，爸爸就是一声不吭，顶牛顶了一年多，便给爸爸也戴上了右派帽子。一个因正直而不被社会宽容的人，受尽了委屈和践踏之后，又被我一根铁针当胸扎进去，直插心窝，我才是残害他的最无情、最丧尽天良的罪人！

让我奇怪的是，他竟然一点也不恨我，好像他一点点也没有受到我的伤害！他在北大荒，当听说我参加了《鱼美人》舞剧的演出，还千方百计搞到一本《人民画报》，用放大镜从画报的《鱼美人》剧照中找到了我。听说那是他在遥远的边陲贫苦生涯中唯一的安慰。那里的人几乎全都看过这张剧照，有的人还不止一次看到。这本画报一直压在他的枕头下，直到一九六一年自然灾害时，他在北大荒饿死，尸体从床上抬走时，那本画报还在枕头下压着，纸边都磨毛了，画报上的剧照却保护得完好无缺。这事是我听妈妈说的。妈妈还说，爸爸在北大荒又苦又累，每个月只能分到八斤粮食，得了肺炎，贫病交加，活活饿死，后来被用破席裹了裹，埋掉了。我妈妈亲自去北大荒领他的遗物，只有几件破衣服，烂帽子，一个旧搪瓷水杯和洗脸盆，再有就是这本画报，还有一个日记本。他生前哪敢在日记本上写真实的感想，都是记事，天天的流水账。但日记本中间却写了这么一句止不住的真情："我从《人民画报》上找到了她，她更可爱了，我兴奋地直哭！"这便是他留给我的遗言。

这遗言只有一行字，像一条鞭子，我看一遍，就火辣辣抽我一次。

他去世这年，我十五岁。我们分手两年，一个情断义绝，一个至爱情深。我没给他再去过一封信，更谈不上去看他。

我常常反思自己，在这两年里，我与他一直断然不再有任何联系，难道只是因为天真和受革命教育的结果？真的一点也没有因为怕压力、怕连累自己、怕不受组织信任与重视的私心？我不敢承认有，如果承认就承受不了刺心般的自责，但我可以告诉你，有！

自从他被打成右派，感觉像天塌下来了，所有重大外事与政治活动实际上都不再有我。原先说我十四岁就可以破格入团,从此也没再搭理我。每逢别的伙伴们去参加重要活动演出,我一个人孤零零在院里溜达,深深尝到了政治歧视的厉害。原先对我特别好的那些老师,突然变了一张脸,像川剧里的变脸。他们想尽办法迫使我去揭发爸爸,我能揭发什么? 那些老师因为在我身上榨不出可以使他们凭功请赏的政治油水,就恨我,冷淡我,排挤我 …… 但这样就应该抛弃爸爸吗?特别是在他最需要我的时候。世界一片暴风雪,冰天冻地,只有女儿是他唯一温暖的依傍呀!

如果现在以我的死能换来爸爸的复活,我宁愿马上去死,但当时为什么因为惧怕压力就把他抛开? 我恨"划清界限"这四个字! 这四个字像一把刀斩断我们父女,而拿起这把刀的偏偏是我自己。

愈清醒就愈痛苦,愈痛苦就愈清醒。特别是爸爸的死,一下子使我来了个很大转变。我转向面对自己,不再是面对外部世界。

我开始不爱自己,怀疑自己,否定自己,甚至害怕自己,我感到自己的良心被狗咬去一大半,我的精神要崩溃了。让自己心理平衡的只有苦练业务,因为爸爸的一个理想就是盼望我能成为优秀的舞蹈家。我要拼命地干,干得出色,以便补赎自己的罪过!

文化大革命到来之后,我的家整个完了,妈妈和弟弟、妹妹被赶到草原去,只剩我一人,孑然一身,无依无靠。我前边讲了,我已经不关心外部的事,这期间面对"文革",我非但不怕,好像什么也不在乎了。红卫兵说我爸爸是反革命,我偏说他是好人,巴不得他们把我打死,为父亲挨揍,死去活来,良心才得安宁。特别是本团的革命派们嫉妒我的业务好,批我是"白专典型",不叫我加入"样板团"。那时除去样板戏根本没有别的演出,我几乎失业了。我却坚持练功,如果我垮下来,父亲留在世上的理想也就全完了。我天天坚持练功,晚上躺在床上还练腹肌;乘坐电车时,我从来不坐,借着车子晃动好练身体的稳定性 ……

文化大革命对整个社会的空前摧残,对人大面积的迫害,使我的头脑更加清醒,也就更不能原谅自己曾经的罪过。这期间,虽然我在社会上沉默、冷静、坚强，但回到家里就软弱下来。我想爸爸，而且这种思念与日俱增，只要串门来的人谈到右派、北大荒、劳改、批判斗争，虽然没有触及到爸爸，我也哭，"呜呜"的，哭起来就止不住。哭到最后，只觉得人空了，什么也填补不上。

一九七三年，广州交易会找到我们团，要求派演员去给外宾跳舞。因为我的民族舞跳得最好，只好叫我去。还说属于"给出路政策"，当然必须"控制使用"。我想这可到了给爸爸争口气的时候了。我跳《红绸舞》，场场满堂彩。每次谢幕，我面对着热情沸腾的台下，却像对着漆黑冰冷的阴间，面朝着遥远而不可及的父亲，向他深深鞠躬。心里默默地对他说："我想你、爱你，请求你谅解，我感到终于有机会、有办法来赎罪了。可是，这股劲憋得太久，一发而不可收拾，兴奋、激动，拼命跳，忘乎所以，身体和精神都顶不住了，突发心跳过速，常常一分钟跳一百四十次，人倒下去，几个月躺在床上，都脱相了。医生说不能再干跳舞这行，这怎么行？我一边养病，一边偷偷地简单练功，还默默请求父亲保佑我，让我站起来，回到舞台上，给我赎罪的机会，这罪还像一块大石板压在我身上呀！

一九七九年，爸爸的冤案平反了。

他死去那年只有四十五岁，风华正茂，在我印象中，他总是那种精力旺盛的样子。一九七九年，如果他依旧在世，也不过六十刚过，相信他那种对生活、对人的热情依然一如盛年。人生最好的岁月，他却在地下一动不动地长眠，想起来真是凄苦极了。

爸爸在文化界、出版界的一些朋友发起为他举行追悼会，灵堂设在八宝山公墓。主办追悼会的人叫我写一份悼词，我心里有许多话要说，答应了。拿起笔来，百感交集，悲愤交加，激情奔涌，要报复，要发泄，要控诉，但在灵堂里念起悼词时我却出奇的冷静。没想到参加追悼会有这么多人，黑压压把灵堂站满了，不少是文化界、出版界的名人。他们听着我一字一句地说道：

"亲爱的爸爸——"

我终于叫他了，压在心里整整二十年的声音，终于在大庭广众堂堂正正、骄傲自豪地呼叫出来了。然而我居然没有激动，而是异常平静地念道：

"今天，我站在这里，既没有痛苦，也没有高兴，我只有一种怨恨！

"我恨我们太软弱了。软弱使我们屈从于外界的压力，软弱使我们在您最痛苦的时候，不敢去安慰您，不敢去爱您，软弱使我们只能瞧着命运把您一个人抛给了苦难。

"我恨我们太无知了。无知使良心遭受欺骗。我至今不能原谅自己，为什么竟相信那些把您指责为人民敌人的谎言。爸爸，您还记得那时我给您写过的信吗？那信的开头没有称呼，我写道：'因为你是人民的敌人，所以我就不能叫你爸爸。'虽然您肯定非常痛苦，但还是用放大镜困难地在《人民画报》《鱼美人》舞剧剧照中找我，想看我。我的好爸爸，亲爸爸，我知道您不会怪罪一个十三岁的无知的女儿，可是随着时间的增长，我越来越痛心，越来越不能原谅我自己给爸爸心灵所压上的痛苦，我的良心在受折磨。'不敢爱'本身就是一出人间的悲剧，能把纯洁的爱变化成无知的恨，这种爱与恨的颠倒是残忍的。爸爸就是在这样一种情况下被折磨而死的。

"有些人是不需要灵魂的，但我觉得像爸爸这样一个一生正直、热诚、善良的人应当有灵魂。您也不应当被人们忘记。您那孤苦的灵魂应当得到慰藉。爸爸，您若知道有这么多熟悉的伯伯和阿姨、您生前的朋友，经过他们的努力能够在北京的八宝山悼念您，您感到欣慰了吗？爸爸，我爱您，想您呀！您听见了吗？您肯定是听见了！爸爸，您安息吧！"

在整个念悼词的过程中，四周安静极了，安静得能听见每一个轻微的抽泣，抑制不住的呜咽。我自己却没有哭，真的，我听见自己异常清晰的口齿，把每一个字送到灵堂又宽又大的空间里。我甚至听得见自己转换句子时换气的呼吸声。我感觉好像身在天堂里，在神灵光辉的照耀下，对着爸爸讲这番话的。我感到他巨大、温暖和宽厚的存在，并感到他真的原谅了我！一切恢复如初！这一刹那，我仿佛被自己净化了，被大彻大悟，被永不背叛的真诚，被全心倾心的爱，把自己从无边的苦海里拯救出来,向上飞腾,飞进一片光明透彻、一尘不染的天空中……我有生以来头一次这样轻松、自由和舒服呀!

从这以后,我似乎好多了。

你以为我就此解脱了吧?那就错了!开头我对你说过,如果欠着活人的债很好办,但我欠的终究是早逝的爸爸。我总琢磨他临死的时候是一种什么感觉?最疼爱的女儿与他"划清界限",他怎么会不感到亲离的疼痛与人世的悲凉?每每想到这里,那悔恨的阴影又把我遮盖起来,这也许是永生永世都难以解脱的了。

中国人的宗教不讲忏悔。没有忏悔,人会活得愈来愈狠或愈来愈累。对于有心灵生活的人讲,没有忏悔就无法活,我的心便成了我的忏悔室。每逢此时,我就躲进我幽暗的忏悔室里,与自己喃喃对话。

哎,作家,我对人生有这样一种理解:人生有一万条路,但每个人只能走一条。如果你选错了,即使后来知过改过,曾经的过失也无法弥补。当然,任何事务都不会是单纯积极的或消极的。残酷的人生与社会教给我的是:永远再不要单纯,永远再不要做违心的事。宁肯为真心付出沉重的代价,也不要为违心付出悲惨的代价。

这是我从八宝山爸爸灵堂走出来后悟到的几句自我的人生箴言。

忏悔可以使人摆脱魔鬼。

附录一

非"文革"经历者的"文革"概念

今年五月间,我对几十名非"文革"经历者,也就是一九七六年以后出生、根本没有经历过"文革"的一代,进行采访,询问他们对"文革"的印象及其由来,以及每个人的看法。年纪最小的为十二岁,最大的为二十岁。一律照实记录,摘其要点,公布若干。读者从中可以看到新一代人对"文革"的了解程度和认识状况,也能窥见当代青少年价值观念之一斑。按采访先后为排列顺序。

方××(一九七六年出生·二十岁·男·大学二年级学生)

我喜欢历史,注意过"文革"的事。

"文革"对于我们连记忆也没有,所以只有理智地去想,没有任何感情的东西。没有恨和爱,只有好和不好。对"文革",我个人认为它还是有积极的东西的。如果"文革"不是那么凶,那么混乱,走向极端,左的东西也很难失去统治地位。改革正好拣了"文革"的便宜。"文革"对中国历史还是有功的。当然,这不是"文革"本来的意思,目的和结果正好相反。

皮××（一九七八年出生·十八岁·女·高中三年级学生）

我不愿意了解"文革"。我一听爸爸、妈妈说"文革"就烦，对他们说：我知道你们苦过，但那是哪辈子的事了！你们生活在现在，也不是生活在过去。你们是不是想得到我的同情？我同情你们呀！可同情又管什么用？难道是怕"文革"再找你们来？你们到大街上转一转，看看"文革"在哪儿？哪儿还有一个红卫兵？还有一张大字报？到处都是私人买卖，还能把他们都当作资本家批斗吗？爸爸、妈妈听了直摇头，说我不懂，我说他们有"恐'文革'症"。

赵××（一九七七年出生·十九岁·男·工人）

中国不会再发生"文革"。现在的人市场观念特重，为了钱，人心都散了，谁也甭想把人们再号召起来，除非用钱才能把人吸引住。"文革"倒是注重精神。听说那时上上下下为了什么事都感动得流泪，特真诚，真棒！如果说这些人为了私欲互相残害，我看不可能。还有就是"样板戏"，比老京剧好看，也蛮感动人。如果说"彻底否定'文革'"，我看样板戏首先就不能否定。

张×（一九七七年出生·十九岁·男·大学一年级学生）

我对政治兴趣本来就不大，对"文革"更不关心，那都是上辈子的事了。我的"文革"印象大多是听长辈说的。"文革"对他们有很深的影响，对我们却没什么影响，跟我们的生活更没有丝毫关系。如果叫我回到"文革"，我不反对，甚至很有兴趣。一是我不觉得"文革"怎么可怕；二是可能会感觉很新鲜，我想切身感受一下。是的，我有兴趣。

柳××（一九八四年出生·十二岁·女·小学五年级学生）

我知道"文化大革命"，是毛主席和一个大坏蛋打仗的故事！

孙××（一九七六年出生·二十岁·男·出租车司机）

"文革"咱没见过，但比现在强！现在的人要多坏有多坏！您是工薪阶层，没钱去歌舞厅，对吧？那儿可狂啦！天上飞的、草里蹦的、河里游的，有嘛吃嘛！就一样东西不吃——屎！那些三陪小姐，一晚上到好几家歌舞厅去赶场，我当然知道她们了，我拿车拉她们呀！她们就在我车里掏出小镜子抹口红。一晚上赚的钱比您半年赚的多，信吗？都是那些大款拿票子砍给她们的。您说"文革"能叫他们这么狂？您说嘛？问我赚多少？一天一百块。您说嘛？"文革"时也算资本主义，也得挨斗？那就斗呗！反正得先斗那些款爷儿们！只要斗他们就行，先杀杀他们的狂劲再说！

万×（一九七九年出生·十七岁·女·高中二年级学生）

目前，我们的历史课正讲"文革"，课本内容不具体，根本无法理解"文革"，我没兴趣，能应付考试就行了。听妈妈说，"文革"时社会很乱，好人遭陷害。我想，毛主席也没能力了，不然他怎么会管不了"四人帮"呢？妈妈还说，那时工人不上班，学生不上课。我想，"文革"也不错，不用再上课了，热热闹闹，批斗老师，多有意思！我们同学还说呢，怎么不"文化大革命"呢？那就不考试了。我听人说，"文革"把中国的发展推迟了一个世纪。我也不知这话是真是假，一个世纪是怎么算出来的？没法核对。

马×（一九七九年出生·十七岁·女·高中二年级学生）

"文革"给我的感觉是既很神秘，又很复杂，有点恐怖，又有点可笑。听说有人把毛主席像章做得和盘子一般大，不能戴，只能用铁丝挂在脖子上，这些人不是疯子吗？还有我爸爸说他去北京见毛主席，是骑自行车去的，他怎么会这么傻呢？如果是我，见谁也不会骑车去呀——这叫我真是不能理解。是不是有点不正常，变态？我想多了解"文革"，不知从哪里去了解。

付×（一九八〇年出生·十六岁·女·初中三年级学生）

"文革"时，我爸爸才十多岁。我的印象多半是从电视剧里看到的，比如《年轮》、《孽债》等。我觉得"文革"很可笑，又可气。穿衣服补丁愈多愈革命，人有知识就挨斗。我想将来再也不会发生"文革"了。谁也不能一声令下，大伙儿就干。我们得动脑子好好想一想，是不是应该这么做，如果我不同意，还会反抗呢！

常××（一九八三年出生·十三岁·女·初中三年级学生）

我对"文革"太朦胧。我爸爸在内蒙古当过知青，但他从来不谈那时的事。课本上没有这些内容，同学们也很少谈到"文革"，大家都不清楚，跟我们也毫无关系。只有一次，奶奶说。她在"文化大革命"中头发被人剪了，就戴了一顶帽子把秃头遮住。爸爸问她怎么回事，她不肯说；爸爸叫她摘去帽子，她就哭了。我对"文革"有点怕。就这些。

何×（一九七七年出生·十九岁·女·大学一年级学生）

那个时代有激情，人都很真诚，非常迷人！我想象不出"文革"具体是什么样子，是不是有点像"五四运动"？那时也游行、演讲、斗争，也分两派，也打人，但那是一种为了信仰的战斗呀！我喜欢这种生活，哪怕这真诚被欺骗了也心甘情愿，因为我是真的。现在无法生活得那样富于激情了。

刘××（一九八〇年出生·十六岁·男·高中一年级学生）

我知道"文革"坏，我听家长讲的。但我不明白人们为什么不反抗？我对爸爸说，他们凭什么拿你的东西，凭什么打你，你为什么不打他呢？要是我，就和他们拼了。如果再有"文革"！我才不怕呢，我也"打砸抢"，把害我们家的人都收拾了。

林×（一九八四年出生·十二岁·女·小学五年级学生）

我不知道"文革"是哪一年的事，我不清楚是怎么回事。"文革"时打人我知道，是为了建设新中国吧？打的是日本鬼子吧？不，是蒋介石反动派！我听说过"四人帮"，有毛主席的媳妇，还有林彪，别的就不知道了。

田××（一九七九年出生·十七岁·男·高中二年级学生）

都说"文革"搞个人崇拜不好，我看挺不错。一句话那么多人响应，人心齐，能干大事情。现在缺的正是这种精神支柱，很少有人再说起民族、国家这类高尚的话。据说"文革"时干活儿拼命，下班自愿不回家，现在太看重钱了。可是我弄不懂，为什么对"文革"好像有点回避呢？考历史时，老师说："不考这块，甭准备了。"这块就是课本上"文革"的内容。家里的爷爷、奶奶也常嘱咐我们对"文革"这些事"千万少说"！

郭××（一九七七年出生·十九岁·男·职工）

你设想一下，假如把"文革"从历史上去掉，那么"文革"前的社会和"文革"后的改革时代能连在一起吗？这就说明了"文革"的重要。不要轻易否定一段历史。我没经历过"文革"，但现在人人都说那时候没有吸毒和嫖娼，是吗？所以说，历史不是 $1+1=2$，也不是 $2-1=1$。"文革"中有好东西，甚至有很好的东西。

谢×（一九七八年出生·十八岁·男·职校学生）

"文革"的问题是政治关系超过一切关系，现在的问题是金钱关系超过一切关系；"文革"时干活儿不计报酬，现在是不给报酬不干活儿；"文革"是"一句顶一万句"，现在是谁说了也不算。我认为最好的办法是从"文革"和现在各取一半，放在一起。

宇××（一九七九年出生·十七岁·男·高中二年级学生）

我对"文革"的印象主要是从爸爸身上得到的。他在"文革"中戴了好些顶"帽子"，可能由于他是知识分子。我觉得他虽然不幸，但不像英雄落难时那么崇高，他似乎很委屈、很窝囊。他偶尔谈到"文革"，总是叹长气，我也没办法。我认为任何时代都不能叫人委屈，叫人难受。

张×（一九七七年出生·十九岁·男·职员）

每个人对"文革"的说法都不一样，给我的印象很乱。有人说"文革"时生活很苦，大学毕业工资才五十多块钱，但又有人说那时的物价低，一斤肉不到一块钱。有人说"文革"时随便打人，社会混乱，也有人说那时官员清廉，治安很好。有人说毛主席犯了错误，可还有人说毛主席伟大，一声令下，全国闻风而动。我也不知谁说的对，形不成一个完整的样子。我曾经把这些话对一个经历过"文革"的人说过，他说这些话全对，我听了就更糊涂了。

于××（一九七六年出生·二十岁·女·打工妹）

在农村听人说过"文革"，不多。庄稼人对政治没兴趣，没心思打听，不碍吃喝就行了。"文革"好像是反左吧！别的就不知道了，知道了也没用。

贾××（一九七七年出生·十九岁·女·农民）

"文革"就是斗坏人、斗地主呗！不过老地主们早死光了。现时下，人们有的做买卖，有的还雇人干活儿，不也成了地主！"文革"还革谁？以后大伙儿都有了钱，谁还会闹那种事？愈穷才愈革命呢！

竺×（一九七六年出生·二十岁·女·大专二年级学生）

长辈很少和我们谈"文革"，大概没有共同经历，也没有共同语言。对于"文革"，我认为毛主席的初衷是好的，他让知识分子下乡，想支援文化落后地区，但适得其反，耽误了很多人才。那时候，青年学生一腔热血，到祖国第一线，奋不顾身，这样做对国家好，可是失去了自我价值。"文革"对我们一代的影响是间接的，但还能感觉得到，比如人际关系复杂，相互不信任等等，这和"文革"时相互揭发和诽谤有关。我认为"文革"坏处多于好处，我为自己生在现在感到庆幸。

附录二

关于冯骥才先生谈《一百个人的十年》
文学工程的采访录

采访者：[瑞士] Dietrich Tschanz
时间：1995年6月5日
方式：国际电话，后经冯骥才本人修改文字

引子：我在一九八六年就注意到您这一文学工程并翻译了在《十月》杂志上发表的《一百个人的十年·前记》。去年为写这方面的评论文章，开始搜集相关材料，在收集过程中，我面临不少问题，所以才冒昧与您联系，盼能得到帮助。我的论文分两部分：第一部分将介绍您写作这部作品的动机、原创思想、写作与出版过程，以及所使用的手法，还有您这部作品与其他小说创作之间的思想和艺术的联系；第二部分将对您这部作品进行评价，因而就要弄清您这部作品究竟属于文学还是历史范畴？纪实文学的实质是什么？它和当今流行的法制文学那种耸人听闻的方式有哪些不同？还有相关的一切问题，希望得到您尽可能充分的回答。

问：据我所知，您在开始进行这一文学工程时，曾在报纸上刊载了征询个人的"文革"经历的启事。这启事的具体内容是什么？能否告诉我您出于哪些想法而提出这些内容？还有，这一启事是在哪些报纸登载的？您最初的采写工作好像局限在天津范围内，不久后便扩展到全国，你为什么要做这样的改变？

答：这启事最先登载在天津的《今晚报》上，后来经中国新闻社转发，全国大小报纸争相转载。当时，"文革"过去不过十年，人们的创痛未愈，苦楚无告，自然反应热烈。启事的内容主要有三个方面，一是我要为"文革"受难者记载他们心灵的历程；二是我只采访普通的老百姓，拒绝名人和有地位的人；三是我将在文章隐去他们的姓名及有关具体的地名和人名，并保证不向外界泄露。我提出这样的内容，主要是因为任何时代，只有普通老百姓的经历，才是这时代真正的经历。但历史总是偏爱名人，那些名人和有地位的人总有人为他们诉冤道苦，树碑立传，所以我要面对那些默默无闻的百姓和忍气吞声的芸芸众生。其次是我偏重心灵的揭示。心灵的体验才是最深刻的经历。我是作家，必然更注重人的心灵承受。再有便是要为那些被采访者保密，因为"文革"时代虽然过去，人却还在，恩怨未了，我必须保证被采访者的安全。看来我上面的这些想法非常切合实际，因而得到了热烈的反响。从那时至今，单是来信要求与我谈话的大约有四千封。我家里实在放不了这么多信，绝大部分被我处理掉了。这样做，也是为了我在"启事"中关于严守秘密的承诺，还因为有些信涉及的内容是根本不能写的。

这一工作开始在天津。因为我住在天津，工作起来比较便利，但很快扩展到外地。我在一开始构思这个文学工程时，就把视野放在全国，文化大革命覆盖了中国九百六十万平方公里，几乎没有一个人逃逸在它的灾难之外。正像大海使海里的一切都变成咸的。我必须在全国范围里寻找最深刻、最具典型性、相互不重复的范例，才能真正表现这一空前灾难的广度与深度。

问：您如何进行采访？在您的家还是被采访者的家？采访时有第三者在场吗？对于您所获得的资料，是否加以核实？还是您和被采访者之间有一种相互信任的默契？

答：关于采访的地点，都是请被采访者选择。比如他的话私密性太强，在家中不方便，就到我家里来，或者另选地方。在外地，便常常是在我下榻的旅店进行，因为这种采访是一种绝对信赖和真诚的交谈。被采访者大多是急渴渴找到我，把我作为一个知心，将难以压制的心里话倾泻出来。这样，我和他都不喜欢第三者。第三者在感觉上是种障碍，或者是一种破坏。只是我们两个人，在采访中便可以自然而然，全心投入，常常谈得或喜或悲，一同激动。我不是为了写作品从被采访者身上谋取材料，我只是被一种神圣的责任驱动着，即为人民代言。

一般来讲，采访后，我不去做任何核实，核实便会暴露被采访者。这些被采访者都是千方百计主动来找我，带着满肚子的话，谈话时淌着泪水，他们把一些对亲人都隐瞒的私密都向我吐露……真实是无需验证的。再说，他们知道这东西不是替他申冤，上边也没有他们的真姓名，谁也不知道他是谁，即使那些被谴责的人也不可能发现是自己，有什么必要说假话？我每次采访之前都要向被采访者说明我为什么写这本书。我对他们讲，这本书不是为了我，也不仅仅是为了你们，而是为了一代受难的中国人；我要把这一切告诉后代，使他们永不重复我们的苦难。每当我讲到这里，他们都很感动。我必须把我的责任变成他们的责任时，才能获得那种真正有价值的东西。

问：在采访中您会问哪些问题？能谈谈您采访的方式吗？

答：我先请他敞开来随便说，这最重要，如果把他们当作解答者，他们不但受到束缚，也会失去诉说的情绪。采访是我走进被采访者的世界，而不是被采访者走进我的范围，所以我的问话方式是顺着他们的情绪，一般要问以下几方面问题，一、经历和事件；二、被采访者在事件中的真实感受；三、被采访者现在回过头去，对自己十年经历的认识。我的问题大致如此。

关于采访过程和方式，一般说来，如果有人找我，说他有话对我说，我要先与他简单谈谈，听听他这一要求的强烈程度，大致的内容，如果他一开始就叫我感动了，而且很独特，那就会把他定为采访的对象，约他再谈。如果有人从外地写信来要谈，我便给他回一封信，问他谈哪些东西，如果他回信的价值不大，我便不再找他；若相反，我会设法和他见面。我在采访时，采取录音与笔录兼用的方式。笔录记重点，录音则录全部，包括语气与声音感觉，这样有助于文字整理时更接近被采访者本人的意图。我这部书是被采访者的口述史，真实高于一切，我不能叫"文革"在我的书里"变形"，那样这部书就会失去它真正的价值。

采访之后，我都是紧跟着做整理工作。整理工作分为两个程序：第一个程序是先戴上耳机听录音，将录音最关键的内容记在纸上；第二个程序是以这个内容为根本，参照采访时的笔录，运用文学手段进行写作。第二个程序不一定马上就做。

问：您对一个人的采访通常是几次？

答：一般是一次，时间差不多从半天到一天。有时还需要第二天，或是由于内容太多，或是出于写作考虑，比如细节不够。

问：您能不能讲一讲《我到底有没有罪？》的采访情况？

答：哎哟！这实在是一次太残酷的采访。她先约我谈，见面又拒绝和我谈。她流下泪，哭出声音。采访是在她单位的一间空屋里，这是她自己挑选的地方。由于我自己也是一个"文革"的受难者，很懂得她的心情。我说今天先不谈吧，或者以后再说。但她非拉住我谈不可。这种深切的灵魂的痛苦与折磨，至今打动着我。采访后的第二天，她的先生打电话告诉我，她血压高躺在床上。她为此病了整整一个月。这就是她所说的"回忆一次等于脱层皮呀"。从这次以后，一位老妇人约我谈话时，也是没有谈话就恸泣不已，我便坚持不对她采访了。对于被采访者，这种交谈等于叫他们集中地、重新地经历一次十年灾难，真是太残酷！此后，对于年老体弱者，我一律拒绝采访了。

问：您在《一百个人的十年·日文版序》中说："最使我感到为难的是，一些人口述他们的经历时，那语气与神情常常使我潸然泪下，可是由于口述者未能提供生动独特的细节，落到文字就会空泛，而最终不得不割爱删除。我必须扩大采访量，用不断筛选的方式从大量被采访者中，找出一个具有代表性、内涵深刻又相互区别的故事，同时加以文学的眼光审视而取之。这是一项文学工程。"您能否告诉我，您所选择的标准是什么？

答：我大量的采访是没有选进来的。有的因为被采访者不善于讲述自己的经历，缺乏表达力，只有强烈的情感，具体细节却讲不出来；有的因为内容相互雷同，只是受苦受难，深层的东西不多。在这部书里，我至少要选几十个人的口述，涉及的人物要一二百人，我把他们作为"文革"一代人的代表。按照十亿中国人平均，每个人至少应该代表一千万人，因此相互就绝对不能雷同。有一篇雷同的，他的代表性就减少百分之一，书的分量与覆盖性也减少百分之一。避免雷同，就需要三方面，即事件、人物和内涵全是独特的。最关键的是内涵的独特与深刻，这便是我选择故事的标准。

大灾难都会对社会现象做出千奇百怪的创造。如果我只注意事件表面的离奇、残酷和耸人听闻，最多它只满足了人们的好奇，失去了严肃的思考与启迪价值。我最怕后人对前辈的苦难抱着一种寻奇探秘的态度。然而文学要立住，关键还要看人物是否能立住，所以我非常注意采访对象是否有独立的思考、独有的事件和独自的经验，还有——独特的细节。没有生动而独特的细节，人物就不可能是有血有肉的人物。那么这些采访录就会像一个人的日记一样，没有阅读意义了。

问：这么说，您选择故事是文学家的，而不是历史学家的？

答：应该说具有多重含义，一是历史的，它是历史记录，客观、忠实的历史观是这部书的写作原则；二是社会学的，"文革"作为一个彻头彻尾的社会政治事件，包含着极丰富的社会学内容。我一直认为像

《一百个人的十年》更适合社会学家来做，因此，我十分注意从被采访者口中调动出社会学内容，写人的这些故事；三是文学的，我是作家，我离不开作家的眼光和作家的立场。但这不是小说，是"纪实文学"。

问：您心目中的"纪实文学"的定义究竟是什么？您怎么看纪实文学与小说创作的关系？李健军先生在《醒悟者的忧患和叮咛》里将这部书称为"小说"，您是否同意这种说法？您这部作品究竟属于哪种性质？

答：我想，应该弄清新闻报道、纪实文学和小说创作三者的区别。首先是新闻报道和纪实文学的关系，尽管它们都离不开真人真事，都必须忠于客观事实，都需要使用采访的方式，但采访后，一是报道出去，一是记载下来。前者不是文学，但绝对是不允许虚构的；后者属于文学，允许虚构。我们再把纪实文学与小说创作进行比较，纪实文学来源于真人真事，它是靠事实写作的，小说是靠想象写作的；小说可以任意虚构，百分之百不受约束和限制地虚构，但纪实文学只能是"有限的虚构"。它有故事，有人物，像小说，但不是小说，"纪实小说"这个概念是不能成立的。这里所说的"有限的虚构"，是指在不改变真人真事原型和精神的条件下，为了充实、深化、强化事件与人物，可以虚构，包括虚构的场景、非主要情节和配角人物，增添必要的细节，等等。

虚构是纯主观的行为，因此——

小说任其主观；

新闻禁绝主观；

纪实文学不能放纵主观而歪曲客观。

我这部《一百个人的十年》不同于一般的纪实文学。由于我把事物原始状态的真实看得至高无上，因此在写作中必须将这"有限的虚构"缩到最小。我连配角人物、环境、场景和非主要情节都不去虚构。我把全部力量用在被采访者的身上，尽量让他们多讲，从中选择最有表现力、最生动、最独特的情节和细节。比如《说不清楚》中那个饿死的犯人贴在自己肚子上的菜单，再比如《苦难意识流》中用吃苍蝇的办法自杀，都是被采访者真实的经历。我用文学家的眼光来挑选细节，而不是用作家的想象去虚构事件。我相信有时生活本身的震撼力无比强大，特别是在这种大灾难的年代。我把采访过程作为一种文学构思过程，比如我在采访《没有情节的人》的主人公时，他说在"文革"中苦苦把自己变成一个"消失"的人，才平安地活下来。我问他用什么办法使自己消失，他说他把自己变成一个"什么都没有"的影子，没有朋友，没有性格，没有脾气，没有实体。我觉得这些细节还不够精彩，便拼命追问，他终于说出一个细节，说他那时尽量不去看别人的眼睛——因为只有你看别人的眼睛，别人才会把你记住。这个细节连巴尔扎克和福克纳也没有想到过。我便是这样，用真实的材料塑造真实的人物，用被采访者口述的细节去充实他那个形象；就像修复古物，所用的材料必须是那个时代原有的。这样就保持了故事的原生态，同时也具备了文学性。

其次是我十分注重对每一个故事内涵的开掘。在采访中，我特别注意这个故事深层的独特性在哪里。比如在《走出疯狂》的采访中，被采访人的第一句话是"我是个逍遥派！"我马上就抓住这个故事的独特性——一个逍遥派的典型。这是"文革"中相当广泛的一类人，他们对"文革"抱着独特的态度。尽管被采访者更有兴趣谈他做红卫兵时几次被毛主席接见的情景，但我着力诱使他讲出由狂热的革命派走向冷漠逍遥派的内心轨迹，探究人本的根由。我把采访过程作为文学化的过程。

依我来看，纪实文学就是把真人真事文学化。"纪"是采访和写作，"实"是真人真事，"文学"就是文学化。我给自己在本书的写作中提出了一个严格的要求，即尽量从被采访者口中调动材料，用以再造故事本身。因此，我才坚信这部作品所记录的历史的真实与心灵的真实。故事来源于严酷的真实，我则要做到真实得严酷。

问：请谈谈你的工作程序好吗？

答：好。由于这部书采用"口述实录"的文学方式，全部过程的程序如下：

一、采访

二、整理录音

三、写作

关于采访的方式，前面谈过了，主要是从来信与初步交谈中发现独特性的事例，并在采访中把这种独特性作为"刨根问底"的目标。这里就不重复了。

关于整理录音，是把录音带上的内容原封不动地搬到纸上，先不管写作时有用没用，只是重复的内容不照录罢了。

关于写作，我要比较详细地谈谈。

首先是研究录音，即从整理出来的文字中寻找要点。其要点包括：（一）叙述者的基本观点；（二）叙述者十年间思想变化的脉络；（三）叙述者个人的性格；（四）能表现故事与人物独特性的细节；（五）叙述逻辑与语言特征。

确定要点后，就基本上可以确定整个故事的重点和写法，写什么和不写什么也就规定清楚了。

下一步是剪裁。我在写作中，对原素材（即叙述者的自述内容）基本上是用减法，而不是加法。删去不必要的内容，保留我所需要的东西，这就像园丁们修剪树木那样。我对这样的做法之所以有把握，是因为在采访时已经照自己的需要提问和"刨根问底"了。纪实文学的写作是从采访开始的，然而删除后的内容支离破碎，必须重新衔接和组织。这衔接是依照叙述者的精神方式，而不是依照简单的时间顺序。精神方式包括叙述者的思想脉络、性格特征以及叙述时的心理情绪等等。比如《苦难意识流》，我抓住叙述者在叙述过程中杂乱无章、颠三倒四的特点，去表现他当时充满矛盾的心绪和那时代的无序与荒唐。所以剪裁就是要打乱原来的顺序，重新组织；这组织是一种艺术，好比电影蒙太奇一样。纪实文学对素材的剪裁实际上是一种结构方式，以求得文本的艺术与艺术的文本。

最后是文字。由于我采用口述者"第一人称"的方式，人物的性格、心理、情绪便全要由叙述语言表达出来。这对语言就提出了严格的要求，即把叙述语言作为人物语言，就如同一般小说中人物的对话语言。这就必须强调叙述的节奏、逻辑、速度，以及前面提到的特殊的习惯用语、口头禅、语言的地域性与受教育程度等等。将叙述者的语言方式变成一种独特的文本，才能准确地表达一个人，也就能准确地把握一个人物了。

在这之中，也就是写作过程中，我还要不断地反复地听录音，感受叙述者。我认为表达出一个人的感觉，也就表现出一个人的生命。

问：一九九一年中国内陆版《一百个人的十年》附言中，你提到几位帮助者的名字，能否告诉我他们对此书的贡献？

答：我自开始这一工作以来，有许多自愿者给予帮助。在我曾提到的一些人中，有的千里迢迢从远方自费跑到天津找我，把他的故事讲给我；有的帮助我整理录音，有的则是此书的编辑，我对他们十分感激。因为他们完全理解我写这本书的初衷与意义，他们把对我的帮助视为一种责任，我则把他们视为真正的知己。

问：请问《一百个人的十年》与您其他小说创作在思想与艺术上有什么关联？

答：我的小说题材和样式较多，它主要与我"文革"题材的小说关联较大。我的早期作品如《啊》、《雕花烟斗》、《高女人和她的矮丈夫》等都属于伤痕时期文学，大多是写"文革"的，这与德国二战后"废墟文学"很相似，一是揭露苦难；二是控诉专制主义。对于"文革"，我更有一种将"文革"记录下来、载入史册的渴望。一九八〇年，我曾写过一篇《关于〈非常时代〉的设想》的文章，打算像巴尔扎克的《人间喜剧》那样，以一群小说将"文革"搬进历史。但后来我发现任何小说都难以概括那个曾经席卷中国、复杂纠结、光怪陆离的"文革"时代。在大灾难面前，任何虚构都是多余的，甚至还可能是虚假的。每一个人的

"文革"经历不都是一个活生生又深刻的故事吗？于是我产生了写一部浩大的"纪实文学"的想法。在写作中，我感受到真实的力量无可比拟，其实文学的本质就是真实，我终于找到了这个"记录历史"的最佳方式。一个文学想法只能有一个最佳方式，这也是成功的作品公开的秘密。

问：内陆版的《一百个人的十年》中第一篇是《拾纸救夫》，似乎是你有意安排的。因为这一篇的口述者（那个军官）在故事中所起的作用，很像您在作品中所起的作用。您在篇目编排次序上有什么样的意图？您是否通过一种特意的安排制造某种美学效果？

答：是这样。看来你对我这部书研究得很透彻，也很细致。《拾纸救夫》的叙述者现在还在安徽，他是自己花钱到天津对我讲的这个故事。他就是故事中那个负责落实政策的军官，亲身经历这件事足有十年，但他心中依然无法放下。他那令人尊敬的正义感、人道精神及其立场，正是我写作本书所要遵循的。所以我把这个故事放在开篇。为了给读者一个阅读立场。阅读这部书需要一种充满正义和良知的立场，我有意创造这种阅读角度。在篇目的安排上，我把几篇富于冲击力的放在前边，以使全书具有震撼力。此后在篇目编排的次序上，我有意将不同文本基调（如伤感的、激扬的、讽刺的、严峻的等等）和不同的叙述节奏（如激荡的、镇静的、絮絮叨叨的等等）相互穿插开来，间隔开来。读者阅读时，大半会一篇篇顺序读下去，这样做可以调整读者的阅读感受，保持亢奋，不感到沉闷，空间也会加大。这里边当然有美学的成分，因为它是一部文学作品。

问：一九八六年您在《文艺报》上发表过一篇关于纪实文学的理论文章，说中国读者"不喜欢吃煮熟的"。您现在还这么看吗？

答：读者看虚构性作品主要是看作家的想象；看纪实性作品主要是看生活的真实。对于纪实文学，读者要看到生活的本来面目，或者干脆是素材，由他们自己的大脑去加工、去思辨、去判断。在这一点上，既是读者的阅读要求，也是纪实文学的艺术本质，而且永远不会变。

再说好的文学总是留下一些空间给读者。读者去加工，是一种参与，也会产生阅读快感。

问： 您在每一篇作品之后加上黑体字格言式的句子，这是您的独创吗？

答： 我想这是我的方式。因为在写作每一个故事时，我都是站在故事的外边，我总想进入，对这个人物和故事给一个评价。我要把我的想法告诉读者，但又不能太多，不能代替读者的思考，我就在结尾处放上一句话。这句话在故事外边；从版面上看，离故事有一点距离，我之所以用这样一句格言式的句子，是因为我只能去引导和启发一下读者随同我的结论去想一想。这句话很短，而一句很短的话可以使人想得很多，这也是格言的魅力。有了这句话，作为一个文本，包括它的版面的美感都完整了。

问： 迄今为止，您的《一百个人的十年》已发表二十四篇，有没有客观的原因使您这一计划尚未完成？您是否要将它完成？

答： 这个"一百"在中国是一个整数的概念，不是数字上正好一百个。当然，最初我也想写一个数量很大的群体。我在本书采写的最初阶段比较顺利，但后来问题出来了，主要是社会向前发展，特别是市场的诱惑，使得人们不愿回顾往事。我曾对一个到北方访问的"南方记者团"讲，是不是南方人都做买卖去了，无暇反思和反省，我怎么一直很少收到南方的来信呢？这个"南方记者团"返回后，便写文章，报道了我这些话，此后倒是收到了信，但只有一封信。也许这种反思于事无补，于己无利，人们不愿意再自惹烦恼，揭开那些久远的创痛。从一九八八年之后，要求被采访的信件就愈来愈少。社会的发展和诱惑对人产生如此巨大的影响真是始料未及。而我的采访都是被采访者要求的，从来不是我主动去寻找的。因为只有对方的要求异常强烈，他提供的故事才会充分、有力、独特。尽管如此，我还是没有终结这项工作，最近仍在进行这方面的写作。一九九六年是"文革"开始三十周年,"文革"结束二十周年,我将在这个时间里将最后一批采写的故事发表出来,也将这个工程画一个完整的句号。

问: 您说在这部书中将为中国人记载他们心灵的历程,您对"心灵"为什么如此注重? 这个概念的含义是什么?

答: 心灵是一个人的核心。人的外部生活看得见,心灵生活看不见,但强烈的、深刻的外部生活会在内心留下印痕。一个人的皮肉之痛日久便消失,但留在心里的印痕却难以抹去。人的生存的难题,一个是外部的困境,一个是心灵的痛苦与不安。作家关切的是人,所有作家更关注那个潜在的心灵。

问: 您认为您的作品能否起到"唤起民众自我反省,推动民众自我拯救"的作用? 您希望民众怎样努力才能使"文革"悲剧不再发生?

答: 我从来不认为文学能够起到太大的社会作用。作品只能对人的精神产生影响,但不能产生直接的效果。作家寄寓在作品中的愿望都很大,但实际上这愿望只是一种理想中的目标而已,历史上任何一部文学作品,产生再强烈的轰动,也不能影响社会生活发生变化。然而,它对人的精神的影响却是深远的。鲁迅先生一九三六年就已故去,他的批判的和不妥协的精神仍在影响一代又一代中国的知识分子。我认为文学有一种永远的价值,但不能把它估计得过大,也不能估计得过小。它不是小和大,而是近和远,文学的作用是长远的。

问: 一九九二年《文学评论》发表的文章认为"《一百个人的十年》发表后读者和评论家普遍关注和一致好评",您却在《一百个人的十年·后记》中说,它"可惜生不逢时……被舆论界微妙而难解地冷淡了"。究竟哪一种描述更能反映这部作品在中国内陆得到的回应呢?

答: 作品是作家的孩子,当然,我最知道客观存在的境遇,读者确实非常关切它,它一直是畅销书。但为什么不去统计一下评论界到底有多少人说了话? 当然,作家需要的更是读者,而不是评论与舆论,但这反映了评论界的一种理论精神。

问：目前中国社会生活中"文革"余孽表现得最令人不安的是什么？

答："文革"的政治势力已然不存在了。"四人帮"死了三个，没有人会说"我赞成'文革'"，除非是疯子。表面看来没有"文革"余孽，但它作为一种精神依然存在，此外还存在着使这种精神生长的土壤。比如缺乏法制意识、人治、封建主义、蔑视文化、平均主义以及极"左"的思想与观念等等。表面看这一切很分散，甚至是无形的，但在某种政治气候下，它不是不能凝聚起来，成为一种反历史的力量。

问：您认为将来会有一个"文革"博物馆吗？您会把您这些稿子和录音带捐给博物馆吗？

答：博物馆是历史的记忆。我想将来肯定会有"文革"博物馆。如果有一天"文革"进了博物馆，我们便不再有任何担心，一代受难者的灵魂也将得到抚慰。那时，我这部书及其一切只是博物馆中一个小小的细节。

关于本书写作的缘起

一九六七年残冬,一个刮风的夜晚,有人敲响我家的门扉。对于我这种"被抄户",敲门声总是带来不祥。但这敲门声极轻极轻,原来是一个好朋友,他在郊区一所中学教授语文,"文革"以来,整整半年杳无音讯。我猜想他一定也是"文革"猛烈摧残的对象。一说,果然,他刚刚被放出牛棚。在半年来的牛棚生涯中,由于平时挚爱的几个弟子知道他有说梦话的习惯,天天夜里轮流坐在他身边,等着他睡着一说梦话就记录下来,转天逼问他这些含糊不清的"黑话"的反动含意。为此,他从不敢睡觉到害怕睡觉,再到奇迹般地失去了睡觉的功能。他的身体和精神就整个垮了下来!此刻他站在我的面前,那感觉异常奇怪,他好像只剩下一个干枯的核儿。

那时,我和我爱人的家全被抄成了"零"。幸亏得到街道赤卫队的恩赐,给了这几平方米的小屋结婚成家。由于家庭成分问题,我们天天在"文革"枪筒的准星里惊恐万状。

谁都知道现实比想象更糟,所以相别半年,相对无言,一个劲儿地抽烟——那是一种改名为"战斗"牌的劣质纸烟吧!满屋冒着无声的、辣眼的团团浓烟,直抽到看不清对方。但屋顶上那些老槐树的枝丫在风中像巨兽磨牙一般"嘎嘎"作响。

忽然，他大声对我说："你说，将来的人会不会知道咱们这种生活？这种处境？这种灾难？如果这样下去几十年，我们都死去了，谁还能知道我们这一代人真正的经历，那不是白白遭受了么？你说现在有没有人把这些事都写下来？当然——没人！决不会有人这么干的！这等于自取灭亡……"

在浓烟里，他瞪大眼，那双和睡眠搏斗了半年的眼珠布满了可怕的血丝。他悲哀又绝望。

从那时起，我开始悄悄地把身边所熟知的人的故事与命运记录下来。我知道这种文字是有杀头之罪的，所以首先我把这些人的姓名以及地名全换成外国的名字，时间换成二十世纪，并署上外国作家的姓名，如托马斯·曼、库普林、纪德和斯坦倍克等等。如果万一被人瞧见，就说这是以前从一些外国小说中抄下来的。再有就是全写在一些很小的碎纸片上，便于藏掖。每当写就，随即埋藏，或是砖底下，或是墙缝中，或是花盆里，或是棉被间，或是一张张用糨糊粘好，外边贴一张毛主席语录或"文革"宣传画，挂在墙上。我挖空心思来藏匿这些大逆不道、"反动透顶"之作，但对于藏东西的人来说，愈是自己藏得巧妙和隐蔽之处，愈觉得最容易被人发现。于是，我又把这些纸块翻腾出来重新再藏。很长时间里，我是边写边藏，边找出来重新再藏。

一次运动中，我们被集中到一座体育场内参加公判大会。会场上，人们被按照自己所属的单位分开站成一排排，面对着一座临时用木杠和木板搭成的长长的台子，台上装了麦克风与高音喇叭。犯人被押上来，总共二十二人，全戴着手铐、脚镣，在台上每走一步，脚下的铁镣声便通过高音喇叭"哗啦啦啦"灌满整个会场。所有人都心惊胆战。随后判决人员宣布每个人的罪状。其中一个因为悄悄写了反革命文章和日记。那天判决最轻的是二十年，大部分枪决。这个写"反革命文章"的人被判处无期徒刑。我回到家，看着妻子，心里忽然涌起一种很悲哀的情感。我设想着自己也会像那个写反动文章而被判无期徒刑的人，想到妻子会永远地形同守寡……这不是神经质的想象。灾难的时代充满灾难的可能，于是我把那些纸块尽量找出来，再将其中最重要的内容浓缩到另外一些薄纸上，废掉纸块，把这些薄纸卷成卷儿，用油纸包好，拔下自行车的车座，塞到车管里去。可是我刚刚感到了一点安全，又开始担心自行车丢掉。尤其那时期单位里经常发动人们相互查找"敌情线索"，我总感觉会有人扑向自行车，从车管中掏出那些足以判我死罪的文字。我终于抵抗不住内心的恐惧，悄悄把车管里的纸卷儿弄出来,先将这些文字强记在脑子里,再烧掉,或在厕所里用水冲掉。此后我便改变了写作方式,一旦冲动便写下来,再一遍遍背诵,把它记住,然后将写的东西烧掉,不留下任何痕迹。我就这样一直做到"文革"的终止。

一九七六年七月二十八日,唐山大地震波及天津。我祸不单行,房倒屋塌,一家人从瓦砾堆爬出来之后,我立即想到的事情是清理废墟,因为我家的砾瓦墙缝之间肯定还遗留着不少纸块,那时"文革"尚未结束,不能叫人发现。可是我又不能只埋头在自己家的废墟里翻来翻去,那样会引起别人的怀疑,我就先去帮助左右邻居。这样干到最后,我谢绝了邻人的帮忙,一个人细心地清除那些烂砖碎瓦,居然还捡出来一包袱写满字的纸片。八十年代中期,当瑞典电视台得知此事后,来拍摄这些作为那时代独有的极特殊的写作细节时,记者问我:

"你从这些纸片中感到了什么?"

"责任。"我说。

尽管"责任"这两个字被当今文学厌弃,或者嫌它过于沉重,把责任视为一种苦役;或者责怪它冷淡了自我,把它视为一种非文学或者仅仅是一种职能。但是我却从这样一条危难四伏的道路上形影相吊地走了十年。我是在非文学的时代发现文学的真正价值，这就是拿着生命做抵押，绝对没有功利地去为整整一个时代的人们建立心灵的档案。历史学者建立事件档案，文学家建立心灵档案。这是人类最崇高的文字，也是文字最崇高的含义。其他各类，等而下之。

  自一九七九年我从事文学，所作小说颇多，涉及广阔，从不自束，但心中一直没有放弃始自"文革"立志要做的事，即为一代普通的中国人记载他们的心灵历程。故而于一九八六年开始进行这部名为《一百个人的十年》的口述实录文学。由此至今，已近十载，收到要求被采访者信件近四千封，采访数百人；摘其所具独特性且富于深刻者撰文成书。今年是"文革"破产二十周年，择此吉日，终结此事。同时又写了这篇文章，道出缘起于三十年前那段绝非轻松的往事，亦推开我心中一块郁结已久的块垒。

  写罢掷笔，犹然感叹不已。

一九九六年六月二日于天津

决不放弃使命
——《一百个人的十年》再记

一九八六年正是文化大革命灾难性地降临二十年,也是它破产式地结束整整十年之际,我心里沉甸甸生发出一个庄严的愿望,要为中国历史上最不幸的一代人,记载他们心灵的历程。这感觉犹如心中升起一面志哀的半旗。我把这部书的总体构想与创作本意写成《前记》,刊载在当年的《人民日报》上,同时在《十月》、《文汇月刊》、《小说家》等刊物上发表了最初采写的一批"文革"受难者内心的故事。尽管无以数计的读者用激励的信件支持我的做法,要求我为他们代言,可惜它生不逢时,在发表后一段不愉快的日子里,被舆论界微妙而难解地冷淡开。于是有人劝告我,写"文革"只有等下一代,或者由外国人来写。听到这话,我不禁一阵深切的悲哀。

尽管"伤痕文学"运动曾经势如狂潮,但"文革"这个写作禁区并未彻底冲垮。过后,无形的绳索又悄悄围起这块禁地。也许这不是绳索,是一种善意的忧虑。担心如此便会加重人们背负的重石,向前举步维艰;担心痛苦多了便不会笑;或者直说了吧——担心总去揭那疮疤,会影响人们对现实的信心——这是深藏于某些人心中的一个荒谬无知的逻辑。由于这心理逻辑,以致在每一个粉碎"四人帮"周年纪念的日子里都故不做声。

中国决心改革,但改革是从"文革"中逆向走出来的,是从"文革"的悬崖绝壁上扭转身来,奔往人类的光明之途。然而政治上的觉醒并不能替代整个民族的彻底觉醒，至今牵绊改革双足的仍有许多是深远地来自"文革"的结实的丝缕，不管是看得见的体制上的，还是看不见却牢牢潜在人们意识里的，而一切看得见的都存根于看不见的之中。我们民族也许苦难太久太深，总是避讳言之不吉，而放弃教训的民族是没有希望的。人类前进所必需的力量，一半来自教训。任何民族的奋发自强都需要两种清醒：清醒地面对世界和清醒地面对自己，清醒地面对未来，也清醒地面对过去，中间不能割裂；清醒必须全清楚，含糊就会全糊涂。以文学清算"文革"，不仅是历史的需要，也是现实的需要。对"文革"——切身的体验，切肤的痛苦，切心的焦虑，以及被这些深切的感受唤起的庄严的民族责任，只有在我们一代"文革"经历者身上最强烈。用它推动社会进步和逼真如实写在历史上的也只能是我们。有什么理由硬把它封存起来，埋藏起来，留给后人或外国人当作古董去挖掘吗？

今年春天，我在波兰马丹涅克纳粹集中营遗址上徘徊。集中营的一切，都像文物一样完好如初地保存着。那黑黝黝的岗楼、阴惨惨的刑室、一道道冷冰冰的电网和高耸遮天的焚尸炉的烟囱，使我不寒而栗，仿佛置身于四十年前法西斯肆虐时血腥的气息里。我注意到，那些来参观的穿着漂亮的孩子们，个个瞪大天真的眼睛，惊讶地看着他们前辈们经历过的实实在在的一切。不用说教，历史在说话，焚尸炉熏黑的炉口和人体解剖台上暗红的血迹都不会欺骗他们。当这些孩子们走出集中营,眼里并无疑惑不解,而全都是不声不响,不蹦不跳,陷入了成人一般的沉思。历史的悲剧也能升华出一种神圣感,这情感强化人们对正义、善良、民主、和平与生命本身的爱和珍惜,对邪恶、专制、战争和反人道的仇恨和警惕,唤醒每个人对人类未来命运都应具备的义不容辞的责任。暖意十足的淡绿色的春光,洒在一座万人坟墓巨大的拱形石盖上。那坚硬的石面被利器凿着一行字:

我们的命运是你们的警钟。

我陡然想到巴金先生对建立"'文革'博物馆"的倡议,这充满作家良心的倡议里包含着为子孙造福的渴望。但由于上述那些荒谬的误解,它同样被淡化,被搁置,被冷处理了。当上海作家赵丽宏发现年轻的一代对仅仅结束十年的中国历史最大的悲剧一无所知时,我们难道还不应该敲响这警钟吗?只有叫后代人知道过去的一切,他们才会更透彻认识到现实的一切,不迷失于身边纷杂的生活里,知道做什么和怎样做,把个人的人生信念和人类生存的永恒真理相统一。为了这些想法,我把这部书,作为向迟早会实现的"'文革'博物馆"呈送的第一份普通中国人的"文革"档案。

原先我设想用两年时间完成这个写作计划。工作中我发现这不是一部作品，而是一项文学工程。凭我个人的力量，要想在九百六十万平方公里土地上，找出一百个最富个性、内涵深刻又相互区别的人物典型，用他们的心灵史，呈现这一无比深邃浩瀚的时代内容，何其艰难！况且有人经历独特，未必肯言之，或者未必善言之，或者未必能提供出文学所必需的特有而生动的细节。

因此，我要扩大采访量，用筛选的方式，不断从一批批采访者中比较出各类典型，同时以文学的眼光审视之，再一个个精选出来，才能使这一百个普通人的内心故事，对一代中国人的心灵历程，作出尽可能雄厚充实的包容。这样，就必须从我的生命中多支付时间。一个人一生能做成的事极其有限，如果这书能如愿地实现我的写作初衷，便是我此生最大的满足了。

一位读者曾写信谴责我："你曾经信誓旦旦，要为我们一代人写'心灵史'，为什么有头无尾，放一炮跑了？你死了？勇气没了？还是也做买卖去了？"

读了这信，我点燃一支烟，一直抽得烧到手指头，捉笔只给他写了一句话：

"我没权利放弃这使命！"

关于"文革"博物馆

十二年前,当举国沉浸在"文革"覆灭的极乐里,一个老人独自在整个民族被损害的心灵残骸上低首徘徊。他不断以一篇篇沉重的忏悔录,催动人们灵魂的自我修复。几年过去,社会改弦更张,现代生活的声光化电充满魅力地倾盖中国;贫困已久的中国人急于富裕起来,这桩未被深究、尚无答案的历史上最惨重的"文革"悲剧却被不知不觉淡却了。这老人忽然仰起头来,庄严地呼吁:

"要建造一座'文革'博物馆!"

他便是巴金先生。

听到这声音,我突然想起"文革"时我家被洗劫一空的那个晚上,我躺在黑糊糊的走廊地板上睡着了,外边人们正在相互残害,不知为什么,梦里忽然响起贝多芬的《第九交响曲》。我被这号召仁爱的神圣的音响惊醒,满脸以及脸旁的地板上全是泪水。

我从巴金先生的呼吁里,再次感受到一如《第九交响曲》这种对人类博大圣洁的爱心。在作家心中,比恨更大的是爱,比过去更重要的是未来。然而他比我们年轻一代更年轻地看到,中国要想真正的进步,必须永远不丢掉"文革"这个历史怪物和政治怪物,正视它、反省它、唾弃它。

尽管"文革"被政治处死，但它的幽灵犹存未泯。只要产生"文革"的土壤未被铲除，谁也无法保证"文革"永不再来。作为权力生命的"文革"已经消亡，但作为社会生命和文化生命的"文革"依旧顽强地活着；"文革"的影响有多久，它再生的危险就有多久，历史的重复决不会采用同一形式。监视它以任何形式的再现，只能依靠从中觉醒的人民。在历史前进的进程中，觉醒和成熟的人民与之同步。

曾经有一个年轻人写信给我，说他看过《一百个人的十年》后不相信是真的，他认为生活不可能发生这些事，纯属我的胡编乱造。他父亲看了，却告诉他："'文革'就是这样，甚至更残酷、更荒唐。"他信服了。我却不敢置信，这场全民族的悲剧结束不过十年，有些情景还在噩梦里常常出现，怎么会成为年轻一代异国他乡的奇闻？这样会带来什么后果？

一代人经受的惨痛教训，是下一代人的精神财富。

历史交给我们的使命是努力建造起一座把这教训变为财富的"文革"博物馆。它将把"文革"用实物以历史见证人的方式展示给世人。在这里，一代代中国人将亲眼目睹、身临其境他们的父辈祖辈经历过的一切，从而深信不疑。这赤诚又愚昧的时代画面，真实又荒谬的'文革"文化，将把一个个关于社会弊端、文化劣根和自身弱点的问题摆出来，迫使他们做出思考和解答，并唤起他们文明生存所必需的良知、义务和人格力量。这样，他们才能不再像父辈祖辈那样因盲目而盲从，因无知而无畏，因愚昧而重蹈灾难的覆辙，以清明透彻的科学头脑投入强我中华的现代化事业中去。只有把"文革"真正送进博物馆，变成一块文化化石，才能说我们永远告别了那个时代。

  出于同一想法，我为一批普通的"文革"经历者立档。我对"文革"的所谓高层"内幕"从无兴趣，我关心的只是普通百姓的心灵历程。因为只有人民的经历才是时代真正的经历。从文学的本质上说，作家提供的只能是人物，所以我的纪实主要是人物的心理纪实。我把这部书的写作作为"文革"博物馆的工作之一，尽管它艰巨浩繁，但每到深夜孤灯、劳顿不堪之际，想到这每篇纪实都将送往迟早实现的"文革"博物馆，顿觉激情陡增，伏案奋笔。我想，"文革"博物馆一旦落成实现，将是我们民族一座伟大的博物馆，它将恨化为爱，把荒谬变为智慧，把一代人十年的不幸变为后世永恒的幸福。

附言

  自一九八六年底,《一百个人的十年》陆续发表在《收获》、《当代》、《十月》、《报告文学》、《小说家》、《文汇月刊》等刊物上,现收集成书,凡二十九篇,涉及数十人十年"文革"的经历,其余尚未发表者,待日后刊出后,并有幸重版此书时,再行续入。

  本书写作与出版过程中,在收集、整理、编辑等方面,曾得到王小慧、王仁印、张昌华、李小林、刘小雁、侯琪、汪兆骞、王枫等同志鼎力协助,铭记于此,以示永谢。

图书在版编目（CIP）数据

一百个人的十年 / 冯骥才著. — 北京：文化艺术出版社，2016.1
ISBN 978-7-5039-6097-0

Ⅰ.①一… Ⅱ.①冯… Ⅲ.①纪实文学 — 中国 — 当代 Ⅳ.①I25

中国版本图书馆CIP数据核字（2015）第314769号

一百个人的十年
（精装本）

著　者	冯骥才
责任编辑	吴士新
封面设计	顾　紫
出版发行	文化艺术出版社
地　　址	北京市东城区东四八条52号　　（100700）
网　　址	www.whyscbs.com
电子邮箱	whysbooks@263.net
电　　话	（010）84057666（总编室）　84057667（办公室） 　　　　　84057696—84057699（发行部）
传　　真	（010）84057660（总编室）　84057670（办公室） 　　　　　84057690（发行部）
经　　销	新华书店
印　　刷	国英印务有限公司
版　　次	2016年6月第1版
印　　次	2023年3月第6次印刷
开　　本	710毫米×1000毫米　1/16
印　　张	22.75
印　　数	33001—38000册
字　　数	306千字
书　　号	ISBN 978-7-5039-6097-0
定　　价	78.00元

版权所有，侵权必究。印装错误，随时调换。